UN ESPÍRITU INVENCIBLE

NICK VUJICIC, AUTOR DE

Una Vida sin Límites

NICK VUJICIC

UN ESPÍRITU INVENCIBLE

El poder increíble *de* la fe *en* acción

Título original: *Unstoppable*

Publicado originalmente por WaterBrook Press, sello de The Crown Publishing Group, de Random House Inc., New York.

©2012, Nicholas James Vujicic

© 2012 Un espíritu invencible

© De esta edición:

2012, Santillana USA Publishing Company, Inc.

2023 N.W. 84th Ave.

Doral, FL 33122

Teléfono: (305) 591-9522

Fax: (305) 591-7473

www.prisaediciones.com

Primera edición: Noviembre de 2012

ISBN: 978-1-61435-970-8

Traducción: Jesús Vega

Diseño de cubierta: Kristopher K. Orr

Foto de cubierta: Allen Mozo

Printed in USA by HCI Printing

*En memoria de Kiyoshi Miyahara, el suegro
con quien me encontraré en el Cielo.*

*Dedico este libro a mi esposa
Kanae Loida Vujicic-Miyahara,
mi mayor regalo y alegría,
después de la propia salvación.*

CONTENIDO

Introducción

Bienvenido a mi segundo libro. Mi nombre es Nick Vujicic (se pronuncia *voy-a-chich*). Aunque no hayas leído mi primer libro, *Una vida sin límites*, es posible que hayas visto mis videos en YouTube o asistido a alguna de las conferencias que he dado como orador de inspiración y evangelista en numerosos países.

Como ya sabrás o habrás visto en la fotografía de portada, nací sin brazos ni piernas. Pero lo que no podrás ver, aunque quizás lo hayas intuido, es que mi falta de miembros no me ha impedido disfrutar de grandes aventuras, lograr una carrera gratificante y significativa, y tener adorables amistades. En este libro me propongo compartir contigo el poder indetenible de la fe en acción, el cual me ayudó a crear mi propia vida enormemente buena, a pesar de mis discapacidades.

Poner la fe en acción equivale a creer y lograr. Es tener fe en ti mismo, en tu talento, tus propósitos, y, sobre todo, en el amor de Dios y el plan divino que Él ha trazado con respecto a tu vida.

Este libro fue inspirado por las numerosas personas de todas las edades y de todo el mundo, que me han pedido consejos y guía para enfrentar retos específicos en sus vidas. Gracias a mis discursos, saben que he vencido adversidades como los pensamientos suicidas de mi juventud, las preocupaciones sobre la posibilidad de valerme por mí mismo y de encontrar una mujer a quien amar, mis experiencias con el acoso personal y otros problemas e inseguridades que de ningún modo son únicas en mi caso.

Los temas de los capítulos responden las preguntas y retos más comunes que plantean las personas que hablan conmigo y me escriben:
- crisis personales
- problemas de relaciones sentimentales
- retos profesionales y de empleo
- preocupaciones de salud y discapacidad
- pensamientos, emociones y adicciones autodestructivas
- acoso, persecución, crueldad e intolerancia
- lidiar con asuntos más allá de nuestro control
- cómo ayudar al prójimo
- buscar equilibrio en cuerpo, mente, corazón y espíritu

Espero que la narración de mis historias y las de otros que han perseverado en sus pruebas y tribulaciones —muchos de los cuales superan los míos— te ayude e inspire para vencer cualquier desafío que enfrentes. Por supuesto, no tengo todas las respuestas, pero me he beneficiado de los maravillosos consejos de muchas personas sabias y del amor y las bendiciones de mi Padre que está en el Cielo.

Pienso que la guía presente en estas páginas te será práctica e inspiradora. Es importante tener en cuenta mientras las lees que nunca estás solo, pues puedes contar con la ayuda de amigos, familiares, maestros, consejeros y religiosos. No pienses que tienes que llevar encima toda la carga.

Recuerda también que, probablemente, hay muchas más personas que han enfrentado y asumido tus mismos desafíos. En este libro encontrarás historias de conocidos míos, y de otras personas que me han escrito para contarme sus experiencias. En algunos casos he cambiado los nombres, pero las historias son auténticas y siempre inspiradoras por el valor, la fe y perseverancia que demuestran.

En mi niñez, mientras intentaba aceptar mis discapacidades, cometí el error de pensar que nadie más sufría como yo, y que mis problemas eran invencibles. Creí que la falta de miembros era una prueba del desamor de Dios, y de que mi vida no tenía ningún propósito. También sentí que no podía compartir mis penas, incluso con quienes me amaban y se preocupaban por mí.

Estaba totalmente equivocado. No estaba solo en mi sufrimiento, pues muchas personas han enfrentado retos superiores al mío. Además, Dios me ama, y me creó con propósitos que nunca pude imaginar en mi niñez. Y Dios me sigue usando en formas que siguen sorprendiéndome y admirándome cada día.

Debes saber que mientras estés en la Tierra, para ti también hay un objetivo y un plan. Dios te ama, y puedes contar con muchas personas que te rodean —tanto seres queridos como profesionales— dispuestos a ayudarte a enfrentar tus desafíos. Aunque la carga que llevas pueda parecerte abrumadora, el poder de la fe en acción es realmente increíble, como podrás ver en las próximas páginas.

Para empezar a comprender lo anterior, ten en cuenta simplemente que un hombre sin brazos ni piernas viaja por el mundo, ayuda a millones de personas, y se siente bendecido con alegría y amor sin medida. Soy tan imperfecto como cualquiera. Tengo días buenos y malos, y, en ocasiones, hay ciertos retos que me desconciertan. Pero sé que donde soy débil Dios es fuerte, y cuando ponemos la fe en acción, somos invencibles.

UNO

La fe en acción

Cuando estaba a punto de terminar mi gira de conferencias por México en 2011, un funcionario de la embajada de los Estados Unidos en la ciudad de México llamó para informarme que mi visa de trabajo en los Estados Unidos estaba suspendida debido a una "investigación de seguridad nacional".

Vivo en los Estados Unidos con esa visa de trabajo porque nací en Australia, y no podía regresar a California sin la misma. Un problema serio, pues mi equipo de trabajo ya había programado una próxima serie de conferencias en ese país.

A la mañana siguiente, fui a la Embajada de los Estados Unidos con Richie, mi cuidador, para averiguar por qué razón mi visa estaba vinculada a asuntos de seguridad nacional. Cuando llegamos, el enorme salón de recepción estaba lleno de personas con el mismo problema. Tuvimos que tomar un número, como en la panadería. La espera fue tan prolongada que hasta dormí una buena siesta antes de que nos tocara el turno.

Cuando estoy nervioso recurro al humor, algo que no siempre funciona. «¿Hay algún problema con mis huellas digitales?», pregunté en tono de broma. El funcionario me miró fijamente y luego llamó a su supervisor (¿acaso porque mi sentido del humor implicaba una amenaza a la seguridad estadounidense?).

Llegó el supervisor con la misma mirada severa y, de repente, me imaginé tras las rejas.

«Su nombre está siendo objeto de una investigación. No podrá regresar a los Estados Unidos hasta que se haga la verificación correspondiente. Y el proceso podría demorar hasta un mes». Afirmó el supervisor como si fuera un autómata.

Me quedé aterrado. *¡Esto no puede ser cierto!*

Richie cayó al suelo. Primeramente pensé que se había desmayado, pero en realidad se hincó de rodillas a rezar frente a doscientas personas. Es un cuidador muy compasivo, y levantó los brazos con las manos unidas, pidiéndole a Dios un milagro que nos permitiera regresar a casa.

De repente, todo a mi alrededor pareció moverse a toda velocidad y en cámara lenta a la vez. Y mientras mi cabeza daba vueltas, el funcionario diplomático añadió que tal vez mi nombre llamó la atención por mis continuos viajes por el mundo.

¿Acaso sospechaban que yo era un terrorista internacional? ¿Un traficante de armas sin brazos? Honestamente, jamás le puse a nadie una mano encima. (¿Ven lo que ocurre cuando estoy nervioso? ¡Ayúdenme a cerrar la boca, por favor!)

«Pero vamos, hablando en serio ¿qué peligro puede implicar una persona como yo? Precisamente el presidente de México y su esposa me han invitado a asistir mañana a una fiesta del Día de Reyes en su residencia. Por tanto, *ellos* no me consideran una amenaza», le dije al funcionario.

Pero el diplomático respondió, inmutable: «No me importa si va a reunirse con el mismísimo presidente Obama. No volverá a entrar en los Estados Unidos hasta que termine la investigación».

La situación podría haber resultado divertida si mi calendario de compromisos no hubiera estado lleno de conferencias en los benditos Estados Unidos de América. Tenía que regresar.

No estaba dispuesto a esperar sentado a que alguien decidiera que Nick no significaba una amenaza para la seguridad de los estadounidenses. Seguí implorándole al funcionario de la embajada durante varios minutos más, explicándole mis obligaciones, dándole nombres de personas importantes, y resaltando que tenía empleados que dependían de mí y huérfanos que me esperaban.

El funcionario llamó a otra persona de mayor rango diplomático. «Todo lo que podemos hacer es tratar de acelerar el proceso. Pero aún así demoraría al menos un par de semanas», aseguró.

Dos semanas en las que tal vez tenía programadas una decena de conferencias. Pero el funcionario de la embajada no se compadeció, y no quedó más remedio que volver al hotel, desde donde comencé a llamar desesperado a todo el que conocía en busca de ayuda y oraciones.

En ese momento, aproveché el poder de la fe en acción.

No basta limitarse a decir "Creo en algo". Si quieres ejercer un impacto en este mundo, debes poner tus creencias y tu fe en acción. En este caso, aproveché mi fe en el poder de la oración. Llamé a nuestro equipo en mi organización sin fines de lucro Life Without Limbs (LWL) en California, y les pedí que comenzaran una cadena de oración. «Estamos creando una cadena de mando ¡hasta el Altísimo!», les dije.

Mi equipo de LWL comenzó a hacer múltiples llamadas telefónicas y envió un torrente de mensajes de correo electrónico y de texto y *tweets*. Al cabo de una hora, ciento cincuenta personas estaban orando por una rápida resolución al problema de mi visa. Y también llamé a amigos y colaboradores que pudieran tener influencia, parientes, vecinos o antiguos condiscípulos en el Departamento de Estado.

Tres horas más tarde, me llamó un funcionario de la embajada en México. «No puedo creerlo, pero ya se aclaró todo. La investigación terminó. Pueden venir a recoger la renovación de su visa mañana en la mañana», dijo.

¡Ese es, amigo mío, el poder de la fe en acción! Puede mover montañas, y sacar también a Nick de México.

ACTUAR CON FE

En mis viajes por el mundo, muchas personas que enfrentan desafíos me piden consejos y oraciones. A menudo saben lo que necesitan hacer, pero temen realizar un cambio o dar el primer paso pidiendo ayuda o confiando en Dios. Tú también puedes tener por delante retos que te hacen sentir desamparado, temeroso, estancado, paralizado, inseguro e incapaz de actuar. Lo comprendo. También me ha ocurrido a mí. Cuando los adolescentes y jóvenes adultos vienen a decirme que son víctimas de acoso, que se sienten perdidos y solos en el mundo, o que les atemorizan sus discapacidades, enfermedades o pensamientos autodestructivos, sé exactamente de lo que me hablan.

Aunque mis retos físicos son evidentes, sólo hay que hablar conmigo o escucharme unos minutos para comprender cuánta alegría tengo a pesar de ello. Por eso, me preguntan a menudo cómo puedo ser positivo y dónde hallo la fuerza para vencer mis discapacidades. Mi respuesta es siempre la misma: "Rezo y le pido ayuda a Dios, y luego pongo mi fe en acción". Tengo fe. Creo en ciertas cosas de las que no tengo prueba tangible. Cosas que no puedo ver, degustar, tocar, oler u oír. Pero, sobre todo, tengo fe en Dios. Aunque no puedo verlo ni tocarlo, creo que Él me creó con un propósito, y creo que cuando pongo mi fe y mis creencias en acción, me pongo al alcance de las bendiciones de Dios.

¿Lograré siempre lo que *yo* quiero? ¡No! Pero alcanzaré lo que *Dios* quiera. Y lo mismo se cumple en ti. Independientemente de que seas o no cristiano, nunca des por sentado que creer en algo es suficiente. Puedes creer en tus sueños, pero tienes que actuar para que se cumplan. Puedes creer en tu talento y tener fe en tus capacidades, pero si no las desarrollas ni las usas, ¿de qué te sirven? Puedes creer que eres una persona buena y compasiva, pero si no tratas a los demás con bondad y compasión, ¿dónde está la prueba?

Tienes la opción. Puedes creer o no. Pero *si* crees —*en cualquier cosa*— debes actuar consecuentemente. De lo contrario, ¿qué caso tiene creer? Quizás hayas enfrentado desafíos en tu profesión, tus relaciones o tu salud. Tal vez hayas sido víctima de maltratos, abusos o discriminación. Todo eso que *te ha ocurrido,* te define a ti o a tu vida *si* no actúas para definirte a ti mismo. Podrás creer en tu talento. Podrás creer que puedes dar amor. Podrás creer que eres capaz de vencer tu enfermedad o discapacidad. Pero esa creencia en sí no traerá cambios positivos a tu vida.

Debes ponerla en acción.

Si crees que puedes mejorar tu vida o imprimir una huella positiva en tu ciudad, en tu estado o en el mundo, actúa consecuentemente con aquello en lo que crees. Si piensas que tienes una magnífica idea para crear tu propio negocio, debes invertir tiempo, dinero y talento para materializarlo. De lo contrario ¿para qué sirve el simple hecho de tener esa idea? Si has identificado a alguien con quien te gustaría estar el resto de su vida, ¿por qué no pones en acción esa idea? ¿Qué tienes que perder?

LA RECOMPENSA DE PONER LA FE EN ACCIÓN

Tener fe, creencias y convicciones es algo muy bueno, pero tu vida se medirá de acuerdo a las acciones que emprendas con respecto a las mismas. Puedes crear una vida excelente a partir de aquellas cosas en las que crees y en las que tienes fe. Yo creé la mía en torno a mi convicción de que puedo inspirar y darles esperanza a quienes enfrentan retos en sus vidas. Una convicción vinculada a mi fe en Dios. Tengo fe en que Él me trajo a la Tierra para amar, inspirar y estimular al prójimo, y especialmente para ayudar a todo el que desee aceptar a Jesucristo como su Señor y Salvador. Creo que nunca podré ganarme el camino al Cielo, y por la fe acepto el don del perdón de los pecados mediante Cristo Jesús. Sin embargo, la clave no está en el afán de "entrar por las puertas del Cielo". También hay que propiciar el cambio de otras personas por el poder de Su Espíritu Santo, mediante el establecimiento de una estrecha relación con Jesucristo durante toda la vida, y luego recibir más recompensas en la Gloria.

Haber nacido sin brazos ni piernas no fue un castigo de Dios. Eso lo sé ahora, pues me he dado cuenta de que esta "discapacidad" aumenta mi poder de servir a Su propósito como orador y evangelista. Tal vez sientas la tentación de pensar que estoy ejecutando un gran acto de fe para sentirme así, pues la mayoría de las personas consideran mi falta de miembros como una enorme discapacidad. Por el contrario, Dios ha usado esa falta de miembros para atraer personas a mí, especialmente otros discapacitados, y así inspirarlos con mis mensajes de fe, esperanza y amor.

En la Biblia, el apóstol Santiago dice que nuestras acciones, no nuestras palabras, son la prueba de nuestra fe. Así lo enuncia en el capítulo 2, versículo 18 de su *Epístola*: "Y al contrario, alguno podrá decir: '¿Tú tienes fe?; pues yo tengo obras. Pruébame tu fe sin obras y yo te probaré por las obras mi fe'".

He oído decir que *nuestras acciones* son para nuestra fe y nuestras creencias lo mismo que *nuestros cuerpos* para nuestros espíritus. Tu cuerpo es el domicilio de tu espíritu, la evidencia de su existencia. De la misma manera, tus acciones son evidencia de tu fe y creencias. Seguramente conoces el término "predicar con el ejemplo". Tu familia, maestros, jefes, compañeros de trabajo y clientes esperan que actúes y vivas en correspondencia con las creencias y convicciones que afirmas tener. Si no lo haces, no creerán en ti, ¿no es cierto?

Nuestros semejantes no nos juzgan por lo que decimos, sino por lo que hacemos. Si afirmas ser una buena esposa y madre, entonces tendrás alguna vez que priorizar los intereses de la familia por encima de los tuyos. Si crees que tu objetivo es compartir tu talento artístico con el mundo, entonces te juzgarán por las obras que produzcas, no por las que sólo propongas. Hay que predicar con el ejemplo. Si no lo haces así, no tendrás credibilidad ante los demás —o ante ti mismo— porque también deberás pedir que tus acciones se correspondan con tus palabras. Si no ocurre así, nunca vivirás en armonía y plenitud.

Como cristiano, creo que el juez final de cómo hemos vivido es Dios. La Biblia enseña que Su dictamen se basa en nuestras acciones y no en nuestras palabras. Como se lee en *Apocalipsis* 20:12: "Y vi a los muertos, grandes y pequeños, de pie delante del trono; fueron abiertos unos libros, y luego se abrió otro libro, que es el de la vida; y los muertos fueron juzgados según lo escrito en los libros, *según sus obras*". Yo actúo en correspondencia con lo que creo, viajando por el mundo y animando a que nos amemos mutuamente, y que amemos a Dios. Un propósito que me satisface. Creo realmente que es la razón por la que fui creado. Si actúas en consonancia con lo que crees, y pones tu fe en acción, también te sentirás gratificado. Y te ruego que no te desanimes si no te sientes absoluta y continuamente confiado en cuál es tu objetivo y en cómo lo materializas. Yo he batallado hasta ahora y sigo luchando. Hazlo tú también. Yo me equivoco y estoy muy lejos de la perfección. Pero las obras son simplemente el fruto, el resultado, de la profundidad de una auténtica certeza sobre la verdad. La verdad, no el propósito, es lo que nos libera. Yo encontré mi propósito porque buscaba la verdad.

Es difícil encontrar el propósito o el bien en circunstancias difíciles, pero ese es el camino que hay que andar. ¿Por qué tiene que ser andado el camino? ¿Por qué no nos recoge un helicóptero y nos lleva a la meta? Porque en tiempos difíciles se aprende más, se crece más en la fe, se ama más a Dios, y amamos más al prójimo. El camino de la fe comienza en el amor y termina en el amor.

Frederick Douglass, el ex esclavo estadounidense que se convirtió en activista social, dijo: "Si no hay lucha, no hay progreso". Tu carácter se forma con los retos que enfrentas y vences. Tu valor crece cuando afrontas tus temores. Tu poder y tu fe se construyen en la medida en que se ponen a prueba durante las experiencias de tu vida.

MI FE EN ACCIÓN

He descubierto una y otra vez que cuando le pedimos ayuda a Dios y luego actuamos, sabiendo en lo profundo del corazón que Él nos protege, no hay razón para temer. Eso me lo enseñaron mis padres, especialmente en la forma que vivieron cada día. Ellos son los mejores ejemplos de fe en acción de los que he sido testigo.

Aunque llegué a esta tierra faltándome "algunas cositas", como dice mi madre, me siento bendecido en muchas, muchas maneras. Mis padres me han apoyado siempre. No me trataron con mimos, me castigaron cuando lo merecí, y me concedieron espacio para que cometiera mis propios errores. Pero, sobre todo, son maravillosos ejemplos de conducta.

Fui el primogénito, y definitivamente una sorpresa. A pesar de hacer las pruebas usuales, el médico de mi madre no detectó indicación alguna de que vendría al mundo sin brazos ni piernas. Y como mi madre era una enfermera experta que participó en cientos de partos, tomó las precauciones necesarias durante su embarazo.

No hace falta decir que tanto ella como mi padre se quedaron pasmados cuando me vieron sin miembros. Son cristianos devotos, e incluso mi padre era pastor seglar. Por tanto, ambos oraron en busca de ayuda mientras yo era sometido a varios días de pruebas después de mi nacimiento.

Como todos los bebitos, no traje conmigo un libro de instrucciones, por lo que mis padres habrían agradecido algún que otro consejo. No conocían a ninguna pareja con hijos sin miembros, en un mundo concebido para personas con brazos y piernas.

Al principio se sintieron abrumados como cualquier padre en su situación. Durante la primera semana los embargó la ira, los sentimientos de culpa, la depresión, la desesperación. Y lloraron mucho, adoloridos por el niño perfectamente formado que se imaginaron, pero que no recibieron. También porque temían que mi vida fuera a ser muy difícil.

Mis padres no podían imaginar cuál era el plan que Dios tenía en mente para un chico como yo. Sin embargo, en cuanto se recuperaron de la conmoción inicial, decidieron depositar su fe en Dios, y luego ponerla en acción, abandonando sus intentos de comprender por qué Dios les había enviado un niño así. Por el contrario, se sometieron a Su Plan, cualquiera que fuese, y procedieron a criarme lo mejor posible, de la única manera que pudieron: colmándome de todo su amor día a día.

Hecho a medida para un propósito

Cuando mis padres agotaron todos los recursos médicos en Australia, buscaron ayuda para mí en Canadá, en los Estados Unidos, y en cualquier parte del mundo que ofreciera esperanza e información. Pero jamás descubrieron una razón médica total de mi afección, a pesar de que se manejaron muchas teorías. Y como mi hermano Aaron, y mi hermana Michelle nacieron años después con sus miembros correspondientes, aparentemente no hubo problemas de defectos genéticos.

Con el paso del tiempo, mis padres consideraron el *por qué* de mi creación mucho menos importante en relación al *cómo* de mi supervivencia. ¿Cómo iba a aprender a moverse este chico sin piernas? ¿Cómo se cuidaría a sí mismo? ¿Cómo podría ir a la escuela? ¿Cómo iba a poder buscarse el sustento cuando llegara a la adultez? Por supuesto, nada de lo anterior preocupaba al bebito que fui. No tenía la menor idea de que mi cuerpo no era "normal". Pensaba que la gente me miraba porque les resultaba muy adorable. También me creía indestructible e invencible. Mis pobres padres podían contener apenas sus temores cuando solía deslizarme como una bolsa humana del sofá al suelo, por encima de los asientos del automóvil y por el patio.

Te podrás imaginar su preocupación cuando me sorprendieron bajando en patineta por una cuesta empinada. *¡Mira, Mamá, lo hago sin las manos!* A pesar de sus amantes esfuerzos por equiparme con sillas de ruedas y otros aparatos, creé obstinadamente mis propios métodos de movilidad. La piel de mi frente adquirió la misma rugosidad de la planta de la mayoría de los pies, debido a que me incorporaba desde la posición horizontal apoyándola sobre paredes, muebles o cualquier otro objeto estático, para ir luego retorciéndome hasta lograr la verticalidad.

Además, para horror de muchos espectadores inocentes, me zambullía en albercas y lagos después de descubrir que podía nadar y flotar reteniendo un poco de aire en los pulmones mientras me propulsaba con mi pequeño pie, útil apéndice que resultó invaluable después de que me practicaran una operación para separarlo, lo cual me permitió manipularlo con una destreza sorprendente. Con el advenimiento del teléfono celular y las computadoras portátiles, pude usar mi pie para escribir y enviar mensajes de texto, lo cual fue también una bendición.

Aprendí finalmente a enfocarme en las soluciones y no en los problemas, a actuar en vez de preocuparme. Descubrí que cuando emprendía una acción, se producía un efecto desencadenante, recuperaba mi impulso y aumentaban mis poderes de solucionar los problemas. Se dice que el universo recompensa la acción, algo que ya está demostrado en mi caso.

Día tras día, Dios revela los planes que tiene para mí. Los temores y preocupaciones que tú puedas tener también disminuirán si se los ofreces a Él, y actúas con fe, elaborando soluciones, creando impulso y confiando en que Dios te mostrará el camino.

Igual seguirás enfrentando retos y frustraciones. Son parte de la vida. Pero cuando pongas tu fe en acción, gozarás de un poder indetenible, y verás los obstáculos como oportunidades de aprender y crecer. Honestamente, no siempre acepto los desafíos. En ocasiones, cuando ocurren, quiero preguntarle a Dios: "¿No me has dado ya demasiados retos?". Pero, como de costumbre, he podido aplicar lo aprendido y lograr los mejores resultados en esa experiencia, sin importar lo difícil que haya podido ser.

He tenido tantas oportunidades de aprendizaje, que a estas alturas ya debería ser maestro del universo. Como podrás imaginar, enfrenté mis mayores obstáculos en la adolescencia, esa etapa de la vida en que todos tratamos de descubrir quiénes somos y cómo encajamos (o no) en este orden de cosas.

A pesar de que tuve muchos amigos y era popular en la escuela, no faltaron abusadores que me atormentaban. En más de una ocasión fui víctima de comentarios crueles. A pesar de mi espíritu optimista y resuelto por naturaleza, me fui dando cuenta de que nunca me parecería a nadie, ni podría hacer todas las cosas que las personas configuradas "normalmente" pueden hacer.

En la medida que trataba de bromear acerca de mi carencia de miembros, me atormentó más y más la idea de que sería una carga para quienes me amaban, pues no podría valerme por mí mismo. El otro gran temor era que nunca me casaría ni crearía mi propia familia, porque ninguna mujer querría un esposo que no pudiera abrazarla, protegerla, ni cargar a nuestros hijos.

En esos años de adolescencia, me preocupaba constantemente y se ensombrecían mis pensamientos. No podía imaginar por qué Dios me había creado para sufrir tal privación y soledad. Y me preguntaba si Él me estaba castigando, o si estaba consciente incluso de mi existencia. *¿Acaso era yo un error? ¿Cómo podía Dios, que ama a todos Sus hijos, ser tan cruel?*

Entre los ocho y los diez años, aquellos pensamientos sombríos provocaron desesperación e impulsos destructivos. Comencé a considerar la idea del suicidio, saltando desde una alta cornisa o ahogándome en la bañera, donde mis padres me dejaban confiados porque había aprendido a nadar.

Finalmente, traté de suicidarme en la bañera cuando tenía diez años. Intenté voltearme y mantener la cabeza bajo el agua un par de veces, pero no pude soportarlo, al pensar en la aflicción y el sentimiento de culpa que abrumaría a mis padres por el resto de sus vidas si me suicidaba. No podía hacerles un mal tan grande.

En esos momentos de depresión no pude apreciar que mi vida tenía un propósito. Si no podía valerme por mí mismo y no era digno del amor de una mujer, ¿para qué servía entonces? Me aterraba pensar que andaría vagando por la vida, solo y como una carga para mi familia. Mi desesperación de juventud se fundamentaba en la falta de fe en mí mismo, en mi objetivo y en mi Creador. No podía ver el camino que tenía ante mí, por lo que no pude creer en la posibilidad de tener una vida con propósito y plenitud. Como Dios no escuchó mi solicitud de un milagro que me devolviera mis brazos y mis piernas, también perdí la fe en Él.

Tal vez hayas tenido una experiencia similar. Quizás estés enfrentando un reto en este mismo instante. Si es así, te ruego que comprendas lo equivocado que estuve, y cuánto se limitó mi visión a causa de haber perdido la fe. Olvidé que Dios no se equivoca y que siempre tiene un plan para nosotros.

En los años que siguieron, se me fue revelando lentamente Su Plan y mi vida se desenvolvió en formas que nunca soñé. Mis padres me animaron a pedir ayuda a mis condiscípulos y a confiar en que la mayoría me aceptaría. Al hacerlo, descubrí que se sentían inspirados por mis historias de victoria sobre mi discapacidad. ¡Y hasta algunos llegaron a considerarme una persona divertida! Su aceptación me motivó a dar charlas en organizaciones estudiantiles y grupos religiosos. La respuesta positiva a mis discursos me abrió los ojos. Con el tiempo me di cuenta de que uno de mis propósitos era inspirar a los demás para que vencieran sus propios desafíos y se acercaran más a Dios, si así lo deseaban.

Comencé a creer en mi propio valor. Mi fe en Dios se fortaleció enormemente mientras más actuaba al respecto. Cuando puse la fe en acción e inicié mi carrera de orador y evangelista internacional, recibí como recompensa una vida alegre e increíblemente gratificante que me ha llevado por el mundo, conociendo a millones de personas, ¡y ahora *a ti*!

No hay necesidad de pruebas

Ni tú ni yo podemos ver lo que Dios nos depara. Por esa razón, jamás debes creer que tu destino está marcado por lo que más temes, ni tampoco que, cuando caigas, no volverás a levantarte. Debes tener fe en ti, en tu propósito y en el plan que Dios tiene para tu vida. Luego, aparta los miedos e inseguridades, y confía en que encontrarás tu camino. Tal vez no tengas ni idea de lo que te espera, pero es mejor actuar ante la vida que dejar que la vida actúe por ti.

Si tienes fe, no necesitas pruebas, porque vives en ella. No necesitas tener todas las respuestas acertadas, sólo las preguntas correctas. Nadie sabe lo que le tiene reservado el futuro. La mayor parte del tiempo, el plan de Dios está fuera de nuestro alcance, y a menudo hasta de nuestra imaginación. Cuando tenía diez años, nunca hubiera creído que al cabo de otros diez, Dios me enviaría a viajar por el mundo para hablarles a millones de personas, inspirándolas y guiándolas a Jesucristo. Tampoco habría sabido que un día, el amor de mi familia sería igualado, e incluso sobrepasado, por el amor de la mujer inteligente, espiritual, intrépida y bella con la que me casé recientemente. Aquel chico al que le causaba desesperación pensar en su futuro, es actualmente un hombre en paz. Sé quién soy, y voy paso a paso, sabiendo que Dios me protege. Mi vida está llena de propósito y amor. ¿Están mis días exentos de preocupaciones? ¿Cada día está bendecido por el sol y las flores? Nada de eso. Sabemos que la vida no funciona de ese modo. Pero le agradezco a Dios por cada uno y por todos los momentos que me permite caminar por la senda que me ha asignado. Tanto tú como yo estamos aquí con un propósito. Yo encontré el mío, y debes considerar mi historia como garantía de que a ti también te espera tu camino.

CREER Y LOGRAR

Cuando aceptas en la fe que encontrarás tu propósito y seguirás paso a paso por la senda hacia el descubrimiento, te darás cuenta, como me ocurrió a mí, que la visión que tiene Dios de tu vida es más grande de lo que pudieras imaginar. Por ejemplo, no recibí el milagro de tener brazos y piernas, pero he visto muchas veces que yo puedo ser un milagro para otra persona. Por medio de mis experiencias, entre ellas la desesperación que me llevó a un intento de suicidio, puedo relacionarme con las luchas ajenas.

Yo puedo ser el milagro que te abra los ojos, te inspire, le infunda valor a tu corazón, te asegure que eres amado y te encamine a servir tu propósito.

EL AMOR IMPULSA LA FE HACIA LA ACCIÓN

La fe en acción se resume en amor. Yo te amo tanto que me importas lo suficiente como para servirte, ayudarte y escucharte, para inspirarte y estimularte. Todo gira siempre en torno al amor. Tenemos el poder de amar sin límites y es necesario activar ese amor, no sólo para cumplir con nuestro propósito, sino para desempeñar un papel a fin de que el mundo entero logre la paz y la plenitud en la vida. Si tu viaje por la vida comienza y termina en el amor, yo quiero ser parte del amor otorgado por Dios para llevarte por esa senda.

El apóstol San Pablo dijo lo siguiente: "Aunque hablara las lenguas de los hombres y de los ángeles, si no tengo amor, soy como bronce que suena o címbalo que retiñe... Aunque tuviera plenitud de fe como para trasladar montañas, si no tengo caridad, nada soy".

En un mundo que nos parece a menudo endurecido y cruel, tendemos a perder de vista el hecho de que Dios nos ama. Él envió a Su Hijo para pagar el precio y morir por nosotros. Está siempre a nuestro lado. Cuando se conoce el poder de Dios, no queremos nada más que amarlo a Él y a todos los que nos rodean. Aunque a veces lo olvidamos. Hasta yo mismo. Pero he descubierto que cuando más confundido estoy con respecto al plan que Dios me tiene reservado, cuando lucho seriamente para determinar qué debo hacer para servir a Su propósito, Él pone a alguien en mi camino, o crea una situación para revelármelo o para poner a prueba si yo predico con el ejemplo. Mi experiencia con Felipe Camiroaga es uno de los ejemplos más recientes y convincentes.

Durante años, Felipe fue copresentador de un programa televisivo de entrevistas tan popular como *The Oprah Winfrey Show* en los Estados Unidos. Junto a Carolina de Moras presentó "Buenos días a todos", el programa con más tiempo de existencia en Chile. El espacio es el de mayor teleaudiencia en TVN, el canal estatal de la nación. En septiembre de 2011, durante mi segunda visita a Chile me invitaron a participar. Se suponía que la entrevista iba a durar veinte minutos, demasiado para un segmento de ese tipo, especialmente si se necesita un intérprete. Sin embargo, mi conversación con Felipe y Carolina duró cuarenta minutos, algo casi sin precedentes en esa clase de programas. Pero, desde mi perspectiva, lo mejor fue que mis entrevistadores me dejaron hablar extensamente acerca de lo que significa para mí la fe, y cómo la pongo en acción viajando por el mundo como evangelista y orador de motivación. Incluso Felipe mostró interés en mi mensaje, lo cual me sorprendió.

Aunque no lo conocía bien, estaba consciente de su reputación como el soltero de más alto nivel en Chile, un hombre cuya vida amorosa era objeto de gran interés por parte de los medios de comunicación. Aparentemente, a muchas personas les interesaba Felipe simplemente como celebridad. Sin embargo, durante nuestra entrevista me hizo preguntas muy serias sobre temas espirituales.

Por ejemplo, me preguntó cómo había llegado a conocer a Dios. Le respondí que para ello es necesario tener fe, o sea, el acto de creer en algo de lo que no existe prueba física. Le hablé de mi fe en que Jesús es el camino al Cielo y la vida eterna. También les confesé a Carolina, a Felipe y a su teleaudiencia, que soy una persona codiciosa: vivir noventa años en la Tierra no me basta, pues quiero vivir eternamente en la Gloria. «Pero hay algo mejor que ir al Cielo: animar a por lo menos una persona a que me acompañe. Por esa razón tengo fuerzas. Guardo un par de zapatos en mi armario porque creo en los milagros, pero no hay milagro mayor que ver cómo una persona acepta a Dios. Oren para pedir fe, y Dios los ayudará paso a paso», les dije.

Mientras hablaba, me inundó una ola de gratitud. Estaba agradecido por poder expresar mi fe sin reservas y durante tanto tiempo en el programa de Felipe. También noté que a Felipe le emocionaron mis palabras, hasta las lágrimas. Y Carolina parecía escucharme atentamente.

Como evangelista que soy, considero naturalmente su interés como permiso para seguir hablando. Cuando me preguntaron si mi fe tenía límites, les respondí que si bien no puedo afirmar que todo es posible, «No hay límites para la alegría y la paz dentro de mí, independientemente de lo que me ocurra». Desearía poder decirle a los demás que si aman a Dios, todo saldrá bien. Pero lo cierto es que seguimos sufriendo a causa de las enfermedades, los problemas financieros, la ruptura de lazos afectivos y la pérdida de seres queridos. En cada vida ocurren tragedias, y creo que éstas existen para enseñarnos una lección. Espero que cuando todo aquel que sufre vea que disfruto de una vida plena de alegrías, piense: "Si Nick, que no tiene brazos ni piernas, está agradecido, entonces tendré que dar gracias por el día de hoy, y haré las cosas lo mejor posible".

Durante la entrevista, les conté a Carolina y a Felipe una situación problemática que había confrontado meses atrás (que explicaré en detalle más adelante). «Siempre sé que Dios está ahí, pero en ocasiones Él me confunde. Aunque resulta difícil transitar por un valle, debemos recordar esto: "Voy a aprender algo en este valle que no hubiera podido aprender de otra manera, y hoy soy quien soy gracias a todo lo que me ha ocurrido"», les dije.

Tal vez a ti también te han abrumado ciertos acontecimientos, y has sentido confusión al preguntarte cómo es posible que formen parte del plan que te ha asignado Dios. Como les expliqué aquel día a mis entrevistadores chilenos, es posible salir adelante incluso en los momentos más sombríos, caminando paso a paso en la fe, sabiendo que cada día, cada aliento, cada momento es un regalo de Dios, y agradeciéndoselo todo el tiempo. «El mayor peligro es pensar que no necesitamos a Dios», les aseguré.

Durante todo el tiempo que estuve platicando, me maravilló el hecho de que nadie les hizo una señal a los presentadores para interrumpirme, agradecer mi participación y despedirme. De repente, Felipe sacó una pelota y me pidió que le demostrara mis destrezas de futbolista mundial, las cuales, como podrás imaginar, se limitan a cabezazos y golpes pequeños y precisos.

Para mi sorpresa, también reprodujeron en su totalidad mi video musical, que acababa de estrenarse. Finalmente, cuando llegó el final del programa, me sentí tan agradecido por todo lo que me habían dado, que dediqué otros cinco minutos a darles las gracias a Felipe, a Carolina, y a la teleaudiencia. Luego oré por ellos y le pedí al Espíritu Santo que descendiera, que tocara sus corazones, y les diera fuerza, paz y la tranquilidad de saber que Dios los ama, que tiene un plan para ellos, y que siempre los protegerá. También le pedí a Jesús que nos ayudara a todos a tener fe para creer en Él.

Y seguí esperando a que alguien entrara a sacarme del estudio con un gancho, pero no ocurrió tal cosa. Hablando en serio, ese día me concedieron tanto tiempo al aire que comencé a preguntarme si mis padres, primos y otros buenos colaboradores habrían invadido secretamente el estudio, y se habían hecho cargo de la dirección del programa y el control de las cámaras. Luego me enteré que el director del programa era un cristiano consecuente y un gran admirador, y le pidió al equipo que siguieran sin interrupción. Al término del programa el director, lloroso, me dio las gracias con gran afecto. Y todos nos aseguraron que jamás habían recibido una reacción tan positiva de llamadas de agradecimiento a TVN por dejarme narrar mi historia.

GUIADO POR LA FE

Mi comparecencia en el programa matutino con Felipe y Carolina fue una experiencia tan grande, que esa tarde, a mi regreso al hotel, seguía cabalgando entre nubes. Como me sentía eufórico, puse música y comencé a navegar por la Internet. De repente sonó el teléfono. Era la intérprete del programa, quien me dijo que había ocurrido un accidente y que encendiera de inmediato el televisor. Al hacerlo, un noticiero mostraba la fotografía de Felipe y la escena de un accidente aéreo. Me bastó mi modesto español para comprender que el accidente había ocurrido en una isla remota y, para mi horror, Felipe era uno de los veintiún pasajeros del vuelo, en el que también se encontraban otros empleados de TVN.

Los equipos de búsqueda y rescate ya habían sido enviados al lugar del accidente. Como el desastre ocurrió en el Archipiélago Juan Fernández, a cientos de kilómetros de las costas de Chile, la información que llegaba era confusa. Felipe era uno de cinco empleados de TVN en camino a una de las islas, para producir un reportaje sobre las labores de reconstrucción después de que un terremoto y un maremoto destruyeran su ciudad principal en febrero de 2010. Los reporteros noticiosos señalaban que el avión de la Fuerza Aérea de Chile en el que viajaban había hecho dos intentos de aterrizaje con mal tiempo antes de caer. Cerca de la pista de aterrizaje, las autoridades encontraron equipaje y restos de la nave.

De pronto, mientras miraba los noticieros que relataban los pormenores del accidente y los esfuerzos de búsqueda y rescate, me sentí muy mal. Aunque conocí a Felipe unas horas antes, me impactó nuestra conversación sobre la fe. Felipe me pareció genuinamente emocionado cuando hablé de mi ambición por tener más que una existencia prolongada en esta Tierra, y mi deseo de vida eterna con Dios. La naturaleza de sus preguntas y su mirada atenta, me dieron la sensación de que aquel hombre buscaba el camino hacia una vida más espiritual. No podía dejar de pensar en Felipe y en los demás pasajeros del avión, y en el sufrimiento de sus familias y seres queridos. Oré incesantemente por ellos. Aunque me resultaba difícil enfocarme en otra cosa, tenía programada desde hacía meses una conferencia la noche siguiente ante cinco mil personas, y debía prepararme a pesar de la tragedia desencadenada ante mí.

La prensa calificó mi participación en el programa como "la última entrevista" de Felipe, y todos los canales la retransmitían, alternándola con los sombríos reportajes de la operación de búsqueda y rescate. Pasaron horas y horas sin noticias de los sobrevivientes. Primeramente encontraron restos de la nave, y más tarde algunos cuerpos no identificados.

Esa tarde, un ejecutivo de TVN llamó para pedirme que volviera al canal para dirigir una oración en vivo por los pasajeros de la nave y sus familias, amigos y compañeros de trabajo. Aunque acepté, me cuestioné cómo podría darles esperanza y dejar sitio para lamentarse por las pérdidas humanas. Aún no sabíamos si había sobrevivientes, ni siquiera si habían encontrado a todos los pasajeros. Durante la oración televisada por TVN comenté que cuando vi la noticia del accidente por primera vez, le dije a alguien: "Gracias a Dios porque existe el Cielo". Sentí pena por los que podían haber muerto o sufrido en el accidente, pero me reconfortó la idea de que encontrarían la paz y el amor de Dios en otra vida. «El Cielo es real y Dios es real. Debemos garantizar que nuestro tránsito con Él sea real. Caminaremos de la misma manera que mis padres me enseñaron a vivir: paso a paso, con Cristo a nuestro lado», dije en mi mensaje.

Se revela su Plan

Al terminar mi mensaje ante las cámaras, varios ejecutivos de TVN me pidieron que les hablara a casi trescientos empleados. Tuve que hacer acopio de toda mi fuerza de voluntad para mantener mi compostura frente a aquel grupo adolorido que temía haber perdido en el accidente a sus compañeros de trabajo. También me abrumaba la emoción, especialmente cuando la joven que se desempeñó como intérprete en el programa de Felipe y Carolina vino llorosa a abrazarme. Consideraba a Felipe un ejemplo que admiraba enormemente y estaba muy consternada.

Luego de consolarla y orar con ella, un director de TVN me llamó aparte y dijo: «Nick, quiero que sepas lo que le ocurrió a Felipe después del programa de ayer». En principio me sentí confundido, porque me pareció una reacción casi optimista en aquel ambiente tan sombrío, pero cuando me narró la historia, comprendí la razón de su alegría. Era el mismo caballero cristiano que dirigió mi segmento el día antes, dejando que la entrevista se extendiera el doble de lo programado, quien me aseguró que mis impresiones sobre Felipe aquel día eran exactas. El presentador llevaba mucho tiempo en una búsqueda espiritual, tratando de encontrar su camino a Dios.

El director añadió que había tratado frecuentemente temas de fe con Felipe, en espera de llevarlo hacia el Señor. Felipe estaba cada vez más cerca de aceptar a Jesús en su corazón, pero aún no había dado el paso. Desde mucho tiempo atrás, le había expresado a Felipe su esperanza de que algún día se convirtiera en predicador para ayudar a los necesitados en Chile. Después de mi comparecencia en el programa, Felipe confesó que al fin había podido apreciar el valor existente en ese cambio de profesión.

El director aseguró que pude haber ayudado a que Felipe se acercara un paso más a Dios a sólo horas del accidente. Al escuchar aquella afirmación, le agradecí una vez más a Dios por revelarme Su plan. Me hace sentir humilde pensar que pude ser una herramienta en Sus manos para beneficiar a los demás.

LA OPORTUNIDAD APROVECHADA

Esa noche, a pocos minutos de mi alocución ante cinco mil personas en la Arena Movistar de Santiago, una joven subió al escenario y me susurró al oído que el gobierno había anunciado oficialmente que la tripulación y los veintiún pasajeros a bordo del avión en el que viajaba Felipe perecieron en el accidente.

Episodios como éste nos parecen una injusticia. Cuando nos golpea la muerte de un amigo o un ser querido, una enfermedad, la ruptura de una relación sentimental o las crisis financieras, no se debe culpar a Dios, sino tener fe y saber que Él nos reconfortará con alegría, paz, fuerza y amor.

Lamenté la pérdida de aquellas vidas, y me solidaricé con las familias de las víctimas. Pero me sentí agradecido porque mi testimonio y mis respuestas a las preguntas de Felipe en el curso de nuestra entrevista pudieron haberlo ayudado a dar unos cuantos pasos más en su camino a la salvación eterna.

Al enterarme de que no hubo sobrevivientes en el accidente, hice una breve pausa para darle la noticia a la audiencia, cuyos integrantes se ofrecieron consuelo unos a otros. Muchos sollozaron en silencio sobre el hombro de la persona a quien tenían al lado. Luego, les pedí a todos que se unieran a mí en oración por las familias y amigos de las víctimas, por el equipo de TVN, y por todos los chilenos, quienes en los últimos años no sólo habían tenido que sufrir por este accidente de avión, sino también a causa de terremotos y del derrumbe de una mina en la que quedaron atrapadas treinta y tres personas, ocurrido durante mi primera visita a aquel hermoso país un año atrás. Finalmente, hice un recuento de la maravillosa entrevista en la que participé el día anterior con Felipe y Carolina, elogiando su generosidad al extender su duración de veinte a cuarenta minutos. Y dije: «No sabía entonces que mi primer encuentro con Felipe sería el último».

Una realidad dulce y amarga a la vez. Amarga, porque ese día Felipe y yo establecimos una conexión, y esperaba poder hablarle algún día del tema de mi fe con mayor amplitud. Pero ya no habría tal oportunidad. Y dulce, porque no perdí la oportunidad más importante con Felipe. Soy un hombre de fe, y la puse en acción al proclamarla y compartir mis ideas con Felipe cuando éste me preguntó al respecto. No vacilé. Creo que mi propósito es llevar a Dios la mayor cantidad de almas posible, y por tanto obré en concordancia con ese propósito.

Lamento que Felipe y el resto de los pasajeros del avión ya no estén con nosotros, pero no me arrepiento de mi interacción con el presentador. En realidad, me siento bendecido porque Dios me permitió compartir mi fe.

Nunca debes perder la oportunidad de obrar en correspondencia con tu fe o creencias, porque podrías ser la última persona que influya en alguien para darle valor o inspirarlo. Nadie sabe cuándo nos llega la hora de pasar de esta vida a la otra. Por eso, debes definir tu propósito en la vida. Decide lo que sabes de acuerdo a los hechos y lo que crees basándote en la fe. Luego, actúa para cumplir tu propósito en concordancia con esas convicciones. Nunca te arrepentirás de vivir así.

Puse mi fe y mis creencias a disposición de Felipe, de Carolina y de sus millones de televidentes. Les hice saber exactamente cómo me sentía y por qué. Admití que no siempre soy fuerte, que tengo dudas por momentos, y que me siento confundido en ocasiones. Mi fe es sólida, y algunas veces me resulta difícil ver con claridad cómo todo tiene un propósito perfecto. Pero trato de inspirar a los demás a asumir su camino y saber que no están solos.

No me arrepiento de abrirme al prójimo y proclamar mi fe. Tú debes hacer lo mismo, independiente del propósito que esperas cumplir. Cuando pones en acción tu fe y tus creencias, descubrirás la vida para la que fuiste creado.

DOS

Caer y levantarse

No he cumplido los treinta años, pero me las he arreglado para llevar hasta ahora una vida muy gratificante. Mi organización evangélica sin fines de lucro (Life Without Limbs) y mi firma de conferencias y videos de inspiración en DVD (Attitude Is Altitude) han propiciado que viaje por el mundo para servir a los demás. En los últimos siete años, he hablado ante más de cuatro millones de personas, en doscientas setenta conferencias al año aproximadamente, recorriendo el mundo y visitando cuarenta y tres países.

Pero en diciembre de 2010 toqué fondo.

A veces, cuando nos parece que la vida fluye hacia ti y funcionas a toda máquina, encuentras un obstáculo en tu camino y ¡*bam*! En instantes, estás en cama rodeado de familiares y amigos que te dan palmaditas en el hombro y te aseguran que todo saldrá bien.

¿Te ha ocurrido algo así? Tal vez estés en la misma situación, boca arriba, sintiéndote como en la vieja canción que dice: "Me siento tan solo, me encuentro tan triste...".

Conozco muy bien ese sentimiento, por lo que, en mis charlas, invito a menudo a los presentes a hacer todo lo que puedan por vencer la adversidad, demostrando mi método de incorporarme sin brazos ni piernas: me acuesto boca abajo, y luego aplico mi movimiento "patentado" de impulsarme con la frente y gatear hasta volver a la posición vertical. Luego explico que, incluso cuando parezca que no hay solución, siempre hay salida. Con el paso de los años, los músculos de mi cuello, hombros y pecho se han fortalecido gracias al uso de esa técnica para levantarme.

A veces enfrento momentos difíciles cuando intento recuperarme de un fracaso. Una crisis notable como un serio problema financiero, la pérdida del empleo, la ruptura de una relación sentimental o la pérdida de un ser querido puede ser difícil de sobrellevar. Incluso un desafío relativamente menor puede parecernos abrumador si ya estamos afectados o somos vulnerables. Si sientes que estás luchando más de lo usual con un reto, el plan de recuperación que recomiendo es recurrir con gratitud a aquellos que te aprecian, tener paciencia con tus sentimientos heridos, hacer lo mejor posible para entender las realidades en oposición a las emociones en juego y poner tu fe en acción. Aunque pueda parecerte una tarea ardua, avanza paso a paso, día a día, sabiendo que en cada prueba habrá lecciones valiosas que aprender y fuerza que obtener. Nos proporciona cierta paz saber que existe un plan maestro para nuestra vida, y que tus valores, tu propósito y tu destino no están determinados por lo que ocurra, sino por la manera en que respondes a ello.

ACTIVAR EL INTERRUPTOR

Mi método de aplicar la fe en acción en tiempos de crisis y desafíos extremos tiene tres etapas. La primera, hacer ajustes internos para controlar tus emociones de forma que no te controlen a ti. Esto te permitirá tomar el control de tu vida y responder paso a paso con debida reflexión. La segunda, recordar cómo has perseverado en otras ocasiones ante la adversidad, saliendo más fuerte y sabio de la experiencia. Y la tercera, poner tu fe en acción externamente, abriéndote no sólo a la ayuda y el estímulo de otras personas, sino ofreciendo ayuda y estímulo tú también. Hay un innegable poder de sanación en dar y en recibir.

Mi fracaso reciente me dejó desconsolado durante un período prolongado, más extenso que ningún otro en mi vida como adulto. Tal experiencia me recordó una vez más que no basta tener fe: hay que vivirla poniéndola en acción todos y cada uno de tus días.

Estoy a punto de abrirte mi alma, mostrándote mi reacción inicial ante una situación difícil, como buen ejemplo de un mal ejemplo. Voy a compartir contigo mi dolor para evitarte tormentos similares. Pero debes prometerme que aprenderás de memoria esta lección, porque no me resulta fácil escribir sobre ella. ¿De acuerdo?

Aunque no le deseo a nadie malos momentos, los grandes fracasos parecen ser parte de la vida. Quiero creer que los encontronazos ocurren para enseñarme partes importantes sobre mí mismo, como la solidez de mi carácter y la profundidad de mi fe. Es probable que también hayas tenido fracasos, y estoy seguro de que has aprendido la lección. Las crisis personales, profesionales o financieras son muy comunes, y con frecuencia difíciles de vencer en el aspecto emocional. Pero si asumes los momentos difíciles como oportunidades de aprendizaje y crecimiento, es muy probable que salgas de ellos más fuerte y con mayor rapidez. Si tu desesperación no desaparece al cabo de un tiempo razonable, o si sientes depresión durante períodos prolongados, te ruego que busques la ayuda de una persona confiable o de un consejero. Ciertos traumas emocionales necesitan ayuda profesional. No te avergüence aprovechar la ayuda de un experto. Millones de personas han encontrado alivio de esa forma a la depresión profunda.

La tristeza paralizante, la desesperación y el desconsuelo ocasionados por momentos difíciles o tragedias nos pueden afectar a todos. Los acontecimientos inesperados y estresantes pueden dejarnos abrumados y golpeados, heridos, maltratados. Ábrele tu puerta al consuelo de tus familiares y amigos. Sé paciente con ellos y contigo mismo. La sanación lleva tiempo. Como muy pocas personas pueden recuperarse "en un santiamén", no esperes que eso ocurra, sino, más bien, reconoce que es preciso darse a la tarea de sanar. No es un proceso pasivo. Debes "activar el interruptor" y aprovechar toda la energía que tengas, incluyendo tu fuerza de voluntad y el poder de tu fe.

CURAR VIEJAS HERIDAS

Cuando te encuentres súper estresado, muy alterado e incapaz de obrar porque te ha ocurrido algo, es importante que separes lo que *te* aconteció de lo que sientes *dentro* de ti. Todos tenemos cicatrices emocionales provocadas por experiencias pasadas. En ocasiones no han sanado por completo, de ahí que, ante una situación difícil, vuelvan a abrirse. El dolor profundo que sientes se puede incrementar a causa de heridas pasadas e inseguridades que resurgen. Si consideras que podrías reaccionar desmedidamente ante una situación difícil, o si estás abrumado e incapaz de hacerle frente, pregúntate lo siguiente: "¿Por qué esta situación me golpea tan fuerte? ¿Reacciono así por lo que me está ocurriendo, o por lo que me pasó en el pasado?".

A finales de 2010, la vida me recordó la importancia de analizar mis sentimientos y su impacto en mis acciones. Al mirar atrás, puedo ver que el enorme obstáculo que enfrenté en ese tiempo no fue realmente una gran calamidad. Lo consideré así porque el exceso de trabajo y los viajes constantes me provocaron un agotamiento espiritual, mental y emocional. Fue la primera vez que uno de mis negocios experimentó graves retos financieros. Irónicamente, el problema que me hizo tocar fondo se produjo en mi compañía Attitude Is Altitude, que comercializa mis charlas y los DVD de inspiración y motivación. Un negocio que ha experimentado una creciente demanda, incluso en tiempos de recesión, por lo que contraté más empleados y amplié las operaciones. Como creía que la compañía gozaba de buena salud, me sorprendí enormemente cuando mi equipo me comunicó que confrontaba problemas con el pago de las nóminas y las cuentas. A pesar de la crisis económica nos había ido bien, y, de repente, los grandes clientes que nos debían dinero por la compra de los DVD y el contrato de conferencias demoraban sus pagos o dejaron de pagarnos. O sea, que los ingresos con que contábamos no llegaban, y eso constituía gran parte del problema.

El otro factor determinante era este tipo empecinado que lleva por nombre Nick Vujicic que quería desde hacía mucho tiempo grabar un video musical cristiano para venderlo a través de mi negocio como un artículo inspirador. Cuando la operación floreció y mi primer libro figuró en las listas de los más vendidos en todo el mundo, sentí optimismo con respecto al futuro, y decidí filmar el video musical como producto de Attitude Is Altitude. Entre los problemas de liquidez y los gastos del video (que resultaron mayores de lo esperado) las deudas de nuestro negocio llegaron a los cincuenta mil dólares. Habíamos estado corriendo a 200 km/h, y de repente nos vimos obligados a pisar el freno a fondo. No exagero. Teníamos diecisiete proyectos en marcha, y me vi obligado a cancelar o posponer casi todos. Le advertí a mi equipo que debíamos cambiar el rumbo y entrar en estado de supervivencia. Esos problemas son comunes en las compañías de rápido crecimiento, especialmente cuando la economía en su conjunto está en recesión. Pero esta situación me tomó de sorpresa. Y me sentí culpable. Me concentré tanto en cumplir con mi propósito de inspirar y evangelizar a la gente en todo el mundo que rebasé los límites. El simple hecho de tener los recursos y una buena idea, no equivale a que sea el momento adecuado. Operaba en el tiempo de Nick, no en el de Dios.

Cuando me enteré que la compañía estaba endeudada, me consumió el sentimiento de haber defraudado a todos los que trabajaban para mí, y a todos los que creyeron en mí. Y, rápidamente, la intensidad de mi desesperación superó la magnitud del problema. Me sentí tan abrumado, que apenas pude funcionar, y no fue cuestión de uno ni dos días.

Mi desesperación duró más de un mes. Y tuvieron que transcurrir uno o dos meses más para salir totalmente de aquel abismo. Perdí confianza en mí mismo, y, me entristece decirlo, la perdí totalmente al interiorizar la frustración y la conmoción.

Volví a ser aquel chico frágil e inseguro que fui un día. No pude dejar de tener pensamientos negativos como: "¿Me habré apartado del plan que Dios tiene para mí? ¿Quién era yo para ofrecer consejos, inspiración y guía espiritual a la gente en el mundo? ¿Qué valor tenía?". Así las cosas, hice una regresión a mis peores inseguridades de la niñez. Los problemas financieros (en realidad conflictos de liquidez a corto plazo) volvieron a despertar mis viejos temores de ser una carga para mis padres y hermanos.

Como podrás imaginar, mis padres se preocuparon mucho cuando me mudé solo a los Estados Unidos a los veinticuatro años. Estaba dispuesto a demostrar mi independencia y seguir mi sueño de ser un evangelista y orador internacional. Desde entonces he recorrido un largo camino para materializar mis sueños y demostrar mi independencia. De hecho, mis padres decidieron trasladarse a los Estados Unidos para que mi padre, un contador que obra maravillas con la teneduría de libros, pudiera incorporarse a mi negocio.

El paso más difícil que di después de enterarme de los problemas financieros de Attitude Is Altitude fue llamar a mi padre para decirle que estaba a punto de formar parte de una compañía endeudada. Había tomado la decisión de mudarse a los Estados Unidos sin saber en lo que se estaba metiendo. Me sentí muy avergonzado por haberlo defraudado y decepcionado.

Siempre he sido más soñador e impulsivo que mi padre, una persona práctica y analítica. Tanto él como mi madre me habían alertado antes de mudarme a los Estados Unidos de la necesidad de controlar mi dinero con cuidado. Y lo había echado todo a perder precisamente cuando iban a incorporarse al negocio. También temía que los demás dijeran que mis padres venían a salvarme a mí, su hijo sin piernas, sin brazos, ¡y sin dinero!

Y para colmo de males, había contratado a uno de mis primos para que trabajara en Attitude Is Altitude a fin de que aprendiera a iniciar un negocio, por lo que sentí temor de que pensara que había aprendido, sí, pero a ser un perdedor.

Aquellos pensamientos eran difíciles de procesar. Mis viejos temores de ser una carga me atacaron como una horda de furibundos insectos.

Me había esforzado mucho, y con la publicación de mi primer libro, comenzaba a ver finalmente la luz al final del túnel. Pero, de pronto, la luz se apagó.

EL LADO OSCURO

Y fui presa de la depresión. No quería ni levantarme de la cama. Aunque me sentía incapaz de ofrecer motivación ni inspiración alguna, tuve que cumplir con varios compromisos de conferencias. Nunca olvido aquellas charlas, porque sólo pude terminarlas por la gracia y la misericordia de Dios. En una ocasión, estuve llorando de desesperación dos horas antes de iniciar un seminario de motivación. Un amigo que me asistió en aquella crisis de llanto y luego asistió a la charla, me aseguró ¡que había sido la mejor que había dado! No lo creí hasta que vi la grabación. Esa noche no funcioné con mi propio poder, sino con el de Dios.

Aunque pude llevar a buen término aquella charla, al día siguiente me volvió a abrumar la desesperación. No podía comer, no podía dormir y los accesos de ansiedad me agobiaban día y noche. Era una locura. Me ocurrían cosas raras. Cuando era niño, adquirí el hábito nervioso de morderme los labios. ¡Y comencé a mordérmelos nuevamente! ¿Qué era todo aquello? Me revolvía en la cama toda la noche, y después despertaba con los labios amoratados e inflamados, y un nudo en el pecho y el estómago.

Pero lo más extraño de todo fue que pasaron cuatro o cinco días antes de que ni siquiera pensara en rezar. Soy un orador habitual y mi incapacidad de orar me espantó. El transcurso de varios días sin que una sola oración pasara por mis labios me llenó de preocupación por mi alma y mi salud mental.

Aquella parálisis mental me impidió tomar hasta las más mínimas decisiones. Por lo general paso el día tomando decenas de decisiones importantes con respecto a mi calendario de trabajo, mis proyectos y otros asuntos. En esos tiempos de tribulación ni siquiera podía decidir si debía levantarme de la cama, o incluso tratar de comer.

Mi aletargamiento fue una lección en humildad, en pocas palabras. Un día, un grupo de empleados y contratistas de Attitude Is Altitude se reunieron en mi casa, donde traté de explicarles la transformación.

«El Nick que conocieron hasta ahora, ese hombre tan soñador y competente, ya no existe. Está acabado. Lamento haberlos decepcionado», les dije llorando. Al principio, las personas más cercanas a mí —mis padres, mi hermano y hermana, mis amigos y asesores— hicieron lo indecible para consolarme, pero cuando vieron que no cesaba en mi desesperación, se dieron a la tarea de abrazarme y darme consuelo, a fin de sacarme de aquel vacío. Incluso mis colaboradores evangélicos llegaron a hacer bromas, a sonreír y a abrazarme para darme ánimos, y hasta citaron mis palabras: «Nick, siempre dices que mientras puedas mirar hacia arriba, podrás levantarte. Mira tus DVD y tus videos, ¡recuerda lo que ya sabes! De todo esto puedes sacar una lección. Vas a salir de esto, más fuerte que nunca. ¡Dios tiene una razón en ello!», dijeron.

El hecho de que alguien citase mis propias palabras para darme aliento era algo irreal. Pero tenían razón. Sólo necesitaba un recordatorio de las mismas cosas que les digo todo el tiempo a los demás. Era un ejemplo de alguien que había perdido la fe. Mis sentimientos de culpa y vergüenza por los problemas de liquidez de mi negocio me hicieron poner en tela de juicio mi valor, mi propósito y mi camino. No dudaba de la perfección de Dios, pero la desesperación me impedía el acceso a mi sistema de creencias.

Otra persona que vino en mi ayuda fue el Dr. Raymund King, un amigo de Dallas, abogado y médico, quien me coordinó una charla en un seminario médico y no quise defraudarlo. Pero cuando llegué a aquella ciudad, estaba agotado física y emocionalmente.

«Primero tienes que cuidarte a ti mismo. Sin tu salud perderás todo aquello por lo que has trabajado», dijo, y, con delicadeza, me llevó aparte para aconsejarme que mantuviera firmes mis prioridades para conmigo, y luego rezar una oración sencilla conmigo y darme un abrazo. Fue probablemente el mejor discurso de motivación que he escuchado. Me había costado trabajo llegar allí, pero las palabras del Dr. King ejercieron una gran influencia en mí. Sus palabras quedaron en mi mente porque, obviamente, estaba preocupado por mi situación.

Su breve charla me recordó una que me dio mi padre cuando sólo tenía seis años. En esos tiempos yo tenía cierta tendencia a ser un poco descuidado y exagerado en mis movimientos. Ejemplo de ello fue el gran golpe que me di cuando payaseaba con un condiscípulo, el cual me ofreció un pedazo de banana mientras yo estaba sentado en la silla de ruedas. Me incliné tanto hacia delante para morder la fruta, imitando a un mono, que la silla se volcó y fui a dar de cabeza contra el suelo con tal intensidad, que perdí momentáneamente el conocimiento.

La preocupación de mi padre me emocionó de tal manera, que siempre recordaré sus palabras: "Hijo, siempre habrá otra banana, pero no otro Nicky. Tienes que ser más cuidadoso".

Al igual que mi padre, el Dr. King me instó a examinar mis acciones y su impacto en mi vida. Hasta ese momento, me esforzaba intensamente pensando que el éxito de todas mis misiones dependía de mí, cuando, en realidad, debí haber confiado en Dios y recurrido más a Su poder, Su voluntad y Su medida del tiempo.

Esa falta de humildad y fe me llevaron a tocar fondo, y a la pérdida de alegría en mi vida por espacio de una breve temporada. Comencé a considerar mis conferencias como un deber y no como mi propósito. Como temía no ser capaz de proporcionar lo que requerían los estudiantes con problemas emotivos, llegué a rechazar la oportunidad de una charla en una escuela secundaria donde un alumno se había suicidado. No puedo negar que me eché a llorar después de hacerlo, porque hablar es mi pasión, y ayudar al prójimo es la fuente de mi alegría.

LECCIONES REVELADAS

Desearía poder decirte que desperté una mañana con la mente clara y el espíritu renovado, salté de la cama y anuncié: "¡Estoy recuperadooo!". Lo lamento, pero las cosas no ocurrieron de esa forma, y si pasas por un período de esa magnitud, es probable que tú tampoco salgas de ahí de la noche a la mañana. Pero recuerda que hay días mejores por delante, y que los malos momentos también pasarán.

Mi recuperación se produjo en breves lapsos, día a día, en un par de meses. Espero que la tuya sea más rápida, pero la recuperación gradual tiene sus beneficios. En la medida que se disipaba lentamente la niebla de la desesperación, agradecí cada rayo de luz que me llegaba. Y en la medida que mi mente se despojaba de los pensamientos autoderrotistas, aprecié el tiempo que se me concedió para reflexionar y contemplar mi descenso al abismo.

Por supuesto, poner la fe en acción no es un ejercicio pasivo. Hay que tomar, activa y deliberadamente, las medidas necesarias para ubicar y emprender el camino que Dios te ha marcado. Cuando te desvías del camino, como me ocurrió a mí, en algún momento tienes que preguntarte qué pasó y por qué, y qué necesitas hacer para reiniciar tu camino de fe y propósito.

Los peores tiempos que ponen a prueba tu fe pueden ser los mejores para renovarla y ponerla en acción. En una ocasión, un sabio entrenador de fútbol me dijo que considera tan valioso el hecho de perder como el de ganar, porque el primero revela las debilidades y fallas que tal vez han estado siempre presentes, pero necesitan enmendarse si el equipo desea tener éxito a largo plazo. Las pérdidas también motivan a sus jugadores a trabajar en las destrezas que deben perfeccionar para ganar.

Cuando tu vida marcha viento en popa, la tendencia natural es no detenerse para evaluarla. La mayoría de nosotros sólo dedicamos tiempo para examinar nuestras vidas, nuestras profesiones y relaciones humanas cuando no logramos los resultados que deseamos. En cada fracaso, falla y derrota habrá lecciones valiosas que aprender, e incluso bendiciones que descubrir.

En los primeros días de mi etapa de desesperación por el endeudamiento de mi compañía, no tenía mucho ánimo para buscar las lecciones implícitas. Pero llegaron a mí con el paso del tiempo, y las bendiciones también se me revelaron. No me agrada reflexionar sobre ese período, pero me obligo a hacerlo porque en cada ocasión, descubro nuevos ángulos y emergen más lecciones. Te invito a buscar los ángulos de aprendizaje de cada uno de tus propios desafíos. Tal vez sientas la tentación de dejar atrás los tiempos difíciles y no pensar más en ellos. A nadie le gusta sentirse vulnerable. No me resulta divertido recordar cómo me sumí en mi miseria humana, cómo me regodeé en la lástima, y obré con exageración ante lo que quedó demostrado que fue un fracaso temporal.

Pero una de las mejores maneras de hacer más llevaderas las experiencias pasadas es reemplazar el dolor con la gratitud. La Biblia dice: "... sabemos que en todas las cosas interviene Dios para bien de los que le aman; de aquellos que han sido llamados según su designios".

Mi tío Batta Vujicic, que confrontó problemas en su negocio de bienes raíces, me ha ayudado en muchas ocasiones repitiendo su mantra de fe: "Todo es positivo", a la cual mis jóvenes primos le han hecho la siguiente adaptación: "¡Amigo, todo marcha bien en este tren!".

PERCEPCIONES VERSUS REALIDADES

Durante mi etapa depresiva experimenté algo que tal vez hayas notado en tus malos momentos. Conforme el estrés abría viejas heridas e inseguridades, mi percepción de lo que estaba ocurriendo era mucho peor que la realidad de la situación. Una señal de que tu respuesta no está en concordancia con tu problema real es el uso de descripciones infladas y exageradas como éstas:

"Esto me está matando".

"¡Nunca me recuperaré de esta situación!".

"Es lo peor que me ha ocurrido en la vida".

"¿Por qué me odia Dios?".

Además del tan popular: "¡Mi vida está destruida, para siempre!".

No admitiré haber dicho ninguna de tales tonterías en mis recientes tribulaciones, pero algunos de los que me rodeaban podrían haber escuchado lamentaciones similares (¡o peores!).

Voy a tener nuevamente el honor de proporcionarte un buen ejemplo de un mal ejemplo con mi propia conducta. El uso de expresiones tan exageradas debería haber servido como advertencia de que mi desesperación era excesiva.

Estas son mis percepciones de lo que estaba ocurriendo: "¡Soy un fracaso!", "¡Voy a la bancarrota!", "¡Mis peores temores se hacen realidad!", "¡No puedo valerme por mí mismo!", "¡Soy una carga para mis padres!", "¡No soy digno de ser amado!".

Pero la realidad de lo que ocurría era ésta: mi negocio estaba siendo afectado por un problema temporal de liquidez en una recesión económica. Teníamos cincuenta mil dólares de deuda, lo cual no era bueno, pero tampoco era un déficit abrumador, dadas las perspectivas de crecimiento de la demanda global de nuestros productos y servicios. En la universidad estudié contabilidad y planificación financiera, y la economía formaba parte del currículo. Sabía perfectamente lo que es oferta y demanda, y liquidez, pero mis sentimientos nublaban mis conocimientos.

Tal vez has tenido una sensación similar de desbordamiento, aunque tu situación real no fuera tan devastadora como parecía. Nuestros sentimientos pueden afectar nuestra visión, y en medio de la desesperación, puede ser difícil ver las cosas desde una perspectiva realista.

MANTENER LA PERSPECTIVA

Una de las lecciones que aprendí es que hay que ver las cosas en perspectiva, incluso en medio de una crisis personal. El miedo engendra miedo, y la preocupación, más preocupaciones. Aunque no puedas disipar los sentimientos de dolor, remordimiento, culpa, ira y temor que te embargan en tiempos difíciles, puedes reconocerlos como respuestas puramente emocionales y controlarlas para que no dicten tus acciones.

Mantener la perspectiva requiere madurez, y ésta llega con la experiencia. Nunca había estado en una situación tan seria, y como estaba físicamente exhausto por tantos viajes, me resultó difícil hacerle frente a la crisis con madurez.

Mi padre y otros familiares y amigos con más edad y sabiduría trataron de ayudarme, diciéndome que ellos también habían pasado por experiencias similares o peores, y se habían recuperado. Como mencioné anteriormente, mi tío Batta se dedica al negocio de construcción de bienes inmobiliarios y administración de propiedades en California, por lo que podrás imaginarte los altibajos que habrá experimentado. Un déficit operativo de cincuenta mil dólares es dinero suelto en su negocio, por lo que intentó asegurarme que tampoco era una deuda devastadora para el mío.

Sin embargo, aunque deseara aprender con los consejos y errores de otros, sentí durante mucho tiempo que necesitaba dar tropezones por mi cuenta antes de alcanzar una sabiduría verdadera. Y me propuse ser un mejor estudiante. Si tanto tú como yo pudiéramos aprender al menos una lección de cada persona que conocemos, ¿no seríamos mucho más sabios? ¿No nos ahorraríamos tiempo, esfuerzos y dinero?

Cuando nuestros seres queridos y amigos nos aconsejan, ¿por qué no escuchamos, incorporamos la lección y hacemos los ajustes necesarios? Si piensas que tienes que arreglar las cosas *¡ahora mismo!* no haces otra cosa que aumentar tu estrés. Por supuesto que algunas crisis exigen acción inmediata, pero esa acción puede consistir en un método paso a paso y día a día para solucionar el problema. En cierta ocasión, un miembro de mi junta asesora me dio un buen ejemplo al decirme: "Nick, ¿sabes cuál es el mejor método para comerse un elefante? Mordisco a mordisco".

LA IMPORTANCIA DE LA HUMILDAD

Durante años, mi padre, el contador, me aconsejó que tuviera cuidado con mis finanzas, que ahorrara más de lo que gastaba, y que tuviera siempre en cuenta un presupuesto cuando comenzara un nuevo proyecto.

No le hice caso. *Soy arriesgado y él más conservador. Tenemos personalidades diferentes. No es hora de ahorrar, sino de invertir y sembrar,* pensaba yo. La humildad es una virtud interesante, porque si no la tienes, tarde o temprano la recibes. ¡Imagínate la lección en humildad que viví cuando tuve que aceptar la oferta de mi padre de prestarme cincuenta mil dólares para salvar mi negocio! Duele, pero es un dolor autoinfligido. Así se dice en *Proverbios* 16:18: "La arrogancia precede a la ruina; el espíritu altivo a la caída". Estoy seguro de que si abres tu Biblia en ese capítulo y versículo, ¡me verás retratado!

Al reflexionar sobre mi crisis, me di cuenta de que carecía de humildad en varios aspectos de mi vida. ¿Por qué la humildad es importante para una persona en crisis? Primeramente, puedes sentirte avergonzado si tu problema se debe a un error o fallo. En otras palabras, sientes humildad. Encolerizarse, llorar o darte por vencido no va a cambiar la situación, y responder con emociones negativas sólo te hará sentir peor y ahuyentará a quienes te rodean.

Te sugiero que acojas de buen grado esa humildad recién descubierta. Algunos peloteros reaccionan violentamente cuando reciben un ponche, rompiendo el bate contra el suelo, tirándole el casco protector al aguador, y dando patadas a la pared de la caseta del equipo. Otros aceptan humildemente que el ponche es parte del juego y la próxima vez recordarán que no deben sentirse tentados ante los mismos lanzamientos. Por tanto, sentir humildad no es tan malo si aprendes de la experiencia. Incluso hay quienes creen que el camino verdadero hacia la iluminación es obrar con humildad.

Cuando era más joven sentía una enorme aversión a pedir ayuda. Es un gran acto de humildad pedirle a quienes te rodean que te ayuden a comer, que te levanten y te sienten en una silla o te lleven al baño. No me gustaba sentirme así. Había ciertos beneficios y gratificaciones en ser más independiente, al encontrar formas de hacer cosas por mi cuenta. No quiero decir que sea totalmente malo, pero en ocasiones, mi voluntariosa independencia me llevó a manipular y hasta a intimidar a otras personas para que me ayudasen. En vez de limitarme a pedir ayuda, exigía favores de otras personas como mi pobre hermano Aarón, a quien solía tratar como a un sirviente, no como un hermano. ¡Cuánto lo siento, Aarón!

De cuando en cuando Dios tenía que restituirme la humildad. No me había dado cuenta de que era muy egoísta, impaciente y orgulloso. A veces me creía merecedor de un tratamiento especial. Pero le he pedido perdón a Aarón, e incluso aunque no nos vemos mucho debido a la distancia, es mi mejor amigo, a quien admiro y respeto enormemente. Me sorprende que cuando creció lo suficiente para haber podido encerrarme en un armario, no lo hiciera. Era lo merecido en algunas ocasiones.

He logrado ver este período oscuro como otro de esos recordatorios de humildad destinados a encaminarme por la senda correcta. Actuaba como si tuviera sobre mis hombros toda la carga de las operaciones. Un método arrogante e imposible, demostrativo de mi poca fe en Dios y en los que me rodeaban.

Moisés, el gran líder y profeta, fue el hombre más humilde sobre la faz de la Tierra. Sabía que no se puede liderar si no hay nadie dispuesto a seguirte y a colaborar contigo. Una persona arrogante no pide ayuda, y, por lo tanto, está desvalida. Una persona arrogante afirma que lo sabe todo, y en realidad todo lo desconoce. Una persona humilde atrae a colaboradores y maestros.

En una ocasión escuché a un padre decirle a su hijo recién graduado de la universidad, que debía acometer su primer día de trabajo con una actitud apropiada: "No trates de demostrarles lo que sabes. Demuéstrales cuánto deseas aprender".

Si te encuentras abrumado por una crisis en tu vida, tienes que ser humilde y pedir ayuda, y eso es bueno. Nadie puede hacer realidad sus sueños sin la ayuda ajena. ¿Acaso es más importante para ti sentirte superior y autosuficiente, que lograr tus sueños en una comunidad de colaboradores?

La humildad también fomenta gratitud y aprecio, fuerzas que propician la sanación y la felicidad. No hay ser humano más valioso que otro. Una realidad que olvidé en algún momento. El orgullo que dio origen a mi crisis me nubló la memoria y la visión. Tuve que recordarme a mí mismo que Dios no me ama porque mi negocio tiene ganancias, o porque cada año doy doscientas setenta charlas por el mundo. Él me ama porque Él me creó. Él me ama por la persona que soy, y Él te ama por la persona que eres.

Sigo creyendo que esos proyectos y sueños que me vi obligado a abandonar en esa etapa difícil llegaron a mi corazón por una determinada razón. Creo que Dios me dio una clara visión de todo lo que necesitaba para sembrarlos, pero debí haber orado más para determinar cuál era Su medida del tiempo, en vez de seguir adelante por mi cuenta. No importa quién es el que siembra o riega. Lo importante es que Dios es quien hace germinar la semilla.

A pesar de que no siempre le somos fieles a Dios, Él siempre nos guarda fidelidad. Hasta entonces, no había puesto conscientemente la fe en acción cada día. Pero decidí hacerlo. No limitarme a orar, sino a ponerme en marcha diariamente con perspectiva, paciencia, humildad, valor y confianza, sabiendo que, donde soy débil, Dios es fuerte; y que en mis carencias, Dios proveerá.

QUE BRILLE LA FE

La fe, ya sea en ti mismo y en tu propósito o en tu Creador, es un faro potente, pero tienes que permitir que brille. No puedes dejar que se apague por abandono. En ocasiones, podrás sentir fe, pero no despide su luz. Yo me di cuenta de que tenía que dejar brillar la luz de mi fe. Desde una perspectiva diferente, mi fe se había convertido en un automóvil con la transmisión en punto neutro. Estaba ahí, pero no se le había puesto ninguna velocidad. Tener fe en ti y en tus habilidades es vital, pero también debes tener paciencia y humildad, y comprender que no puedes hacer nada sin la ayuda de los demás, y que, a fin de cuentas, todo el crédito es para Dios.

No hay nada que te precipite con más rapidez al abismo que vivir sin propósito o perder la pista de lo que te apasiona: el don que te proporciona alegría y le da sentido a tu vida. Yo perdí la pista de mi propósito de inspirar y estimular al prójimo al divulgar el mensaje de la fe. Traté de hacer demasiadas cosas no afines para crear mi negocio y mi institución benéfica. Cuando me alejé de mi verdadero propósito, fue como si alguien me desconectara del enchufe.

Si sientes que vas a caer en la desesperación, que se agota tu energía y se te acaba la fe, pregúntate: "¿Qué es lo que más me importa? ¿Qué es lo que me proporciona alegría? ¿Qué me impulsa y le da sentido a mi vida? ¿Cómo puedo recuperar todas esas cosas?".

Tú y yo estamos en la Tierra para servir a alguien más grande que nuestros limitados intereses. Cuando nos enfocamos en nosotros mismos y no en Dios, perdemos nuestra mayor fuente de poder. Dios nos da el talento para beneficiar a los demás. Cuando lo usamos para un propósito mayor, ponemos la fe en acción con el fin de cumplir el Plan que tiene para nosotros. Por eso, marcamos una diferencia en este mundo que nos ayuda a prepararnos para el otro.

En cama, pero resuelto

Ya he dicho anteriormente que mi crisis hizo que sirviera como buen ejemplo de uno malo, por lo que podríamos decir que al menos serví *algún* propósito como la demostración de lo que es la fe inactiva. Ahora quiero contarte la historia de alguien que constituye un ejemplo idóneo de *buen* ejemplo de fe en acción, uno de los mejores que encontré. Incluso le dediqué mi primer libro a él, pero dejé su historia para estas páginas.

La primera persona que me habló de Phil Toth, de La Jolla, California, fue mi madre, cuando aún vivíamos en Australia. A su vez, ella se enteró de la existencia de Phil y de su sitio Web cristiano en nuestra iglesia. Mi madre me mostró su sitio Web, y su historia de fe en acción me emocionó enormemente: a los veintidós años, se levantó un día con problemas para hablar. Al principio su familia pensó que bromeaba, pues así era su carácter, pero al ver que también sufría de mareos y fatiga, se alarmaron de verdad. Durante casi dos años los médicos no pudieron determinar qué le ocurría, hasta que finalmente le diagnosticaron esclerosis lateral amiotrófica (ELA), también conocida como enfermedad de Lou Gehrig.

La expectativa de vida de los que padecen esta enfermedad incurable —que destruye las células nerviosas motoras del cerebro y de la columna vertebral, lo que provoca que se deterioren los músculos— es usualmente de dos a cinco años. Al principio, los médicos le dijeron a Phil que en su caso, el mal había avanzado tanto que tal vez no sobreviviría más de tres meses. Sin embargo, Phil logró vivir cinco años, y creo que pudo lograrlo gracias a que no se concentró en su sufrimiento, sino en alentar a otras personas para que oraran y confiaran en Dios. Phil le hizo frente a su enfermedad mortal celebrando la vida y ayudando a los demás, incluso cuando ya no podía levantar sus brazos ni sus piernas de la cama.

La ELA es maliciosamente cruel y extremadamente dolorosa. En pocos años Phil quedó postrado en cama, e incapaz de hacer mucho para valerse por sí mismo. Pero su enorme círculo de familiares y amigos le cuidó constantemente. Incluso le afectó la voz, lo que le dificultó la comunicación con los que le rodeaban.

A pesar de su dolor y sufrimiento, Phil no cejó en su profunda devoción por su fe cristiana, de tal manera que incluso encontró una forma de poner su fe en acción, para poder consolar e inspirar a otros que sufrían enfermedades debilitantes y mortales. Por la gracia de Dios, con todas sus discapacidades físicas, Phil creó el sitio Web descubierto por mi madre en su iglesia. A continuación, un fragmento del mensaje que escribió acerca de su enfermedad y el impacto que tuvo en su fe:

¡Agradezco a Dios por guiarme en este camino! Un camino que me ha acercado más a Dios [habría valido la pena si eso hubiera sido todo], ha hecho que reevalúe mi vida y determine si tengo fe, y me ha hecho testigo del amor de mis hermanos y hermanas en Cristo, cercanos y lejanos. También me enseñó a depender totalmente de la Palabra de Dios, incrementó mi conocimiento de La Palabra, y mi madurez en la fe. Mis familiares y amigos son ahora más cercanos. Además, he aprendido mucho sobre temas de salud, nutrición y cuidado de mi cuerpo. Los beneficios de mi situación son infinitos.

Por solicitud de mi madre, fui a casa de Phil en 2002 para conocerlo, durante un viaje a los Estados Unidos. Como uno de mis primos había sido víctima de una enfermedad incurable, estaba preparado para lo peor. Pero cuando entré en el dormitorio de Phil, me ofreció una sonrisa hermosa y cálida que cambió mi vida. Jamás olvidaré ese día. A pesar de su dolor y sufrimiento, Phil no se retiró a un rincón a lamentarse. Su fortaleza y valor me emocionaron e inspiraron.

Phil y su familia nunca dejaron de esperar un milagro, incluso cuando el valeroso joven se preparaba para irse al Cielo con Dios. Cuando lo conocí, la enfermedad ya le había segado su capacidad de hablar, y sólo podía comunicarse mediante un sistema de parpadeos que representan las letras del abecedario, lo cual hacía con paciencia y gracia sorprendentes. También descubrió una forma de utilizar la tecnología laser para "hablarle" a su ordenador, y crear así el boletín cristiano que llegó a tener más de trescientos suscriptores.

Su decidido esfuerzo de poner la fe en acción, a pesar de su imposibilidad de hablar y de estar postrado en una cama, me motivó semanas después a iniciar mi propio ministerio. A partir de ese día, cada vez que me sentía desalentado, pensaba en Phil Toth. Si él pudo seguir marcando una diferencia y servir al prójimo a pesar de su condición, yo no tenía excusa de ningún tipo. Un año más tarde tuve el honor de estar a su lado cuando Phil transitó de esta vida a la otra, y aunque lamenté su salida de este mundo, me sentí honrado por ser testigo de la partida a casa de un general del ejército de Dios. Sólo espero que tú y yo podamos demostrar la misma determinación, valor y gracia en mantener la fe, y ponerla en acción con el objetivo de ser una bendición para los demás.

Asuntos del corazón

ENCONTRÉ AL AMOR DE MI VIDA ENTRE UNA MULTITUD EN LO ALTO DE Bell Tower en Adriatica. Aunque la torre se parece a esas antiguas estructuras que existen en las viejas ciudades europeas, esta edificación es en realidad un original edificio de oficinas en McKinney, Texas, un suburbio de Dallas. Allí estaba en abril de 2010 con motivo de una charla, en la que confronté algunos problemas de concentración después de haber intercambiado miradas con los ojos más hermosos, inteligentes y cálidos que había visto jamás.

Pensarás que esta historia de "amor a primera vista" es un lugar común. Pero si así es como uno se siente al vivir un cliché, créeme que no me molesta en lo absoluto. Como cristiano, sigo las lecciones de la Biblia. Y ésta procede del *Cantar de los Cantares:* "Me robaste el corazón, hermana mía, esposa, me robaste el corazón con una mirada tuya...".

Si visitas mi sitio Web, mis blogs, mis *tweets* o mi página de Facebook, ya sabes que aquel día la maravillosa Kanae Miyahara me robó el corazón. Nos comprometimos en julio de 2011, y nos casamos en febrero de 2012, en cuanto terminé de escribir este libro.

Hay varias razones por las cuales quiero compartir contigo la historia de cómo Kanae y yo nos conocimos y nos enamoramos. La principal es que muchas personas de todas las edades se me acercan con preguntas e historias sobre los desafíos de sus relaciones amorosas: estudiantes de secundaria, adolescentes, alumnos universitarios, jóvenes adultos, de edad madura, ancianos, solteros y casados. Los detalles de sus historias varían, pero los temas centrales son universales: cada cual quiere dar amor y ser amado a cambio.

- *"Nick, temo que nadie llegue a amarme."*
- *"¿Cómo sé que es la persona idónea para mí?"*
- *"¿Por qué mis relaciones son tan efímeras?"*
- *"¿Puedo confiar en esa persona?"*
- *"¿Cómo se siente uno cuando está enamorado?"*
- *"Me han defraudado tantas veces que temo volver a intentarlo."*
- *"Estoy solo y soy feliz. ¿Hay algo que no funciona en mí?"*

Los asuntos del corazón han confundido, angustiado y gratificado a hombres y mujeres desde que Adán y Eva fueron expulsados del Jardín del Edén. El deseo poderoso del corazón es una de las necesidades humanas más esenciales. Pero cuando buscamos amor, no sólo nos disponemos a ser amados, sino también, y lamentablemente, a ser lastimados. Por tanto, tienes que tomar una decisión: puedes renunciar al amor y no encontrarlo nunca, lo cual me parece que es desperdiciar una buena vida; o seguir intentándolo.

Puse mi corazón en juego y salí lastimado del trance en más de una ocasión. Me sentí herido, avergonzado, irritado, y en ocasiones como un tonto de capirote. Pero me recuperé. Y en cada oportunidad, decidí que la única manera de encontrar lo que buscaba, era poner la fe en acción y seguir intentándolo.

Probablemente has pasado por las mismas desilusiones amorosas. Muy pocas personas que buscan amor salen ilesas del trance. Mi consejo es considerar tus intentos fallidos como nada más que pruebas: situaciones que incrementan aún más tu potencial para amar cuando llegue la persona idónea. Siempre y cuando te mantengas abierto al amor, vendrá a ti. Si creas una muralla en torno a tu corazón, nunca llegará.

Durante años luché con mis sentimientos de inseguridad y soledad. Como alguien cuya carencia de brazos y piernas lo coloca en desventaja con respecto al Príncipe Azul, siempre temí el rechazo y con frecuencia me desesperaba ante la posibilidad de no encontrar jamás a alguien que compartiera mi sueño de tener una familia. He hablado y escrito a menudo sobre mis temores de juventud de que ninguna mujer me querría por mi incapacidad de tomarle la mano o abrazarla.

Crecí, como la mayoría de los hombres, con la imagen tradicional del esposo como proveedor y protector en un matrimonio, por lo cual, nunca quise que una mujer pensara que iba a hacerse cargo de mí, en vez de ser simplemente mi esposa y mi compañera en la vida.

Esas preocupaciones por encontrar el amor no son en modo alguno específicas a mí u otras personas con discapacidades físicas. Todos tenemos inseguridades y temores con respecto a las relaciones amorosas. Pero te exhorto a no darte nunca por vencido en cuestiones del amor. Yo encontré a la mujer perfecta para mi yo imperfecto. Sabemos que tenemos nuestras fallas, pero nos consideramos la unión perfecta (un amigo muy listo que nos conoce bien a ambos me dijo: "Me complace que ambos se encontraran. ¿Por qué razón habría que desperdiciar otras dos personas perfectamente buenas?").

Ahora bien, hay quien prefiere seguir soltero, y no hay nada malo en ello siempre que se sienta feliz y pleno. Pero si tu deseo es compartir tu vida con otra persona, te aseguro que hay una para ti si pones la fe en acción en asuntos del corazón. Para hacerlo, antes debes tener en cuenta estas cuatro reglas básicas:

1. Eres hijo de Dios. Él te creó. Tal vez te consideres imperfecto, pero Dios no lo cree así. Fuiste hecho de acuerdo a Su plan. Si tratas a los demás con respeto y bondad, si tratas de hacer las cosas bien y aprovechar al máximo tus dones, serás digno de amor.
2. Para ser amado, ámate primero a ti mismo. Si te resulta difícil, entonces tienes trabajo que hacer antes de esperar que alguien se disponga a tener una relación amorosa contigo.

3. Si procedes del amor, no hay necesidad de buscarlo. Ponte a disposición de los demás abriéndoles tu corazón. Escucha lo que dicen, y también lo que sienten. Prepárate para dar amor como una persona compasiva, honesta y confiable, y seguramente lo recibirás en dosis similares.

4. No te des por vencido en el amor. Aunque trates de sepultar tus sentimientos y endurecer tu corazón como medida de protección, fuiste creado en el amor y el amor es parte de tu fuerza vital. Dios no quiere que derroches el amor que tienes. Las relaciones fallidas te preparan para la que será duradera. Por tanto, no pierdas la fe, y sigue abierto a uno de los regalos más grandes de Dios.

EL AMOR DE DIOS POR TI TE HACE DIGNO DE SER AMADO

Como señalé en el capítulo uno, en cierta etapa de mi vida sentí que, si era realmente un hijo de Dios, debía ser entonces el único al que no amaba. No podía entender por qué un Dios amoroso me habría creado sin brazos y sin piernas. Incluso pensé que estaba castigándome o que debía odiarme. *¿Por qué sino Él me hizo diferente a la mayoría de las demás personas?* También me preguntaba por qué Dios había creado a un niño que sería una carga para buenos cristianos como mis padres.

Durante un breve período desterré a Dios de mi vida porque estaba enojado. No pude aceptar su amor hasta que me di cuenta de que todo lo que Él hace tiene un propósito. Leí un pasaje de la Biblia en el cual Dios usó a un ciego para enseñar una lección. Él curó su ceguera "para que se manifiesten en él las obras de Dios". Al leer ese pasaje en Juan 9, tuve una revelación: "Si Dios tuvo un propósito para un ciego, Él debe tener uno también para mí".

Con el paso del tiempo descubrí el propósito de Dios en mí, y que soy realmente un hijo amado de Dios, aunque Él no me diera brazos ni piernas. Eso mismo se cumple en ti. Confronté mis problemas. Tú puedes tener los tuyos. Tienes inseguridades e imperfecciones. ¿Y quién no? Quizás no comprendas qué tiene Dios en mente para ti. Algo que ignoré por mucho tiempo, pero cuando leí el episodio del ciego en la Biblia, puse mi fe en acción. Vi que Dios tenía un propósito para el invidente. Yo también fui un ciego con respecto a mi propio propósito, pero mi fe me permitió aceptar que un día encontraría el camino que Dios me había preparado.

La Biblia asegura que quien no ama no conoce a Dios, porque Dios es amor. Debes tener en cuenta que eres creación de Dios y que Él te ama tanto como a todos los que tienen fe.

AMAR DESDE DENTRO

Una vez que acepté que Dios me amaba y tenía un propósito para mí, el concepto que tengo de mí mismo cambió, al igual que mi actitud y mi forma de actuar. Aunque no ocurrió de la noche a la mañana, con el tiempo dejé de evitar a mis compañeros en la escuela y en la calle. Ya no me refugié más en la sala de música para no interactuar con ellos a la hora de almuerzo. También dejé de esconderme tras los matorrales en el patio de juegos. Mis padres me exhortaban a iniciar las conversaciones, en vez de esperar que otros niños me hablasen. Finalmente salí de mi cueva, y descubrí que en cuanto me conocían, me aceptaban y encontraban inspiración en mí. Pero lo más importante es que me acepté a mí mismo.

Mientras me refugié en el retraimiento por temor al rechazo, nadie pudo conocer al verdadero Nick. Como sentía pena por mí mismo, pena era también lo único que los demás podían sentir por mí. Pero cuando compartí mis victorias con mis condiscípulos, ellos también las celebraron. En cuanto satisfice su curiosidad y sus preguntas acerca de mi ausencia de extremidades, hablé abiertamente y reí con ellos, se hicieron amigos míos.

Su respeto estimuló mi concepto de mí mismo, y a cambio me dio confianza para ser más extrovertido. Me di cuenta de que ser diferente físicamente sería limitante hasta donde yo lo permitiera. Había cosas que no podía hacer, pero a menudo me sorprendí a mí mismo tanto como a los demás al encontrar maneras ingeniosas de vencer los obstáculos. Así pude patinar, nadar y obtener magníficas calificaciones en casi todas las asignaturas, especialmente Matemáticas, y —sorpréndete— ¡en Oratoria!

Cuando tuve conciencia de mi propia valía, valoré más a los que me rodeaban. Estos, a su vez, respondieron a mi aprecio con el suyo. Ese es el mensaje de la Biblia cuando nos dice que amemos al prójimo como a nosotros mismos. Si te amas y te aceptas a ti mismo, tendrás más amor y aprecio por los demás. Así creas un entorno en el cual se fortalece la amistad y el amor por otras personas.

Atraemos lo que reflejamos. Si no te respetas, ¿crees acaso que te respetarán los demás? Si no te amas, ¿te amarán los demás? Por supuesto que no. Pero si estás conforme con quien eres, otras personas se sentirán cómodas contigo. Si logras que los demás se sientan bien consigo mismos gracias a tu presencia positiva, estimulante, acogedora e inspiradora, estoy seguro de que el amor llegará hasta ti.

Cuando doy charlas para jóvenes en escuelas e iglesias, siempre les digo que Dios los ama tal y como son. Les aseguro que son hermosos, y que necesitan apreciarse a sí mismos tanto como los aprecia Dios. Son palabras simples, pero cuando las digo, los adolescentes lloran. ¿Por qué? Pues porque, especialmente los jóvenes, creen que deben adaptarse a su ambiente para evitar la indiferencia o el desprecio de sus iguales. Con demasiada frecuencia sienten la necesidad de adoptar determinada apariencia, usar determinada ropa, exhibir ciertos atributos físicos, un poco de esto o de lo otro, para ser aceptados. Pero eso no es así. Dios nos acepta como somos.

Tú eres un hermoso hijo o hija de Dios. Si el Padre de todos nosotros —el Creador del universo— te ama, entonces tú también debes amarte a ti mismo.

DAR AMOR PARA RECIBIRLO

Ahora bien, ,tal vez alguien en quien depositaste tu amor y tu confianza te decepcionó. Sé que poco te servirá de consuelo, pero muchos otros, yo entre ellos, han pasado por esa experiencia realmente horrible. Pero una ruptura y una traición no te hacen indigno de amor. Una relación amorosa fallida sólo equivale a que no era la adecuada para ti. Sé de sobra que en estos momentos te resulta difícil determinar por qué salieron mal las cosas, pero algún día lo comprenderás. Entretanto, no cometas el error de segar tu capacidad de amar y ser amado.

Durante un tiempo no confié en que Dios me traería a "mi media naranja". Estaba solo, y trataba de forzar la transformación de ciertas amistades en relaciones amorosas, aunque no hubiera reciprocidad para con mis sentimientos. Kanae me enseñó la belleza de una verdadera relación amorosa con una entrega total de las dos personas que la sostienen. La soledad puede hacerte sentir que debes conformarte con una relación cómoda, pero carente de la chispa del amor. Sin embargo, no debes sacrificarte en lo tocante al amor, sino creer en él. En la Biblia, Jesús nos manda amar como Él nos ama: "Que, como yo os he amado, así os améis vosotros los unos a los otros".

Debes comprender que hay muchas personas solteras que tienen una vida plena y alegre. Conozco a muchas personas que no se han casado y cuyas vidas están llenas del amor de Dios. Siempre deseé ardientemente casarme y crear una familia, pero con el tiempo lo puse en manos de Dios, dejando a su voluntad mi destino de seguir soltero o no.

Claro, admito que le pedí a Dios que Kanae me amara, pero ella también rezó por mi amor. Por supuesto, en ese momento yo no lo sabía. Es mejor pedirle al Señor que te ayude a encontrar a quien Él quiere que esté contigo. Reza: "Señor, haz desvanecerse mis sentimientos por esa persona si no es Tu voluntad o, Si es la persona que Tú quieres para mí, deja que nos amemos según Tu plan".

No te des por vencido en el amor

Es posible que lo hayas intentado y hayas perdido antes. Tal vez has tenido relaciones que no funcionaron. Considéralas como cursos preparatorios para la relación de verdad. He tenido relaciones fallidas. He entregado mi corazón sólo para descubrir que la otra persona estaba más interesada en una amistad que en un romance (o, peor aún, ¡en ninguna de las dos!). Aunque esas rupturas y rechazos resultaron dolorosos, me negué a darme por vencido en el amor y en amar, porque es demasiado importante. Sin amor somos nada.

La Biblia lo explica claramente en *Corintios* 1:13: "Aunque hablara las lenguas de los hombres y de los ángeles, si no tengo amor, soy como bronce que suena o címbalo que retiñe. Aunque tuviera el don de profecía, y conociera todos los misterios y toda la ciencia; aunque tuviera plenitud de fe como para trasladar montañas, si no tengo amor, nada soy. Aunque repartiera todos mis bienes, y entregara mi cuerpo a las llamas, si no tengo amor, nada me aprovecha".

Durante muchos años recé y recé por una mujer que me amara realmente. ¿Me sentí desalentado alguna vez? ¡Claro que sí! ¿Pensé alguna vez darme por vencido y alistarme en la Legión Extranjera Francesa? (Aclaro que me gustan los uniformes, pero todo ese asunto de marchas y disparos podría implicar dificultades.)

Lo importante es que no me di por vencido, y te exhorto a hacer lo mismo. Pon tu fe en acción. Reza para que Dios te guíe, concéntrate en ser la mejor persona posible, y abre tu corazón a las posibilidades y las oportunidades que se te presentarán.

No le deseo a nadie que sufra de soledad, rechazo o dolor de amor. Espero que tu camino al amor y al matrimonio sea más llevadero que el mío, aunque he llegado a comprender que las pruebas por las cuales pasé me prepararon para apreciar totalmente la alegría que encontré. Dios no quiso que descubriera a mi verdadero amor hasta que fuera lo suficientemente maduro para apreciarlo y nutrirlo.

Las Escrituras nos dicen que de las tres virtudes teologales o dones espirituales —fe, esperanza y caridad— "la más grande es la caridad". Este don más grande lo podemos experimentar plenamente con otra persona cuando somos física, emocional y espiritualmente maduros. Como la mayoría de los jóvenes, pensé estar preparado para el amor en la adolescencia. Ahora comprendo que Dios quería que pasara por determinadas experiencias, y me envió varias veces por todo el mundo para hablarles a millones de personas, y ver la increíble belleza y esplendor que existe, pero también la pobreza más horrenda.

Dios me permitió incluso tener relaciones fallidas para que pudiera apreciar por completo la idónea. Él me permitió sentir decepciones para que pudiera apreciar realmente la plenitud del amor. El final de una relación en particular fue extremadamente doloroso, y la ruptura confirmó todos mis temores con respecto al rechazo. No quiero parecer demasiado patético, pero en realidad quedé como un cachorro perdido después de esa experiencia. Me tomó varios años reconstruir la confianza en mí mismo, y volver a tener otra relación amorosa. Aunque establecí buenas amistades con algunas mujeres maravillosas, me sentí solo con frecuencia, y deseaba una alianza más profunda y duradera.

Tal vez ahora mismo sientas el desamor y la soledad, pero considera que quizás, sólo quizás, este momento de prueba es tu preparación para muchos años de bendiciones. Sé que esto podría parecerte demasiado optimista o desesperadamente ingenuo, hubo momentos en mi vida en que probablemente pensé igual. Pero ahora, lo que en otro tiempo fue mi taza medio llena se ha llenado hasta un nivel que nunca supe que existía, gracias a la fe en acción.

LOS OJOS DEL AMOR

Kanae y Yoshie, su hermana mayor, asistieron a mi charla en Bell Tower en Adriatica con mi amiga Tammy, también oradora y escritora; y su esposo Mark. En aquel entonces, las hermanas trabajaban esporádicamente como niñeras de la pareja, pero como las consideraban como parte de la familia, Tammy las invitó a conocerme. Kanae y Yoshie tienen una apariencia exótica porque su madre es mexicana, y su padre, lamentablemente fallecido, era japonés. Ambas son hermosas, pero mientras daba mi charla aquel día, pude ver más claramente a Kanae, y no pude quitarle los ojos de encima, y apenas podía concentrarme en lo que estaba diciendo.

Al término de la charla, me quedé hablando con varios asistentes, y Kanae y Yoshie vinieron a saludarme, acompañadas por Tammy, algo que me llenó de felicidad. Y cuando trataron de retirarse para darles paso a otras personas que querían hablarme, les pedí que se quedaran para poder conocernos mejor.

Cada vez que tenía un instante libre, trataba de hablar brevemente con ellas. Mientras más charlaba con Kanae, más quería hacer un aparte con ella y enterarme de cada detalle de aquella chica encantadora que me parecía tan bondadosa y segura de sí misma.

Finalmente, cuando se disponían a salir, tomé una decisión osada y le dije a Kanae: «Me gustaría darte mi dirección de correo electrónico para seguir en contacto».

«No hay problema, se la pediré a Tammy», respondió.

Lo que quería realmente era crear una línea de comunicación con ella para no perder la oportunidad de conocerla mejor. Y una parte de mí deseaba pedirle y rogarle: "¡Quiero darte yo mismo mi dirección para estar seguro de que la tienes!".

Aunque eso es lo que quería decir, mi padre me enseñó que los hombres de verdad no ruegan. Por lo tanto, seguí el consejo de Papá y traté de mantenerme lo más flemático posible, a pesar de mi fascinación instantánea con aquella joven cautivadora.

«Muy bien. Nos mantendremos en contacto», respondió el Sr. Flemático, viendo cómo Kanae y Yoshie se marchaban con Tammy y Mark.

Cuando apenas mis amigos y yo habíamos iniciado el camino de regreso, Tammy me envió un mensaje de texto que decía: "¿Qué te pareció?".

"Es una de las mujeres de Dios más hermosas que he conocido, por dentro y por fuera. ¡Literalmente, me dejó sin aliento!", respondí.

Y hasta ahí llegó el Sr. Flemático.

Todo lo anterior ocurrió un domingo. Regresé a California el lunes, esperando tener noticias de Kanae al día siguiente, si no antes. Es posible que revisara mi correo electrónico en cuanto aterrizó el avión, y tal vez seguí haciéndolo cada diez minutos todo el día para ver si me había dejado un mensaje. (¿La has visto? ¿Cómo podrías culparme entonces por tanta ansiedad?)

"Trasroscado"

Es increíble cómo el corazón rige nuestra mente y nuestra forma de actuar en esas situaciones. No importa que se tenga catorce o sesenta y cuatro años. Cuando vuelan las chispas del amor, la reacción es siempre la misma: no podemos concentrarnos en otra cosa que en tratar de estar con la persona que fue el detonante.

Un ejemplo de este enamoramiento lo vemos en *Bambi*, la película clásica de Disney, cuando un búho sabio les explica al cervatillo y a sus amigos del bosque que, con la llegada de cada primavera, los jóvenes machos y hembras de todas las especies se tornan "trasroscados".

"¿Que no lo saben? Están trasroscados... Casi nadie se escapa de estar trasroscado en la primavera. Por ejemplo, hmm... Va uno caminando tranquilamente sin mirar a la izquierda, ni a la derecha... De pronto, te sale al paso una linda carita... Sientes que te tiemblan las corvas... que te da vueltas la cabeza. Sientes como si flotaras, y, sin darte cuenta, caminas por los aires. De repente, todo te da vueltas, y pierdes completamente la cabeza... Y lo peor es que puede sucederle a cualquiera...", dice el búho.

Y yo, me volví *definitivamente* trasroscado por Kanae. No podía dejar de pensar en ella. El hecho de que no me hubiese enviado de inmediato un mensaje por correo electrónico me estaba volviendo más loco que una cabra. "¿Estaría equivocado? Me había mirado como si sintiera lo mismo que yo. Algo estaba ocurriendo entre ambos. ¿No era evidente?"

Transcurrieron días y luego semanas sin noticias de Kanae. Ni trinos ni gorjeos de la avecilla.

Aparentemente había seguido adelante con su vida y se olvidó de mí. Me había enamorado antes, pero esto era mucho más que eso. Su belleza era innegable, pero parecía tener tanto carácter, calidez y fe, además de una intrépida energía. Para celebrar los veintiséis años de Yoshie, ambas se habían lanzado en paracaídas. ¡En paracaídas!

No podía creer que Dios había puesto esta dinámica mujer en mi vida, provocando unas chispas de amor tan poderosas, para luego hacerla desaparecer. Por eso, le pregunté a Él: "¿Por qué me la pusiste delante si Tú no querías que estuviéramos juntos? ¿Por qué dejaste que mi atención se desviara tanto de mi trabajo por Ti, si no había nada importante entre ella y yo?".

Luego, después de otra semana sin saber de Kanae, me llené de reproches: "Nick, volviste a meter la pata. Te hiciste la idea de que esa chica sentía lo mismo que tú por ella, pero estabas soñando. ¿Cuándo aprenderás?".

Me sentí desalentado porque Kanae no se había puesto en contacto conmigo, y decepcionado conmigo mismo por ser tan idiota. Me convertí en un chico de doce años enfermo de amor porque una chica hermosa e ingenua había sido amable.

Transcurrieron casi tres meses. A menudo pensaba en Kanae, pero la falta de comunicación por su parte me convenció de que no iba a ocurrir nada romántico con ella. Otro golpe para mi orgullo masculino. Tenía que olvidarla.

COMPETENCIA DEL CORAZÓN

En julio fui a dar otra charla en Dallas. Como de costumbre, me quedaría en casa de Tammy y Mark, quienes vivían cerca, y no puedo negar mi anhelo de que Kanae siguiera allí como niñera. Pero también me alerté a mí mismo para no tener demasiadas esperanzas. Después de todo, la chica no me había escrito. Obviamente, no sentía por mí las mismas chispas de amor que yo sentía por ella. Tenía que mantener la calma, y el control de mis sentimientos. "¡Protege tu corazón! ¡Guarda la compostura!".

En cuanto aterrizó el avión ya estaba enviándole a Tammy un mensaje de texto. "¿Ya están todos ahí?", pregunté, tratando de no ser demasiado obvio.

"Yoshie y yo estamos cocinándote una lasaña", respondió Tammy.

"Magnífico", contestó el Sr. Flemático. "¿Y Kanae?"

Te juro que aquellas palabras se escribieron solas en el teclado del teléfono inteligente, en ocasiones demasiado inteligente para mi gusto. Está bien, soy débil en asuntos del corazón. No pude evitarlo. Pero la respuesta fue peor de lo que temía.

"Kanae está aquí, pero fue a montar bicicleta con su novio", dijo Tammy.

Y como pensé seriamente que Tammy estaba bromeando, no le presté atención al comentario.

Cuando llegamos a casa de Tammy, como era de esperar, ella y Yoshie estaban en la cocina, preparando la lasaña. Me senté y hablamos por unos minutos antes de que Nick el Enamoradizo volviera a la carga.

«De veras, ¿dónde está Kanae?», pregunté con timidez.

Tammy dejó sobre el mostrador el tazón de pasta recién cocida. Y tanto ella como Yoshie me miraron sorprendidas.

«Está de veras montando bicicleta con su novio, Nick», respondió Tammy.

"¡Maldición! ¡No está bromeando!", pensé.

Entonces caí en cuenta de algo. ¡A Tammy le confundía que preguntara por Kanae porque pensaba que estaba interesado en Yoshie! Nunca había hecho mención de la hermana que me cautivó, y como ambas son hermosas, pero sólo una tenía novio, asumió que me atraía Yoshie, cuya edad era más cercana a la mía. ¡Por eso Tammy no había mencionado antes al novio de Kanae!

Aunque he oído hablar a algunas personas que han experimentado la sensación de hundirse en un abismo, nunca lo había sentido hasta ese momento, cuando me pareció que el mundo había perdido el fondo, y me precipitaba a las profundidades.

"Dios, ayúdame, por favor, a salir de esto con dignidad", le pedí al Altísimo.

NICK, HERIDO DE AMOR

¿No resulta espeluznante la frecuencia con la que nuestras vidas se transforman súbitamente en una telenovela? Con todos los episodios locos que he protagonizado en todos estos años, mis padres podrían haber escrito el guión para una muy popular titulada *Amo a Nicky*. ¡Sería un clásico!

Pero, por supuesto, aquel episodio no tenía nada de divertido. Hay una línea de diálogo en de *The Butterfly Circus*, el cortometraje premiado en que participé, que dice: "Mientras mayor es la lucha, más glorioso es el triunfo". Algo que se cumple en muchos aspectos de mi vida, y a veces en mis relaciones amorosas.

Si el amor llega a ti fácilmente, agradécelo. Si tienes que luchar para encontrar a tu alma gemela, como en mi caso, debes saber que el triunfo final para mí fue realmente glorioso. Cree en que va a ocurrirte, y rezaré para que se cumpla en ti como se cumplió en mí. Siento una enorme gratitud y aprecio por el rumbo que ha tomado mi vida. Ya ni siquiera puedo decir que mi vida ridículamente buena ha llegado a mí *a pesar* de las discapacidades y adversidades que he enfrentado. Ahora debo decir que mi magnífica vida llegó a mí *a causa* de mis discapacidades y adversidades.

¿Te parece que tiene sentido? Esto es lo que quiero decir: las victorias en mi vida tienen tal riqueza y significado profundo para mí, que no creo que hubiesen existido de tener brazos y piernas. Honestamente, aprecio más mi vida porque he tenido que luchar para lograr muchas cosas que la mayoría da simplemente por sentado.

¿Que ha habido ocasiones en las que oré para tener brazos y piernas, y menos obstáculos en mi camino? Por supuesto. De vez en cuando sigo orando por esas bendiciones. No soy diferente a los demás, y preferiría el camino trillado al escabroso. Pero le agradezco a Dios cada día por todo el bien que ha surgido de las discapacidades y retos que me ha otorgado.

Te invito a ver tus propios retos en las relaciones amorosas y otros aspectos de tu vida como bendiciones potenciales que algún día llegarán a ti, aunque su valor no se te haya manifestado aún. Cuando estaba sentado en el sofá de Tammy, no vi realmente el valor de por qué aquella mujer con la que estaba obsesionado tenía otro amor. Cuando me enteré de que Kanae tenía novio, creí que el corazón me iba a estallar dentro del pecho.

"Me miró con tanta cordialidad e interés. ¿Cómo podía tener novio entonces? ¿Me estaba engañando a mí mismo? ¿Estoy desquiciado?"

En ese instante, Kanae entró con su novio, quien subió las escaleras a toda prisa en cuanto franqueó la puerta, y no me vio.

Pero Tammy sí me vio. Al notar mi mirada de decepción, palideció. Se dio cuenta de adónde se orientaba mi corazón cuando traté de sonreír mientras Kanae me abrazaba con entusiasmo. En mi vida había sido tan frío y malvado con una chica. Pero mantener la compostura ya no era parte de mi plan.

«Entonces, ¿tienes novio? ¿Cuánto tiempo llevan juntos?», le pregunté.

«Como un año», respondió Kanae.

De repente, el abismo me pareció mucho más profundo.

Estaba tan enojado conmigo mismo por haber malinterpretado a esta chica que obviamente no tenía otro interés en mí que una simple amistad, que quise marcharme de allí a alguna parte donde pudiera usar mi frente para clavar clavos, pero sobre la mesa nos esperaba aquella lasaña humeante hecha en casa. La cena estaba servida. El novio de Kanae bajó, y se presentó. Fue amable y me pareció un tipo bastante agradable, pero no estaba con ánimo de ser amistoso. Que Dios me perdone, porque el chico no me había hecho nada malo, aparte de tener una novia de la que me había enamorado como un tonto de capirote.

Me las arreglé para disfrutar de la cena sin darle un mordisco a aquel pobre novio inocente. Y como mi cuidador y yo dormiríamos en casa de Tammy, al igual que Kanae y Yoshie, aquella iba a ser una noche larga.

"¿No habrá algún motel cerca donde dormir?", pensé.

Pero, aunque lo hubiera habido, habría sido de muy mal gusto y difícil de explicar. Tenía que hacer de tripas corazón, y darle un tono positivo a una mala situación, por lo que fui con Tammy y sus hijos al salón de recreación, y me senté en un sitio cómodo del sofá. Kanae se unió al grupo en cuanto se marchó su novio. Cuando Tammy y los chicos se fueron a dormir, me quedé a solas con mi idolatrada, y pensé decirle lo que sentía. Pero decidí en vez mantener un poco de dignidad y olvidarme de aquello.

Tal vez suspiré un par de veces, e incluso dejé escapar uno o dos gemidos. A pesar de la gran tentación de hacerlo, no me eché a llorar. Estaba tan abstraído en mi autoconmiseración que ni cuenta me di cuando Kanae se levantó de su silla para dejarse caer junto a mí en el sofá, mirándome fijamente a los ojos.

"Eres tan hermosa, y no tienes ni idea de lo que siento por ti", pensé.

«Nick, ¿puedo preguntarte algo?», dijo Kanae.

Ahí mismo se derritió el Hombre de Hielo. No pude resistir. Apenas podía respirar cuando la tenía cerca. Y usando cada onza de lo que me quedaba de autocontrol, le respondí con la mayor naturalidad que podía adoptar un hombre tembloroso y enamorado. Por suerte, mi asistente, junto a nosotros, escuchaba música con los ojos cerrados.

«Por supuesto, ¿qué me quieres preguntar?».

La mujer de mis sueños procedió a hablarme con franqueza sobre su novio. La relación no era lo que esperaba. Tenía dudas y preocupaciones respecto hacia dónde se dirigían. Su familia no la aprobaba, y ya había estado analizando una posible ruptura, incluso antes de conocernos. Según me explicó, el chico le gustaba, pero no era la persona con quien deseaba compartir el resto de su vida.

Por mi parte, esbocé mi mejor expresión de "escuchar atentamente". Y mi cara de preocupación y compasión. Y mi mirada más inteligente y comprensiva.

Aunque deseaba con todo mi corazón ser el factor que apartara a Kanae de su novio, sabía que la chica buscaba mis consejos y depositaba su confianza en mí. Y como un juez que tiene un conflicto de intereses, tuve que renunciar al caso y transferirlo a la mayor Corte Suprema.

«Comprendo tus preocupaciones. Son válidas. Debes orar y pedirle a Dios que te ayude a tomar una decisión», le dije.

Si Kanae me hubiera dado las gracias por el consejo, me hubiera dejado allí en el sofá, y se hubiera ido a la cama, nuestra historia habría terminado allí. Pero siguió junto a mí, mirándome con esos ojos grandes y cálidos.

Cuando escuché mis palabras, apenas pude creer que estaban saliendo de mi boca: «Quiero hacerte una pregunta. ¿Puedes decirme qué te viene a la mente cuando pronuncio estas dos palabras: Bell Tower?».

«Nuestros ojos», respondió de inmediato.

«¿Qué quieres decir?», pregunté.

«Nuestros ojos», volvió a decir. «Sentí algo cuando nos miramos, y me estremecí porque nunca me había sentido así con nadie», aseguró.

"¡Vaya! Entonces no había sido yo solo, después de todo", pensé.

«Nick, desde entonces he rezado y ayunado para saber qué debo hacer», continuó Kanae.

«¿Por qué no me dijiste que tenías novio después de mi charla en Bell Tower?».

«Iba a pedirle a Tammy tu dirección de correo electrónico para contártelo todo, pero entonces Tammy me envió un mensaje de texto diciéndome que mi hermana te había dejado sin aliento...».

«Nada de eso. Ese mensaje que le envié a Tammy era sobre ti, no sobre Yoshie».

«¿Sobre mí?».

«Tú fuiste la persona con la que más hablé aquel día. La que me sostuvo la mirada durante toda la charla, y sobre ti le hablé a Tammy en el mensaje».

«¡Pues creí que coqueteabas con las dos!».

«Nada de eso», insistí.

Nos quedamos en silencio por espacio de un segundo.

«Entonces, ¿estás diciéndome que le rezas a Dios y ayunas por mí?», pregunté.

«Sí. No sabía qué hacer. Tengo novio, pero nunca antes sentí lo que sentí cuando me mirabas», confesó Kanae.

«¿Hablas en serio?» dije.

Kanae quedó en silencio.

Yo también.

Nos quedamos sin palabras. Nos atraíamos mutuamente, pero cada uno se había estado torturando a causa de un malentendido. Nuestras miradas volvieron a cruzarse, y mientras más tiempo transcurría, más quería seguir contemplándola.

Estaba fascinado.

Y aterrado.

Sentí un deseo abrumador de inclinarme hacia delante para besarla. Las barreras emocionales se habían derrumbado. Habíamos hablado con sinceridad y compartido nuestros sentimientos. Pero ella tenía novio, lo cual me entristecía sobremanera.

Ella adivinó lo que estaba pensando.

«¿Qué hacemos?», preguntó.

«Nada. Dejarlo así. Tienes novio».

"¿Fui yo quien dijo eso?", pensé.

«Es mejor que te vayas», le pedí. "Porque tengo muchos deseos de besarte", pensé.

Mi mente estaba dividida entre los pensamientos de alegría y de pánico. Aquella hermosa mujer sentía una atracción genuina por mí. ¡Podía llegar a amarme! Pero tenía novio.

Tenía que bloquear mis sentimientos.

«Ahora dame un abrazo y vete arriba. Tenemos que orar para que Dios nos ayude. Independientemente de lo que sean esos sentimientos, hay que pedirle a Dios que los disipe», le dije.

Estaba desgarrado. Y Kanae también. Decidimos seguir cada cual su camino, y tener fe en que, si estaba de Dios que nos uniéramos, se operaría el milagro.

Después de marcharse Kanae seguí orando en el sofá al menos una hora, pidiéndole primeramente a Dios que calmara mi corazón. Luego le pedí que me ayudara a dejar de querer estar con Kanae si Él no quería que eso ocurriera. Traté de convencerme de que si ella no era la idónea, podría seguir adelante.

Esa noche soñé con Kanae todo el tiempo, y, en la mañana, tenía que despedirme de ella. Antes de partir, ella, Tammy y yo nos reunimos en la cocina y hablamos sobre lo ocurrido. Tammy pidió disculpas por asumir que me refería a Yoshie y no a Kanae cuando le envié aquel mensaje de texto después de la charla en Bell Tower. Aceptamos sus disculpas y la perdonamos por aquel error no intencionado. Luego nos despedimos.

Me fui sin saber siquiera si volvería a ver a Kanae algún día. Estaba exhausto emocionalmente por los altibajos de las últimas veinticuatro horas. Sólo podía ponerlo todo en manos de Dios, pero eso no mitigaba mi tristeza. Me consolaba en cierta medida que Kanae admitiera sus sentimientos por mí. Y estar consciente de ello significaba mucho. Su atracción por mí confirmaba que no estaba fabricando sueños en mi mente o pensando lo que no era.

El hecho de que una mujer inteligente, religiosa y bella como Kanae me considerara como a alguien a quien podría amar era en sí mismo una bendición, y tenía que reconocerlo, y agradecer a Dios un regalo tan grande. Kanae me había impresionado como una mujer de *Proverbios* 31, una esposa o mujer de noble carácter. Su carácter y su fe en Dios me fascinaron. Parte de poner la fe en acción en las relaciones amorosas es tratar de dar lo mejor de ti, y luego creer que es posible que alguien te ame. La clave es creer que existe una persona que pueda mirarte, ver más allá de tus fallas y deficiencias, y amarte a pesar de todo.

Mi historia debe servirte de estímulo en asuntos del corazón. Reconocer que si es posible para mí, también lo es para ti. Si eso no te basta, mira a tu alrededor. El mundo está lleno de gente imperfecta y normal que ha encontrado amor y compañía. El amor también es posible para ti. Ruego a Dios que tu alma gemela te encuentre pronto, y que sus lazos sean más fuertes que cualquier reto que afronten.

¡VICTORIA!

Pasaron seis semanas sin que recibiera comunicación de Kanae. Tenía que volver a Dallas para dar otra charla, y me debatía ante la pregunta de si debía llamarla. Aunque Tammy me había hecho una invitación formal para estar en su casa cada vez que visitara Dallas, no quise poner a Kanae en una posición extraña. Decidí quedarme con otro amigo, pero olvidé llamarlo para ver si iba a estar en la ciudad. Cuando lo llamé desde el aeropuerto de Dallas, se había marchado.

Mi cuidador y yo habíamos estado tanto tiempo de viaje, que no queríamos quedarnos una noche más en un hotel. Estaba cansado de recorrer tanto camino, y me sentía desanimado. Me sentía débil de mente, cuerpo y alma, y mi fuerza de voluntad no andaba muy bien que digamos. La posibilidad de ver a Kanae y de hablar un poco con ella —aunque no se hubiera peleado con su novio— echaba por tierra cualquier intento de pernoctar en un hotel.

Llamé a Tammy para averiguar si podía quedarme allí. Mark y los chicos estaban en casa y, como nos respondieron afirmativamente, fuimos para allá, donde, por supuesto, no podía faltar Kanae.

Durante el viaje desde el aeropuerto, volví a tener otra conversación con Dios: "Sabes que estoy cansado, y voy a casa de Tammy en vez de a un hotel. Sabes quién está allí y...", el sentido del humor de Dios me hizo sonreír. Y sospecho que Dios sonreía también.

Debí ser más aprensivo y precavido, pero estaba tan cansado y desorientado por tanto viaje, que llegué a casa de Tammy con cara de tonto. «Esto va a ser divertido», le dije a mi amigo en cuanto llegamos a la entrada de coches de la casa.

Los niños de Mark y Tammy vinieron corriendo a saludarnos y a llevarnos el equipaje, y pasamos a la cocina. Allí estaba Kanae; nos quedamos mirándonos uno al otro.

«¡Sorpresa!», le dije con timidez.

Kanae rió. Si hubiera tenido piernas, te aseguro que se me habrían aflojado. En mi caso, sentí como si estuviera saliendo de un mundo unidimensional y en blanco y negro, para penetrar en un planeta tridimensional y en Tecnicolor. La química existente entre ambos era diez veces más fuerte que antes, y cualquier duda que pudiera haber se disipó en cuanto Kanae se levantó, me puso una mano en el hombro y dijo: «Después de haber rezado todo este tiempo, Dios le dio paz a mi corazón para romper con mi novio. Quiero estar con alguien a quien pueda ver pasando el resto de la vida conmigo».

"¡Victoria!"

Todas las decepciones, luchas, temores y lágrimas de mi vida perdieron relevancia, y las olvidé en aquel momento de victoria otorgado por Dios. Mi mente apenas podía asimilar el hecho de que una joven tan especial dijera que quería pasar el resto de su vida como mi esposa.

¡*Mi* esposa!

Kanae me dijo que se sintió atraída por mí desde nuestro primer encuentro, pero que la fuerte conexión emocional que establecimos le dio miedo. Como tenía una madurez superior a la de su edad, quería obrar con fe, no con emociones, por lo que después de aquel primer contacto, guardó distancia y le pidió a Dios que la guiara.

«Le pedí a Dios que me dijera cuáles eran aquellos sentimientos, si era sólo una cuestión química o emocional, o si realmente era la llamada de Dios a una relación duradera. No quise confiar en mis emociones. Tampoco seguir adelante por esa única razón, y seguí orando», dijo. En otras palabras, Kanae puso su fe en acción.

Mi oración por ti es que algún día, cuando estés listo para recibirlo, Dios lleve satisfacción a tu corazón, ya sea bendiciéndote con alguien que te ame, o permitiendo que te sientas bendecido en soledad. Prepárate manteniendo tu fe, y siendo la mejor persona posible. Da la mayor cantidad de amor que puedas. Ofrécelo, y Dios se hará cargo de lo demás.

El amor puesto a prueba

Aunque aquel momento era bastante similar a la mejor película romántica jamás filmada —o al menos la mejor en la que tuve un papel protagónico— no era un filme, sino la vida real, y ya sabes lo que puede ocurrir. Una vez comprometidos sin reservas, el próximo paso era presentarnos como pareja a nuestras respectivas familias.

La madre y la hermana de Kanae nos expresaron inmediatamente su conformidad, y les agradecí su amor y comprensión. Cuando Kanae se lo dijo a su madre, mi entonces futura suegra dijo: "¡Gloria a Dios!".

Yoshie le había dicho a su madre semanas antes que había química entre Kanae y yo, y la mamá dijo que había estado orando y ayunando para que floreciera una relación amorosa. Y gané a su abuela, tías, tíos y primos bailando con un grupo de mariachis en una fiesta familiar, y compartiendo después mi fe con ellos. No les preocupó en absoluto mi carencia de extremidades. Algunos creyeron que yo podría ser una celebridad superficial a quien le faltaba sustancia, pero después de compartir con ellos mi testimonio, y de que Kanae y yo profesáramos nuestro amor mutuo, se desvanecieron las reservas.

Por mi parte, les oculté a mis padres la nueva relación durante un par de semanas, porque mi padre tiende a desconfiar, y a someterme a interrogatorios en lo que a mujeres respecta. Pero en breve también adoraron a Kanae, quien tiene un nivel de sabiduría muy raro para una mujer tan joven. Como sus padres se divorciaron cuando tenía cinco años, asumió ciertas responsabilidades de adulto a esa edad.

Su madurez se hizo especialmente palpable cuando mis padres le formularon una pregunta muy difícil. Si bien mi falta de extremidades no era el resultado de un gen heredado —mi hermano y mi hermana tienen todos sus miembros— mis padres le preguntaron cómo se sentiría si uno de nuestros hijos naciera como yo.

Mi futura esposa, quien ya había decidido que quería una familia numerosa, respondió: "Incluso si los cinco hijos que quiero tener nacieran sin brazos ni piernas, los amaría a todos. Y sé que me resultaría más fácil que a ustedes, porque Nick les llegó así sin aviso previo, pero yo lo tendría a él como su ejemplo de conducta y guía".

Kanae les dijo a mis padres que me amaba, y que también amaría a nuestros hijos. Anteriormente, me había preocupado el hecho de que jamás encontrara a una mujer que fuera del agrado de mis padres porque me protegen demasiado. Pero Dios me concedió una joven que se ganó su respeto, su admiración y sus corazones.

Lo que sentía por mí era, obviamente, muy sincero, y lo expresó con una profundidad que me maravilla, y me llena de humildad y gratitud. Pero no es sólo lo que dice que hace que la aprecie y ame tanto. Cada día, Kanae me da testimonio de su amor con acciones y buenas obras.

La primera vez que aprecié la profundidad de sus sentimientos hacia mí fue en diciembre de 2010. Apenas llevábamos pocos meses de novios cuando me enteré de los problemas de liquidez en mi negocio. Aún no estábamos comprometidos, pero ya habíamos considerado casarnos. Fue un momento en el que quise que mi potencial esposa viera mi lado más brillante. Sin embargo, se encontró con el más oscuro. Quizás, sólo tal vez, podría haber un peor momento en una nueva relación amorosa para desarmarse, pero no se me ocurre ninguno. Ahí estábamos, una pareja incipiente, y el hombre supuestamente fuerte se precipitaba por un despeñadero hacia un valle de desesperación.

En el capítulo anterior les proporcioné los lamentables detalles de mi exagerada reacción emocional a un problema temporal de liquidez en Attitude Is Altitude durante la recesión económica. Pero lo que no les dije es que en el curso de aquella etapa de depresión, Kanae me demostró que su amor por mí no tiene límites.

Nunca he sentido el poder del amor incondicional con tanta fuerza. Por supuesto, mis padres, mi hermano y hermana y todas mis tías, tíos y primos me han demostrado amor incondicional toda mi vida. Pero son parte de mi familia. Los lazos de la sangre son algo diferente. Los lazos entre Kanae y yo eran más tenues y recién formados; muy bien pudo haber desistido. Pero, por el contrario, se acercó más a mí, poniendo su fe y su amor en acción de formas que me parecieron heroicas.

En un momento que quise presentarme a mí mismo como un exitoso proveedor, me vi obligado a admitir a mi nueva novia que mi negocio tenía cincuenta mil dólares de deuda. En mi ansiedad me sentí como si fuera un fracasado. No sé por qué no salió corriendo sin mirar atrás, pero le agradeceré eternamente que decidiera permanecer a mi lado, consolándome y estimulándome con su amor.

Le puse un precio a mi valor como ser humano cuando me sentí indigno a causa de la deuda de mi negocio. Kanae me recordó que el amor no repara en precios, y me demostró con palabras y actos que su interés no era medir lo que yo podía ofrecer. Por el contrario, volcó en mí todo el amor compasivo, alentador y de sostén que poseía.

Uno de los pensamientos que me molestaban realmente en la cuestión de la deuda, era que me había propuesto ahorrar cierta cantidad de dinero para recortar mi programación de charlas durante un año aproximadamente. No quería estar viajando todo el tiempo en nuestro primer año de matrimonio. Mis familiares y amigos me habían aconsejado durante años que disminuyera la intensidad de mi trabajo, y finalmente tenía una buena razón para hacerlo: mi futura esposa.

Cuando le comuniqué a Kanae que mi negocio lucrativo no tenía ganancia sino deudas, su respuesta fue: "No importa. Voy a trabajar como enfermera para poder mantenernos los dos".

No vaciló un instante. Tampoco se sobresaltó ni salió corriendo, sino que me acarició el cabello, y me dijo que siempre podría contar con ella.

También me estimuló enormemente saber que Kanae oraba por mí todos los días. El apoyo emocional puede ser una gran bendición, pero las oraciones son aún más poderosas. Saber que comprendía mis necesidades y que oraba por su satisfacción me dio consuelo. Dios es el máximo proveedor de paz y paciencia, y Kanae le rezaba a Él para que me sanara y me diera paz y alegría.

Me di cuenta de que ella se había transformado en el puente a todo lo que puedo ser en Cristo. Kanae es la clave para que me convierta en todo lo que puedo ser como esposo, orador, evangelista, amigo, jefe, hermano e hijo. Con ella, no tengo que pedir nada. No tengo que decirle lo que necesito. Ella lo sabe. Siente lo que siento y me estimula, pero lo más importante es que elimina cualquier brecha con sus oraciones, y le pide a Dios que me proporcione lo que ella no puede darme, Su sabiduría, Su sanación, Su paz y Su paciencia. Finalmente, Kanae me ofrece su empatía. Es mi mayor proveedora de empatía. Todo lo que me afecta a mí, le afecta a ella. Está a mi entera disposición, y quiero estar siempre a su disposición cuando necesita hablar y desahogarse.

Sabemos que transitamos por una relación amorosa cuando estamos dispuestos a dar sin recibir nada a cambio, cuando se priorizan las necesidades de la otra persona sobre las propias. Prioricé a Kanae por encima de mi ministerio y mis negocios, lo cual equivale a estar juntos, ver películas, sentarse frente a la chimenea y hablar de nuestras vidas. Me sorprende cada vez más la cantidad de facetas que tiene una relación como la nuestra. Mientras más me da Kanae, más quiero ser digno de su amor y devoción. Ella hace que quiera ser mejor.

En cierta ocasión, un amigo me hablaba de su nueva relación amorosa, y decía: "Creo que es demasiado buena para mí. No me merezco a esa mujer". Le respondí que era un buen ángulo para situarse en ese punto de su relación. Debemos estar con personas que nos inspiren y motiven a crecer, a ser más piadosos, más compasivos, más solidarios. He llegado a ser un hombre más paciente que antes. Por supuesto, nunca me propuse metas demasiado exigentes en mis años de soltero, cuando tendía a ser egocéntrico e impaciente.

Recientemente, mi tío Batta me recordó un diario que redacté hace años, en el cual hice una lista de las diez cosas que deseaba que tuviera mi esposa.

"¿Kanae tiene todos los atributos de la lista?", me preguntó.

Tuve que recordarla y verificarla. Luego lo llamé y le dije: "¡Claro que sí! ¡Todos!".

Fue un momento divertido y también hermoso.

Aunque soy algunos años mayor que Kanae, ella es más sabia en aspectos que me falta aprender. Ha creado la base para una relación que no está contaminada por expectativas, desvíos de atención o esperanzas del subconsciente. Creo que es un amor que con el tiempo será más profundo y abundante. He dicho a menudo que si no se crece en la fe, nos reducimos en ella. Lo mismo ocurre con el amor. Ella es realmente una hija auténtica de Dios. Es de su abolengo, y Dios me la ha concedido para que podamos amarnos mutuamente y honrarlo a Él por Sus bendiciones.

Nuestro amor es contagioso. Un día, cuando una anciana nos vio hablando y riéndonos juntos, se acercó a nosotros con lágrimas en los ojos y dijo: "Ahora vuelvo a creer en el amor verdadero". No puedo explicar la alegría que siento cuando veo a Kanae sonreír o reírse, bailar, cantar y divertirse. Estoy ansioso por ver el día que nuestros hijos hagan lo mismo.

Tú eres creación de Dios y, por tanto, digno de Su amor, lo cual te hace digno de una relación de amor. Ruego que seas tan bendecido por el amor como yo lo he sido, pero recuerda hacer tu aporte y prepararte no sólo para recibirlo, sino también para darlo con generosidad.

CUATRO

Una vida de
pasión y propósito

EN MI JUVENTUD, CUANDO MIS PADRES TRATABAN DE VISLUMBRAR el porvenir e imaginarse qué clase de futuro me esperaba, mi padre, el contador, me aconsejó que siguiera su profesión. "Tienes habilidad con los números, y puedes contratar a otras personas para que sean tus brazos y piernas", solía decirme.

En realidad me divierte hacer cálculos. Contar con los dedos de mis manos y pies no es una opción, pero gracias a la tecnología moderna y a mi piececito puedo usar una calculadora y un ordenador con relativa facilidad, y en la universidad seguí el consejo de mi padre y me especialicé en planificación financiera y contabilidad. Me atrajo la idea de ayudar a que otras personas tomaran buenas decisiones monetarias y crearan planes estratégicos para su sostenimiento. También me complació hacer transacciones en el mercado bursátil, donde tuve experiencias buenas y malas por igual.

El trabajo como planificador financiero me pareció una forma idónea de servir a otros y ganarme tanto mi sustento y, según esperaba, el de mi familia. Pero nunca me sentí totalmente comprometido con ese plan. Siempre tuve la idea de que Dios estaba llamándome para recorrer una senda diferente. Cuando cursaba estudios secundarios comencé a dar charlas sobre mis discapacidades a mis condiscípulos, quienes respondieron positivamente a mis palabras. Logré tocar alguna fibra sensible en ellos, y Dios encendió las chispas de una pasión que colocó dentro de mí.

Con el transcurso del tiempo hablé cada vez más sobre mi fe. El evangelismo y la inspiración se transformaron en mis mayores pasiones. Hablar acerca de mi amor a Dios y de las bendiciones en mi vida, incluyendo mis discapacidades y la fortaleza que me proporcionan, me permite servir a los demás, y le ha dado un propósito a mi vida que, según creo, Dios creó para mí.

Es un gran regalo. Muchas personas se debaten buscándoles sentido y dirección a sus vidas. Cuestionan su valor porque no tienen claro cómo pueden aportar o dejar una huella. Tal vez tú no hayas identificado dónde residen tu talento e intereses. No es inusual probar una cosa u otra antes de identificar el llamado de tu vida. Cambiar de rumbo varias veces es cada vez más común.

Te invito a identificar aquello que te gratifica y atrae todos tus dones y energía. Sigue ese camino, no para tu propia gloria o enriquecimiento, sino para honrar a Dios y hacer tu contribución. Ten paciencia si te toma tiempo encontrar tu senda. Debes saber que el momento adecuado es importante, y que siempre y cuando sientas en tu corazón una pasión auténtica, ésta no se disipará. Comprende que incluso las pasiones llevan implícito un riesgo. Recuerda además que si desaparece una pasión, se debe probablemente a que Dios te tiene reservado algo más grande y mejor.

ENCONTRAR TU PASIÓN

Sabrás que has encontrado una pasión cuando tu talento, conocimiento, energía, enfoque y dedicación se unifican de tal manera que te entusiasmas como un niño con su juguete favorito. Trabajo y placer se transformarán en una misma cosa. Sentirás como si tuvieras oportunidades ilimitadas ante ti. Lo que hagas se convertirá en parte de quien eres, y las gratificaciones que lleguen a ti serán mucho menos satisfactorias que las que recibirán otras personas por mediación tuya.

Tu pasión te guía a tu propósito, y ambos se activan cuando tienes fe en tus dones, y los compartes con el mundo. Estás hecho a la medida de tu propósito, tal y como yo estoy hecho para el mío. Cada parte de ti —desde tus fortalezas mentales, físicas y espirituales a tu caudal único de talento y experiencias— se ha creado para complementar ese don.

Pon tu fe en acción siguiendo los dictados de lo que te apasiona, definiendo tu propósito, y edificando tu vida en torno al desarrollo y uso de tus dones en su máximo potencial. ¿Qué te impulsa? ¿Qué te entusiasma cada día? ¿Qué harías sin cobrar, sólo por el placer de hacerlo? ¿Qué es aquello de lo que nunca querrías jubilarte? ¿Hay algo que quieres hacer por lo que estarías dispuesto a renunciar a todo lo demás —tus posesiones materiales y comodidades— porque te gusta tanto hacerlo? ¿Qué tienes prisa en hacer?

Las Escrituras nos dicen, en Juan 9:4: "Tengo que trabajar en las obras del que me ha enviado mientras es de día; llega la noche, cuando nadie puede trabajar". Si no has encontrado la obra que Dios te tiene reservada, formúlate las preguntas del párrafo anterior. Si eso no te ayuda a identificar una pasión, prueba pidiéndole a los que te rodean sus evaluaciones y sugerencias. ¿Qué talentos han identificado en ti? ¿Dónde piensan que podrías dejar una huella o marcar una diferencia? ¿En qué tarea te ven más entusiasmado?

Finalmente, antes de decidir qué es lo que te apasiona, te recomiendo insistentemente que consultes el tema con la Suprema Autoridad. A menudo me preguntan cómo puedo saber lo que Dios quiere que hagamos. Independientemente de si estás tratando de decidir cuál es tu pasión, o si enfrentas una situación difícil y no sabes qué hacer, te sugiero ir en busca del amor de Dios y conocerlo a Él como amigo para que puedas disfrutar Su presencia. Rézale a Él y medita sobre Su Palabra.

Conocer y creer en Dios es lo mejor que puede ocurrirte en la vida, porque Él puede convertir en mejor el peor acontecimiento. Él puede transformar tus luchas en aprendizaje. Él puede transformar tu sufrimiento en fuerza. Él puede usar tus fracasos para traerte éxito.

Dios tiene el poder de darte "diadema en vez de cenizas, aceite de gozo en vez de vestido de luto, alabanza en vez de espíritu abatido...". Si no tienes idea de cuál es Su plan para ti y estás indeciso con respecto a qué pasión desarrollar, pídele consejo a Dios. También debes pedirles a otras personas que oren por ti. Si no te llega la respuesta, te sugiero que busques una manera de servir al prójimo, ya sea en una misión a algún sitio o en tu comunidad. Prueba a hacerlo durante un tiempo para ver qué resultados logras.

Te aseguro que Dios recompensa por todo lo que pide. Él no te llamará a Su servicio sin proporcionarte todo lo que necesitas para seguir tu pasión y propósito. Es posible que al principio no comprendas tu llamado, e incluso podrás pensar que careces de pasión por el mismo. Mi padre fue llamado a crear una iglesia, algo que no le interesaba hacer. Pero honró a Dios e hizo aquello para lo que se sintió llamado. Papá confrontó dificultades al inicio. Estoy seguro de que Noé también tuvo sus dudas cuando Dios le encomendó hacer aquella enorme arca, pero no dijo una palabra. Se limitó a construir la embarcación. Y cumplir aquella orden resultó una acción inteligente. Mi padre, al igual que Noé, se sintió finalmente muy agradecido de cumplir con Su llamado para crear una iglesia que atrajo feligreses, y su trabajo como ministro laico cambió vidas.

Cuando Dios te llama para hacer algo, tal vez no comprendas ni te entusiasmes al principio. Pero siempre debes tener pasión por Él, lo cual equivale a que harás cualquier cosa por Él. Yo he sido bendecido de esa manera. Mi llamado es hablar e inspirar. Mi pasión es conectar a quienes me escuchan con Dios, y con lo mejor que existe dentro de ellos.

EL MOMENTO OPORTUNO ES VITAL

El momento de convertirme en orador público fue el adecuado porque en esa etapa no tenía familia que mantener ni ningún otro compromiso económico importante. Durante años di charlas gratuitas, pero, afortunadamente, encontré personas deseosas de pagar por escucharme. Esos honorarios contribuyeron a mi sostenimiento, y además sirvieron para financiar los gastos de quienes quise ayudar pero no podían pagarme.

Sin embargo, a veces podríamos sentir la tentación de volcarnos en cosas que nos apasionan, sin considerar si llegó el momento adecuado. Me pongo a mí mismo como ejemplo de ello.

El endeudamiento que confrontó mi compañía en 2010 se debió en parte al resultado de gastos excesivos en la producción de un video de música cristiana que quise realizar para satisfacer mi pasión por el canto, pero no consideré detenidamente si el momento era el idóneo. La canción que interpreté en el video es *Something More* ("Algo más"), título que en definitiva resultó irónico, pues los gastos de producción fueron superiores al presupuesto, y mucho más. Me apresuré a filmar mi video musical, y en mi entusiasmo por el proyecto, dejé que los gastos se escaparan de mi control. Quise convertir un sueño en realidad. Pero alguien debió haberme recordado que los sueños no mueren, siempre y cuando los valoremos.

Aclaro que el video musical no dejó de ser una gran experiencia. Conté con un grupo de gente talentosa como el cantautor Tyrone Wells y Matthew Koppin, quien estuvo al frente del equipo de producción. Creamos un video de música cristiana con calidad de película. También les agradezco a Jon y a Esther Phelps, cuyo apoyo hizo posible la grabación de primera clase de la canción en su estudio, con un equipo sensacional de intérpretes traídos de Nashville. Considero que el video fue un éxito, porque llegó a 1.6 millones de personas en YouTube con un mensaje de esperanza.

También aprendí una valiosa lección. En cualquier misión que nos propongamos, la elección del momento adecuado es una consideración importante, especialmente en el caso de alguien que crea un negocio y una marca a largo plazo. Yo tenía experiencia de actuación por mi participación en el cortometraje premiado *The Butterfly Circus*, y la realización de un video musical poco después pudo hacer que muchos se preguntaran: "¿Qué hará Nick ahora? ¿Sigue siendo evangelista y orador de motivación, o simplemente actor y cantante?".

Espero ser algún día todo eso en alguna medida, pero no hay prisa. Todavía estoy en mi década de los veinte. Tengo muy buenos años por delante. Por supuesto, la impaciencia es otra característica de la juventud. Desde los dieciséis, me he apresurado a demostrar mi capacidad en tantos campos, que con frecuencia he quedado con mi pobre cuerpo maltrecho, y he llevado a menudo mis recursos hasta el límite. Los fracasos económicos de mi negocio sirvieron para recordarme que no es necesario tenerlo todo de una vez.

Un amigo escribió un libro humorístico de consejos para graduados de enseñanza secundaria y universitaria, y una de sus máximas es "Apúrate y aprende a ser paciente". Un consejo que tiene sabiduría y un poco de humor a la vez. Con frecuencia, la Biblia exalta las virtudes de la paciencia. En Santiago 5:7 nos dice: "Tened, pues, paciencia, hermanos, hasta la Venida del Señor. Mirad; el labrador espera el fruto precioso de la tierra aguardándolo con paciencia hasta recibir las lluvias tempranas y tardías. Tened también vosotros paciencia; fortaleced vuestros corazones porque la Venida del Señor está cerca".

El mero hecho de contar hoy con recursos no quiere decir que el momento es idóneo. Sin dudas, la ambición y la energía han propiciado la creación de muchos negocios y carreras excelentes, pero la acción en el instante propicio es vital. Por eso la paciencia es una virtud, y dar un salto es un riesgo. No me opongo a los riesgos, y me enorgullece correrlos cuando los he calculado bien y he hecho todo lo posible para reducir cualquier fracaso potencial. Sin embargo, en el caso del video musical, no analicé lo suficiente todos los factores. No olvides considerar siempre todos los riesgos que tienes ante ti. Haz lo que puedas por minimizarlos en la consecución de lo que te apasiona.

UNA PASIÓN DE PROPORCIONES BÍBLICAS

A menudo los riesgos traen consigo recompensas, pero, como en el caso de Caleb, hay que ser paciente en la espera de su llegada. Caleb es uno de los mejores ejemplos bíblicos de un hombre realmente apasionado que corrió riesgos considerables para poner su fe en acción. Después de que Moisés y las doce tribus de Israel huyeran de Egipto para escapar de la esclavitud, el gran profeta envió doce espías a Canaán, la tierra que Dios le había prometido. Diez de los espías informaron que no se podría tomar posesión de aquella tierra, porque resultaría imposible derrotar a sus habitantes, a quienes describieron como "gigantes". Sólo dos de ellos, Caleb y Josué, aseguraron que el pueblo podría hacerlo, con la ayuda de Dios. Pero Moisés prefirió el consejo de los diez, no el de sólo dos hombres. No intentaron ocupar la Tierra Prometida, e incluso algunos amenazaron con matar a pedradas a los dos espías que quisieron seguir las órdenes de Dios.

Debido a esa decisión, los hebreos se vieron obligados a vagar por el desierto durante cuarenta años, como castigo por desobedecer el mandato de Dios de tomar posesión de aquella tierra. De los doce enviados, sólo los dos que plantearon la posibilidad de ocupar aquellos terrenos sobrevivieron esas cuatro décadas de nomadismo. Incluso Dios llegó a llamar "mi siervo" a Caleb, un término honorífico reservado solamente para Moisés.

Cuando finalmente los hebreos ocuparon la Tierra Prometida, Caleb tenía ochenta años, pero aún tenía fuerza y sentía pasión por su fe. Después de la victoria, Dios les otorgó a Caleb y a sus descendientes la ciudad de Hebrón y sus suburbios como recompensa por haberlo seguido "incondicionalmente" y por volver a poner su fe en acción una vez más. Como dice el himno, "para la fe paciente, la recompensa es segura" y Caleb recibió su premio por ser un hombre que jamás abandonó su pasión por servir a Dios.

Caleb pagó un precio alto por su dedicación. Su propio pueblo intentó lapidarlo, y luego tuvo que vagar con su gente por el desierto durante cuatro décadas antes de llevarla finalmente a la victoria. Aunque ser fiel a tu pasión te traerá muchas recompensas, esto no equivale a que tu vida estará exenta de retos ni luchas.

Cualquier persona dedicada, ya sea enfermera, artista, constructor, pastor o animador, puede decirte que para hacer lo que hacen se requieren trabajo arduo, sacrificio y un enorme esfuerzo, incluso en aquellos que aman su profesión. En mi caso, he pasado los diez últimos años en aviones y habitaciones de hotel por todo el mundo en mi misión de hablar de estímulo y fe a la mayor cantidad de personas posible. Aunque soy probablemente el único viajero frecuente que nunca se ha quejado de falta de espacio en el asiento de un avión, los viajes constantes me fatigan tanto como a cualquiera. He hablado a millones de personas, muchas de las cuales han renovado su fe o han renacido en ella y me siento infinitamente agradecido por esas experiencias. Pero llevar adelante mi pasión no ha sido fácil. He tenido que hacer muchos sacrificios. Con la ayuda de Dios y el apoyo y las oraciones de los que me apoyan en mi ministerio, he logrado éxitos maravillosos. Y por la gracia de Dios podré construir a partir de ellos.

La mayoría de las personas que obran guiadas por su pasión luchan y se sacrifican. Helen Keller, quien venció su imposibilidad de ver y oír y se convirtió en inspiración para el mundo, dijo: "El carácter no se puede desarrollar fácil ni tranquilamente. Sólo por medio de la experiencia de la prueba y el sufrimiento, el alma se fortalece, se inspira la ambición y se alcanza el éxito".

Lo que se considera como "éxito de la noche a la mañana" es usualmente resultado de muchos años de arduo trabajo. Dormirse en los laureles casi nunca es una opción. Pero probablemente no hay mayor recompensa que hacer aquello para lo que fuiste creado, sirviendo un propósito que va más allá de ti mismo. En mis viajes he conocido a muchos hombres y mujeres que cumplen una misión y marcan una diferencia, ofreciendo sus dones y conocimientos. Con ellos he compartido historias de logros y luchas, y todos nos apoyamos y alentamos mutuamente.

LLAMADO PARA UN PROPÓSITO

Uno de mis más apasionados compañeros de viaje en la ruta evangélica es Víctor Marx, cuya historia es notable. Prestó servicio en la Marina de los Estados Unidos, y es experto en artes marciales con cinta negra de séptimo nivel en autodefensa Keichu-Do, que incorpora elementos de karate, judo, jiu-jitsu, kung fu, y técnicas de lucha callejera.

Víctor ha entrenado a más de treinta campeones mundiales de artes marciales, así como a miembros de las fuerzas de élite de la Marina, comandos especiales del Ejército y miembros de Fuerzas Delta. Su esposa Eileen fue Miss Fitness USA y, como podrás imaginar, Víctor también está en excelente forma física. Si lo vieras, te sorprendería saber que en otro tiempo se consideró un ser dañado. Él mismo me confesó que ambos teníamos mucho en común, con la excepción de que mi discapacidad es bien visible, mientras que la suya no se podía apreciar a simple vista, pues estaba oculta dentro de su mente y su espíritu.

Muchos afirman con frecuencia que no saben cómo he creado una vida tan provechosa y gratificante a pesar de mi carencia de extremidades. Pero he recibido incontables bendiciones. Creo que la vida sería más difícil para una persona que no cuente con una familia como la mía. Lamentablemente, Víctor creció en un hogar desecho, y con razón él también llegó a sentirse igual.

Víctor se convirtió al cristianismo en sus años como militar. Hace diez años, operaba una exitosa cadena de academias de artes marciales en Hawái, al mismo tiempo que ejercía ministerio cristiano con los jóvenes. Disfrutaba una buena vida con Eileen y sus tres hijos cuando recibió el llamado de Dios. Focus on the Family, organización radicada en Colorado que promueve los valores cristianos, lo reclutó para ocupar un cargo de liderazgo.

Ninguno de los miembros de su familia quería marcharse de Hawái, pero Víctor y Eileen obraron con fe, y decidieron confiar y obedecer. Víctor no sentía ninguna pasión por dejar su negocio e incorporarse a Focus on the Family. No podía comprender lo que Dios se proponía con él, pero, al igual que Noé, respondió al llamado.

Como podrás ver, Dios sabía algo sobre Víctor que ni siquiera él conocía.

Desde hacía mucho tiempo mi amigo sufría de pesadillas y ansiedad, atribuyéndolas en parte a sus años de servicio en la Marina y a sus combates de artes marciales. También tenía reminiscencias de incidentes violentos que no llegaba a entender completamente porque no parecían estar relacionados con el campo militar ni con el de las artes marciales. Algunas de esas reminiscencias se le revelaron durante la reunión de un pequeño grupo de estudios bíblicos en el que participó junto a su esposa, en unión de otros miembros del liderazgo de Focus on the Family y sus respectivos cónyuges. La reunión proporcionó un entorno seguro para hablar honestamente sobre sus vidas y sentimientos.

"Nos pidieron que contáramos la historia de nuestras vidas, algo que nunca antes había hecho en público. Siempre tuve problemas de confianza al respecto", me dijo Víctor.

Mi amigo le atribuía su falta de confianza a su traumática crianza en el Sur Profundo. Inicialmente, sólo les contó esa noche a sus compañeros de trabajo una versión resumida y rectificada de su historia. Les dijo que sus padres se habían divorciado antes de su nacimiento. De niño nunca conoció a su padre, un hombre con historial de tráfico de drogas y proxenetismo, y creyó que su padrastro era su progenitor. Luego su madre se casó y se divorció seis veces. Cuando se graduó de la enseñanza secundaria, y debido a la vida tan tumultuosa de su madre, Víctor había cursado estudios en catorce escuelas y vivido en diecisiete casas diferentes.

Cuando Víctor terminó de narrar aquella breve versión de su vida, un amigo le dijo: "Ahora nos gustaría escuchar el resto de tu historia".

Al escucharlo, Víctor sintió confusión y nerviosismo.

"Todos me miraban como si sospecharan de mí por algo", recordó.

Cuando preguntó qué querían decir con "el resto de tu historia", el amigo le respondió: "No puede haber ocurrido este tipo de cosas en tu vida sin que haya algo más que contar".

Víctor se dio cuenta de que aquellas personas se interesaban por él. Y mientras indagaban con delicadeza sobre su vida, "la verdad comenzó a salir de mí, y conté cosas que había guardado por muchos años sin jamás habérselas dicho a nadie, ni siquiera a mi esposa".

Aquella noche marcó el inicio de un largo período de revelación, reconciliación y sanación en Víctor. "Me llevó varios años 'pelar la cebolla' y aceptar todo lo que me había ocurrido", me confesó.

Víctor había suprimido recuerdos horrendos de su infancia, como los que llama "imposibles de probar" —o sea, comisión de abusos sin testigos— que tienden a atormentar a las víctimas de abuso. Un padrastro lo torturó, le mantuvo la cabeza bajo el agua, y le apuntó a la cabeza con un arma. Además, fue objeto de abusos físicos y sexuales entre los tres y los siete años. En una ocasión fue violado y dejado por muerto en un refrigerador comercial cerrado con candado, del que sólo pudo escapar porque algunos familiares "me encontraron y me descongelaron".

Víctor sufrió crueldades inenarrables. Al igual que tantas víctimas de abuso, padeció profundas heridas psicológicas y emocionales, así como una ira intensa. Gracias a la fuerza de su voluntad, logró mantener muchos de estos sentimientos bajo control. Y, sorprendentemente, canalizó exitosamente su rabia y necesidad de violencia de formas positivas en su carrera militar, la práctica de artes marciales y la participación en competencias de esa disciplina.

Sin embargo, se le ha infligido tanto daño a Víctor que no ha podido controlar todo su dolor. Ha buscado asesoría profesional, y sus médicos le revelaron que sus reminiscencias, así como algunos tics involuntarios y una forma leve del síndrome de Tourette, provocado por traumas, estaban relacionados con su trastorno de estrés postraumático (PTSD), común en víctimas de abuso infantil. Un psiquiatra le confirmó que su cerebro estaba afectado por los horrores sufridos, por lo que su mente no procesa ni procesará nunca los pensamientos de forma normal.

Conjuntamente con el tratamiento profesional del PTSD, la poderosa fe de Víctor le ha ayudado a aprender a lidiar con los recuerdos recurrentes y el trauma que desencadenan. Poco a poco, ha sido capaz de narrar la historia de su niñez y de su camino de fe, y encontró un público especialmente receptivo en chicos y chicas con problemas, como delincuentes juveniles, pandilleros, jóvenes encarcelados, y residentes de hogares sustitutos y centros para tratamiento de drogadicción. Y ha aprendido además a captar primeramente su interés con demostraciones de artes marciales y autocríticas humorísticas como asegurar que es "un cruce entre Jackie Chan y Barney Fife*".

Aunque gran parte de los jóvenes con los que dialoga no tienen mucha paciencia con los adultos que les dan consejos para la vida, Víctor ha descubierto que su historia tiene eco en chicas y chicos conflictivos, muchos de los cuales también fueron víctimas de abuso físico y sexual en su niñez.

"Viví con tanto rechazo a aceptar la realidad, que ni siquiera me di cuenta de que tenía una historia que contar, y no estaba seguro de querer hacerlo. Un día, a principios de mi ministerio, mientras hacía una demostración de nunchaku** a un grupo de delincuentes juveniles, golpeé accidentalmente en la barbilla a uno de mis voluntarios ¡y se la partí! Pensé que Dios trataba de decirme que dejara de hacer aquello, y me preocupó la posibilidad de ir a la cárcel por agresión. Pero ese mismo día, cincuenta y tres de los setenta detenidos en aquella prisión le ofrecieron sus vidas a Cristo", me contó Víctor.

Y para su sorpresa, muchas iglesias también le pidieron que les contara a sus congregaciones su historia de redención, testimonio del poder de la fe en acción hasta lograr la victoria sobre una infancia trágica, y su pasión por ayudar a jóvenes con problemas.

---

*Personaje satírico del programa *The Andy Griffith* Show que representa a un policía retardado. (N. del T.).

**Arma de artes marciales que consiste en dos piezas de madera atadas en sus extremos por una soga. (N. del T.).

Ahora, Víctor comprende por qué Dios le pidió dejar una vida cómoda en Hawái. Muy pocas personas pueden dialogar con jóvenes en peligro y delincuentes violentos como lo hace Víctor, en parte porque un alto porcentaje de ellos ha sido abusado emocional, física y sexualmente. Cuando un hombre como Víctor les habla honestamente de su dolor, propicia su sanación.

"Dios me ha dado de forma sobrenatural un corazón para esa gente. Comprendo lo que se oculta en su dolor, y los aliento a buscar ayuda, dándoles permiso para abrirse y pedir consejo", explica Víctor.

Desde que comenzó a contar públicamente su historia, Víctor no ha dado abasto para cumplir con los pedidos de conferencias. Y para su sorpresa, empezó a recibir donaciones no solicitadas por correo postal. En 2003, fundó junto a su esposa la organización evangelista sin fines de lucro All Things Possible, y dos años más tarde, recibieron una sorpresiva donación de $250,000 de una pareja que se había enterado de su misión y quiso apoyarla.

"Aunque nos preocupaba no tener suficiente sustento con este tipo de trabajo, hemos sido testigos de cosas increíbles desde que nos comprometimos a hacerlo y pusimos nuestra fe en Dios. Creemos que Dios ama a esos chicos encarcelados y afectados. Y como no hay muchas personas que desempeñen esta labor a escala nacional, vamos a seguir en ella hasta que Dios me diga que cumplí la misión", aseguró Víctor.

CAMBIO DE RUTA

Si bien tanto Víctor como yo recibimos la misión de ser evangelistas, hay muchas maneras de contribuir mientras buscas tu pasión. Tu acumulación especial y única de talentos, instrucción académica y experiencia puede ser idónea para los negocios, el servicio público, las artes u otros campos. Lo importante es reconocer aquello que Dios te ha dado, y erigir tu vida en torno a esos dones y pasiones, ponerlos en acción aunque no comprendas completamente lo que los impulsa o hacia dónde te conducirán.

En mi caso, abandoné los proyectos de una carrera como contador para seguir mi pasión por la oratoria. Víctor, por su parte, renunció a una vida cómoda y segura como propietario de una exitosa academia de artes marciales para seguir el plan trazado por Dios. Es posible que tú también te encuentres ante una encrucijada que cambie tu vida. Nunca es tarde para que ocurra.

La Biblia nos ofrece la historia de Saúl de Tarso, notorio perseguidor de cristianos, quien, cegado por un rayo de luz en el camino a Damasco cayó del caballo para luego escuchar la voz de Jesús, que le instó a dejar de perseguirlo y a entrar en la ciudad donde conocería un nuevo camino en su vida. Al cabo de tres días, Dios le devolvió la vista. Luego fue bautizado, le pusieron de nombre Pablo, y se convirtió en un importante evangelista cristiano, impulsado por la pasión de divulgar la buena nueva de la muerte y resurrección de Jesucristo. Dios le mostró su propósito, y Pablo obró con fe, siguiéndola apasionadamente por el resto de su vida. Tú puedes hacer huella en este mundo obrando del mismo modo. Créelo, y sabrás que es posible cambiar el curso de tu vida en pos de algo mejor. La transformación de Pablo de perseguidor de cristianos a notable evangelista se consideró un milagro. Pero yo creo que esas transformaciones sin precedentes se pueden cumplir en cualquier persona.

El mensaje que quiero transmitirte es que independientemente del trayecto de tu vida que estés transitando en este momento, nunca debes pensar que todo está perdido. Tal vez te desviaste del camino correcto. Incluso podrías haber hecho cosas terribles, pero eso no quiere decir que no puedes darle un giro total a tu vida, encontrar una nueva pasión, y convertirte en un agente del bien en este mundo.

No te he mencionado esto antes, pero la persona que llevó a Víctor Marx al encuentro con Jesucristo fue Karl, su padre biológico. Sí, aquel hombre que lo abandonó antes de nacer, el drogadicto y proxeneta, cambió su vida totalmente, para luego ir en busca de su hijo y acercarlo a Dios.

Víctor recibió una carta de Karl cuando estaba en la Marina. Hasta ese momento había negado que Víctor fuera su hijo, había abandonado a su madre y se había negado a asumir responsabilidad alguna por él. La primera vez que ambos se encontraron fue cuando Víctor tenía seis años, pero durante años siguieron teniendo poco contacto. Luego Karl decidió escribir aquella carta. Al abrirla, Víctor se disgustó apenas con el saludo manuscrito de "Querido hijo:", porque jamás había sido un padre para él. Sin embargo, siguió leyendo.

Su padre le habló de su arrepentimiento por su vida decadente y su ausencia de la vida de Víctor. Había llegado a ser un delincuente y hasta había estado internado en un hospital para enfermos mentales. Esa noticia no sorprendió a Víctor, pero la línea siguiente sí lo conmovió: "Sé que pensarás que estoy loco, pero he enloquecido por Jesucristo", escribió Karl.

El padre de Víctor había descubierto que "nuestro Dios es un Dios que le da esperanza al desesperado", e independientemente de la vida que haya vivido cada cual, "alguien espera pacientemente a que encuentres paz para tu alma ansiosa. El perdón y el amor de Dios son lo suficientemente poderosos para cubrir un mundo de vergüenza y pecado".

En su carta, Karl invitaba a Víctor a visitarlo en su siguiente licencia militar. Víctor aceptó, y ambos fueron juntos a una iglesia, donde Víctor sintió el amor de Dios con más intensidad que nunca. Allí se llenó de una pasión por llevar a otras personas a Dios, y desde entonces se ha hecho eco de esa pasión.

Una fuerza del bien

Uno de los peligros de la sociedad moderna es que demasiada gente valora más lo que hacen o lo que poseen que lo que son. Todos tenemos que ganarnos el sustento, pero a menudo perdemos la perspectiva de lo que resulta realmente más importante para nuestra salvación eterna. El estatus laboral, la cantidad de dinero que se gana, las posesiones acumuladas y la fama son dioses falsos. Yo abogo por que sigas tu pasión, pero sólo si esa pasión usa tus dones para glorificar a Dios, no para exaltar tu yo. He conocido a muchos desorientados que siguen una pasión que alimenta sus egos y crea estatus. En vez de regocijarse en la expresión de los dones que Dios les dio como forma de honrarle a Él, y ser una bendición para los demás, se concentran en acumular dinero, estatus y poder, y en el proceso descuidan sus relaciones humanas y su desarrollo espiritual.

Sin embargo, la fe en acción ha cambiado muchas vidas, y a menudo de formas increíbles. La pasión que Dios te dio puede impulsar y definir tu propósito. Uno de mis ejemplos favoritos es el de mi amigo Eduardo Verástegui, cuya historia es cada vez mejor.

Eduardo se lanzó al torbellino de la fama y la fortuna a los diecisiete años. Un camino que siguió desde sus humildes orígenes en una pequeña aldea mexicana hasta llegar a Hollywood. Conocí a Eduardo en el estudio donde tuve mi primera experiencia como actor. Fue durante la filmación del cortometraje *The Butterfly Circus*. Eduardo era un actor de cine muy conocido, particularmente en Latinoamérica. Hacía el papel del benevolente maestro de ceremonias que me daba la bienvenida a un circo especial que rinde homenaje a todas las personas y sus dones.

Cuando comenzamos a filmar me intimidó un poco conocer a Eduardo, especialmente porque en nuestra primera secuencia juntos —supuestamente la primera escena que había que rodar— ¡tenía que escupirle el rostro! Le imploré al director que pospusiera la secuencia hasta que me sintiera un poco más cómodo en el estudio. El director aceptó, pero aquella posposición pudo haber sido en definitiva un error, porque mientras más conocí a Eduardo, menos quise hacerle algo tan repugnante. Es un hombre de fe inspirador.

No me enteré de su historia hasta que nos hicimos amigos, lo cual resultó más fácil de lo que pensaba. Me impactó enterarme en nuestra primera conversación que aquel actor tan conocido era admirador de mis videos.

ENCONTRAR UNA PASIÓN VERDADERA

Cuando nos conocimos, la vida de Eduardo había experimentado una increíble transformación. Creció en una humilde aldea, hijo de un agricultor cañero, quien quería que fuera abogado, pero Eduardo abandonó los estudios de derecho en el segundo semestre, según él "Porque me di cuenta de que no sentía pasión por eso".

Como ya había probado la fama y la fortuna en la adolescencia, decidió continuar por ese camino. "Quise ser actor, cantante y modelo, por todas las razones equivocadas. Mis razones eran egoístas. Me encantaban las artes escénicas, pero era inmaduro. Quería éxito, todo lo que representaba ese mundo: dinero, fama, mujeres y todo lo que se suponía me haría feliz. Quería ser alguien", me confesó Eduardo.

A principios de los noventa, cantaba con otros dos jóvenes en un grupo llamado Kairo. Su banda de chicos latinos cosechó importantes éxitos en Latinoamérica, con buenas ventas de discos y conciertos en cincuenta países, usualmente ante multitudes de chicas histéricas por su presencia. A pesar de sus triunfos, Eduardo dejó el grupo en 1997 para dedicarse a la actuación. En breve llegó a ser una figura masculina importante en las telenovelas mexicanas, participando en cinco series consecutivas.

Posteriormente, en 2001, se mudó a Miami y firmó un contrato de grabación como solista. Ya tenía un disco en su haber cuando lo seleccionaron para un papel como la contraparte de Jennifer López en un sensual video musical. Ese mismo año, logró su primer papel protagónico importante en la comedia hispana *Chasing Papi*, donde representa a un donjuán que tiene relaciones con tres mujeres a la vez. Además, fue seleccionado como una de las estrellas hispanas más populares por la revista *People* en español.

"Vivía dentro de una burbuja de vanidad, ego y placer, que, tarde o temprano, si no despiertas, te mata mental y emocionalmente", me aseguró.

En cierta ocasión, durante un vuelo de Miami a Los Ángeles, Eduardo estaba sentado junto al gerente de selección de actores de 20th Century Fox Studios. Después de la presentación de rigor, el ejecutivo le informó que sus estudios estaban buscando a un actor de habla hispana con un pronunciado acento extranjero en inglés para una nueva película. En cuanto invitó a Eduardo a que leyera en voz alta el guión, lo contrató.

Eduardo se mudó a Los Ángeles, donde contrató a una tutora para mejorar su inglés. Pero la profesora logró mucho más, pues cambió su vida.

A los veintiocho años, Eduardo parecía predestinado al estrellato como actor y cantante. Hollywood lo calificó como "el nuevo Antonio Banderas". Eduardo contrató a un equipo de agentes, gerentes y abogados —más de quince personas en total— para que guiara su carrera. Pero no estaba en paz. "Estaba perdido y muy confundido, lo cual se traducía en un enojo que hacía que trabajar conmigo fuera difícil", dijo.

Eduardo no sintió la felicidad que esperaba porque se había desviado del plan de Dios. Pensó que su pasión eran las artes escénicas, pero en la medida que iba madurando, se dio cuenta de que usar sus talentos para glorificación propia no era su camino. No vivía una vida piadosa y aquella existencia carente de autenticidad lo consumía.

Esto es precisamente lo que ocurre cuando nos desviamos de nuestro verdadero propósito. Como nuestras acciones no se corresponden con nuestros valores y principios, nuestra pasión se desvanece. Perdemos entusiasmo y energía. Nos sentimos mal porque nos alejamos del camino que Dios escogió para nosotros. Es posible que en ocasiones te hayas sentido así, puede que en este mismo momento. Una infelicidad profunda y continua como la de Eduardo usualmente se debe a que no vives como se supone que vivas y a que tus dones están siendo usados con el propósito erróneo.

No ignores esos sentimientos. Examínalos y busca su origen para poder retomar el camino de nuevo. A menudo, en determinadas situaciones cuando te has desviado de la ruta por donde Dios quiere que transites, Él te enviará a alguien para que te ayude a volver al camino correcto. En el caso de Eduardo, esa persona fue su instructora de inglés. Durante las lecciones, detectó su infelicidad, lo ayudó a buscar su origen y lo animó a orar para recibir inspiración.

"Seguía considerándome un buen católico porque iba a misa en Navidad y Semana Santa. Por tanto, me daba a mí mismo permiso para hacer todo lo que quisiera siempre y cuando no dañara a nadie ni robara nada", recordó Eduardo.

En sus conversaciones con su instructora de inglés, Eduardo se dio cuenta de que en su búsqueda descaminada de fama y fortuna, se había perdido espiritualmente. Confundió el entusiasmo y el interés hedonista con una pasión auténtica otorgada por Dios. Se comparó a sí mismo con uno de esos galgos que persiguen una liebre artificial en una pista de carreras. Pero si un perro atrapa la liebre, morderá el metal, se hará daño, y jamás volverá a perseguirla.

"Estaba persiguiendo una mentira. Cuando lograba lo que buscaba, sólo sentía dolor. Mi tutora de inglés era una maravillosa mujer cristiana, que me hizo examinar lo que era realmente importante para mí, cuál sería el verdadero éxito y qué había estado haciendo con mi talento", dijo Eduardo.

Había adoptado la filosofía machista de "cuántas más mujeres tenga, mejor seré". Pero cuando la instructora le preguntó si era la clase de hombre con quien una madre querría casar a su hija: "Me di cuenta de lo estúpido que había sido".

La instructora ayudó a Eduardo a ver que no sólo estaba viviendo como el estereotipo de macho, sino que también había permitido que lo contrataran para encarnar papeles que sólo estimulaban los estereotipos negativos de los hombres hispanos, ya sea como *latin lovers* obsesionados con el sexo o narcotraficantes despiadados y violentos ladrones.

"Mi instructora me dijo que me había convertido en parte del problema, en vez de glorificar a Dios con mi talento, promoviendo valores familiares e imágenes positivas. Quedé alucinado. Me entristecí al saber que no estaba usando lo que Dios me había dado para hacer una contribución positiva. Lo que había estado haciendo repercutía negativamente en mi fe y en la cultura hispana", aseguró.

Eduardo pasó por un período de remordimiento por la vida que había llevado hasta entonces. Y fue a confesarse por primera vez en varios años, prometiéndole a Dios que comenzaría a poner la fe en acción viviéndola. Juró honrar a Dios y a su raza en todo lo que hiciera, incluyendo el respeto a la mujer y a su dignidad.

"Caí en la cuenta de que un hombre verdadero se identifica con la vida de Jesucristo y por tanto respeta a las mujeres. Reconozco que el sexo es un don de Dios. Es sagrado, y ese don debe ser protegido y compartido con la persona más importante de mi vida —aparte de Dios— y quien vaya a ser la madre de mis hijos, si esa es mi vocación. Descubrí el valor de la castidad, y me hice una promesa ante Dios de que nunca más estaría con una mujer antes de casarme."

MIRAR HACIA ADENTRO

El nuevo despertar de Eduardo también se produjo gracias a algunos comentarios de su madre, quien le contó que en cierta ocasión le había dicho al padre de Eduardo: "No sé qué hacer con nuestro hijo. Temo que termine en la cárcel, en el hospital o en el cementerio. De su estilo de vida no puede salir nada bueno".

En su afán por cambiar su vida, Eduardo se apartó de una carrera actoral que recién despegaba. Despidió a todo su equipo, y rechazó todos los papeles que le ofrecieron en los siguientes cuatro años. Ya no le interesaba ser una celebridad. Su pasión se centró en conocer, amar y servir a Dios, y juró no usar nunca más su talento con otros propósitos.

"Si eso implicaba el fin de mi carrera, que así fuera", dijo.

En las semanas y meses que siguieron, sus ingresos disminuyeron enormemente, una realidad que Eduardo consideró necesaria para su renovación. Intentó disipar todos los obstáculos materiales que le impedían enfocarse, para volver a escuchar la voz de Dios en su vida. Eduardo afirma que este proceso de purificación fue doloroso al principio, pues lloró de tristeza por la vida pecaminosa que había llevado, por las mujeres a quienes había lastimado, por las mentiras que había dicho, y por el tiempo que había perdido buscando su propia gloria en vez de glorificar a Dios.

Eduardo se esforzó por restituir la fe en el centro de su vida. Leyó la Biblia y otros libros de espiritualidad en busca de inspiración y para instruirse a sí mismo en su fe. "No tenía dinero ni para pagar el alquiler, pero lo tenía todo", recordó.

Eduardo consideró integrarse a una misión religiosa para servir durante dos años a los pobres de los lluviosos bosques del Amazonas y así limpiar su alma de pecados pretéritos, pero su sacerdote le dijo: "Hollywood será tu selva. Le pertenece a Dios, no a los estudios, y es necesario que la recuperemos. Tienes que ser la luz en la oscuridad, porque Hollywood ejerce un gran impacto en el mundo, y nuestro Señor ha tocado tu corazón aquí por alguna razón".

Su sacerdote le aconsejó que utilizara su talento y conexiones para hacer películas con un mensaje positivo. La Madre Teresa dijo que no somos llamados a tener éxito, sino a ser fieles a Dios. Si tener fe está acompañado del éxito, entonces démosle gracias a Dios. Con eso en mente, Eduardo creó Metanoia, su propia compañía cinematográfica, inspirado en la palabra griega que equivale a "arrepentimiento". Su objetivo es hacer películas positivas e inspiradoras, y servir además el propósito de Dios.

La primera película importante de Metanoia Films fue *Bella*. Este poderoso drama con un mensaje positivo de oposición al aborto se realizó con tres millones de dólares y recaudó más de cuarenta millones de dólares en todo el mundo. Los mejores resultados del filme fueron los mensajes de correo electrónico, las llamadas telefónicas y las cartas que enviaron a Eduardo muchas mujeres asegurando que la película les había cambiado la vida. Asimismo, más de quinientas mujeres se pusieron en contacto con el equipo para decir que el filme las convenció a tener a sus hijos en vez de someterse a un aborto.

El éxito de *Bella* propició que Eduardo hiciera más películas positivas e inspiradoras como *Little Boy*, la más reciente. En la medida que han crecido sus recursos, también ha incrementado su pasión por usar su talento en aras del bien. Su creación más notable podría ser Manto de Guadalupe, su organización de ayuda internacional que fomenta la dignidad humana y el alivio de los que sufren. Su trabajo consiste en viajes misioneros a sitios de gran necesidad como Sudán (Darfur), Haití y Perú.

Otra de las pasiones que lo guían es evitar que las mujeres se hagan abortos. Se ha dedicado a esta tarea con tanto afán, que comenzó a pasar su tiempo libre frente a las clínicas de abortos en las zonas más pobres de Los Ángeles para interceptar a jóvenes embarazadas y ofrecerle soluciones y ayuda para su atención médica, alimentación y empleo. Sin embargo, sus esfuerzos por poner la fe en acción no terminan ahí. Con su organización Manto de Guadalupe y su incansable iniciativa de recaudación de fondos, Eduardo construyó un centro médico en Los Ángeles que presta atención gratuita a embarazadas y a sus hijos en gestación. Está ubicado en un barrio hispano que tiene diez clínicas de abortos en un radio de una milla.

"Me enloquecía y me daba dolores de cabeza ver cuántas clínicas de aborto había en ese barrio hispano, y luego de varios años de acudir allí los sábados para exhortar a las mujeres a que no abortaran, decidí darles una alternativa que las ayudase a dar a luz a sus bebés y a cuidarlos", explicó el actor y activista religioso.

Eduardo tuvo que vencer enormes obstáculos para hacer realidad su visión de un centro médico. Tengo el honor de haber participado en recaudaciones de fondos para apoyar a la clínica Guadalupe, equipada con la más moderna tecnología médica y un personal médico dedicado y maravilloso. Eduardo concibió la instalación inspirado en un spa, para que en cuanto entren las pacientes se sientan inmediatamente cómodas y bien atendidas. A la fecha, ha salvado ya numerosas vidas.

En la actualidad, Eduardo y yo nos consideramos hermanos, pero en la etapa de filmación de *The Butterfly Circus*, tenía que pedirme a gritos que lo escupiera en la gran secuencia que hicimos juntos. Seguí rogándole al director que recurriéramos a los efectos especiales. Por su parte, Eduardo, el actor profesional, siguió insistiendo hasta que finalmente accedí. Vale decir que no le encantó el hecho de que un actor aficionado ¡tuviera que repetir la escena siete u ocho veces hasta lograr la toma correcta! Incluso tuvieron que darme tabletas especiales para lograr la saliva espumosa que se necesitaba.

Estoy agradecido porque Eduardo nunca me guardó rencor por escupirlo y porque nuestra amistad ha crecido con los años. Recientemente terminó una película titulada *Cristiada* que narra la historia de una rebelión de católicos contra la persecución en el México de los años veinte, con la participación de estrellas como Andy García, Eva Longoria y Peter O'Toole. (La película se estrenó en los Estados Unidos en 2012 como *For Greater Glory.*) La carrera de Eduardo ha vuelto al camino correcto, pero ahora puede vivir en fe y en paz mientras sigue su pasión de cumplir la voluntad de Dios haciendo películas positivas y piadosas.

Cuando conocí a Eduardo en la filmación de *The Butterfly Circus*, me sorprendió que me contara que en el período más difícil de su vida colgó un póster de mí en la pared de su apartamento para inspirarse. Cuando me contó su historia, fue él quien me inspiró a mí.

El regreso de mi amigo a la gracia es prueba de que nunca es demasiado tarde para descubrir nuestra verdadera pasión y propósito, algo que nos permite expresar todas las bendiciones y amor que Dios puso en nosotros al crearnos. Independientemente del momento de tu vida en el que estés, de cuánto te hayas alejado del camino de Dios, siempre puedes retornar a la gracia. Si aún tienes que buscar tu pasión —o si perdiste el camino, como le ocurrió a Eduardo— ten fe, perdónate a ti mismo, y pídele a Dios que también te perdone. En cuanto lo hagas ¡estarás encaminado a convertirte en algo invencible!

CINCO

Cuerpo débil,
espíritu fuerte

Rachel Willisson, de Cranbrook, Columbia Británica, perdió a su suegra, su abuela, su padre y su perro en un solo año. El único acontecimiento positivo de ese tiempo fue el embarazo de su segundo hijo, una bendición, pues ella y su esposo Craig lo concibieron con relativa facilidad después de haber intentado durante años tener a su primer hijo.

Pero a sólo dos meses de la muerte de su padre, en noviembre de 2007, a partir de una ecografía les informaron a Rachel y a su esposo de que habían detectado algo fuera de lo normal en el feto de veintiuna semanas. Consultaron con un radiólogo y luego de varias pruebas más, el especialista le comunicó a la pareja que aparentemente la bebé no tenía brazos, y sus piernas se veían más cortas de lo que debían ser en esa etapa de gestación.

"Corrí a casa llorando a mares. Busqué en Google 'bebés sin brazos ni piernas'. De repente, surgió en la pantalla la fotografía de un bebito rubio increíblemente hermoso sin brazos ni piernas ¡pero con un chupete en la boca! Comencé a leer acerca de aquel niño, que entonces ya era un joven de veintitantos años, y vi todos los videos que pude encontrar sobre él. No podía separar los ojos de la pantalla. Vi diez o quince videos, y en la medida que los miraba uno tras otro, me sobrevino la calma", recuerda Rachel.

Los pensamientos terribles y negativos que la invadieron en principio fueron reemplazados gradualmente por ideas más positivas y esperanzadoras. Y se dijo: "Si este hombre está bien sin brazos ni piernas, entonces mi bebé también lo estará. Aparentemente le va bien. Parece feliz y optimista. Viaja por el mundo. Nosotros podemos enfrentar esa dificultad. Nuestra hija estará bien".

"Todo lo que decía en aquellos videos me calmó y me dio paz. Me di cuenta de que Dios estaba apaciguando mi corazón diciéndome que si Nick Vujicic pudo convertirse en una persona magnífica, ¡nuestra bebé también! Dios supo a quien enviarme", añade Rachel.

Por supuesto, aquel "bebito rubio increíblemente hermoso" era yo, aunque no lo creas. (¡Gracias Rachel! Con eso ya somos dos que piensan que fui abrumadoramente adorable.) Después de buscar fotos de mi niñez, de leer sobre mí y de ver mis videos, Rachel y Craig Willisson se dieron cuenta de que la bebé por nacer podría llevar adelante una vida relativamente normal, incluso una vida ridículamente buena. Por eso, cuando su médico les sugirió la terminación del embarazo como opción, la respuesta fue "¡No, absolutamente no!".

"Creo que ni respiré antes de decir '¡No!'. Había tratado de salir embarazada durante diez años antes de que naciera Georgia, nuestra primera hija, y ni siquiera podía pasarme por la mente la idea de darle muerte a Brooke, la nueva bebita. Puede que no sea perfecta ante los ojos de la sociedad, pero lo es para los nuestros. Nos dimos cuenta de que esa niña estaba aquí por alguna razón, una razón de *Dios*, no mía. ¿Quién era yo para decir lo que se considera perfecto? Pateaba, se movía, su corazón palpitaba en mi vientre. Mi bebita, con cualquier forma, era mía", dijo Rachel.

Rachel y Craig decidieron que criarían a su "pequeña obra maestra" de hija tal y como mis padres hicieron conmigo: "para hacer la obra de Dios".

Cuando nació Brooke, su familia no sólo estaba preparada, sino también entusiasmada y bendecida. "Hicimos una celebración. Tuvieron que cerrar la sala de maternidad porque tuvimos treinta y cinco visitantes con flores, comida y regalos", rememora Rachel.

Conocí a Brooke, a sus padres y a su hermana dos años después del nacimiento. Cuando Rachel me contó la historia de cómo, al principio, se sintió abrumada por el informe del radiólogo y posteriormente calmada y confiada por mis videos, me emocioné tanto que me eché a llorar.

Cuando yo nací, mis padres no tuvieron a nadie con una experiencia similar que les infundiera consuelo y seguridad. Pero desde que conocimos a la familia Willisson, les han brindado ayuda, ofreciéndoles consejos y compartiendo con ellos su experiencia. Qué gran regalo poder servir a esta familia y a su preciosa hija Brooke, quien en febrero de 2012 ya había cumplido cuatro años.

"Es como una versión femenina de Nick. Ambos tienen la misma determinación, amor y calidez, así como esa actitud atrevida con entusiasmo y dinamismo por la vida que en ocasiones nos deja sin aliento. Pero lo más hermoso es abrazarlos. Cuando abrazamos a Nick y a Brooke, como no tienen brazos, estamos más cerca de sus corazones. Esto siempre me hace suspirar", explica Rachel.

BUSCAR CONSUELO, NO DESESPERACIÓN

Craig, el padre de Brooke, es un ejemplo de algo que he visto muchas veces en personas y familias que enfrentan discapacidades o graves enfermedades. En vez de enojarse o sentir amargura por la falta de extremidades de su hija y otros retos difíciles que han afectado las finanzas familiares, Craig Willisson se ha acercado a Dios mucho más que antes.

"No iba mucho a la iglesia ni tenía tanta fe, pero le pusimos a nuestra hija el nombre de Brooke Diana Grace Willisson, en alusión a la gracia de Dios. Definitivamente, su nacimiento me ha acercado más a Dios y a muchos amigos nuevos, nuestra familia de la iglesia."

El parto de Brooke fue difícil porque la madre sufrió una hemorragia al nacer la niña. "Pero vi cómo Dios entró en acción y lo arregló todo", dijo Craig, quien decidió que bautizarse en cuanto su esposa e hija estuvieron en casa y con buena salud. "Creo que Dios vio que Rachel y yo somos el tipo de personas que pueden lidiar con las discapacidades de Brooke. Ella es definitivamente un prodigio de Dios. Y desde que nació, Él nos ha ayudado con muchas cosas buenas. Recientemente nos visitaron dos 'ángeles' de la comunidad y se ofrecieron para construir una enorme adición en nuestra casa sin costo alguno. Sentimos que Dios está reuniendo gente para que nos ayuden", asegura.

Sigo en contacto con Brooke y sus padres, y lo que siempre me sorprende de ellos es lo alegres que son. Y no lo digo a la ligera. No hay duda de que enfrentan desafíos, pero basta estar con ellos un rato para darse cuenta de cómo tienen una auténtica alegría en sus vidas. Brooke es como una luz brillante que atrae a las personas, y sus padres siempre parecen estar celebrando las vidas de ella y de su hermana Georgia.

Rachel creó una colección de playeras para Brooke, sus familiares y amigos con mensajes como: "¿Qué necesidad hay de extremidades cuando tenemos a Dios?"; "Cuando Dios me hizo sólo estaba alardeando"; y mi favorito: "¡Los brazos son para los débiles!".

Los Willisson han puesto su fe en acción para enfrentar las discapacidades físicas de Brooke. Han aceptado que Dios tiene un plan para su hija, aunque no sepan con certeza cuál puede ser, y aseguran que ver cómo se llevó a cabo el plan de Dios en mí los ha ayudado mucho. Saben que Su plan para Brooke puede ser totalmente diferente, pero reciben cada día tal y como viene, con gratitud, gracia y —como bien indican las camisetas— dosis saludables de humor.

¿Por qué razón personas con discapacidades como Brooke u otras que padecen graves trastornos o crueles enfermedades, pueden encontrar la paz, disfrutar de otros aspectos de sus vidas, e incluso hacer contribuciones positivas a pesar de sus propios retos? ¿Será tal vez que no permiten que sus problemas físicos los limiten en el aspecto emocional? ¿O quizás han elegido concentrarse en lo bueno de sus vidas y no en lo malo? Puede ser. Ésta es otra posibilidad: quizás se han dejado llevar por los designios de Dios, han tomado la decisión de deshacerse de su dolor, enojo y tristeza, para ponerlos en las manos de Dios. Cada día, la mayoría de las personas que enfrenta serios problemas de salud o discapacidades serias pone de algún modo la fe en acción. A menudo es la fe en sus médicos y enfermeras o en sus píldoras, tratamientos y dispositivos médicos. La aceptación de atención médica profesional es consecuente con tener fe. Dios te ha dado la oportunidad de ser atendido por gente capacitada y talentosa. Si tienes sed, quizás quieras saciarla de forma sobrenatural, pero con toda seguridad aceptarías un vaso de agua que te ofrece una persona compasiva, ¿cierto? Lo mismo ocurre con la manera en que Dios dirige tus decisiones cuando vas por el camino de la fe.

No es necesario que seas una persona espiritual para poner la fe en acción, pero, como cristiano, debo decir que saber que Dios es fuerte cuando soy débil me da un gran alivio, y enorme paz y alegría. Sin embargo envidio el nivel de alegría de mi amigo Garry Phelps, nacido con síndrome de Down. Ahora tiene veinticinco años y es una de las personas más inspiradoras que he conocido.

Un día, Garry escuchó cómo algunos amigos de la familia hablaban de un recién nacido al que también se le había diagnosticado el síndrome de Down. Uno de ellos, ignorando que Garry lo escuchaba, dijo: "¡Oh, qué triste!".

Garry saltó de su silla y le respondió: "¡Pues yo pienso que es fantástico!".

"¿Por qué lo dices Garry? ¿Qué significa para ti el síndrome de Down?", le preguntó el amigo de la familia.

"Síndrome de Down significa ¡amar a todo el mundo, y nunca, pero nunca, lastimar a nadie!", respondió Garry.

Mi amigo ha encontrado el lado dulce de su aflicción y de su vida. Se dice que quienes padecen síndrome de Down confrontan problemas de discapacidad mental, pero debo decir que Garry podría ser más sabio que muchas personas porque ha optado por enfocarse en las bendiciones de su carga, y entregarle el resto a Dios.

Garry lleva a cabo una vida plena y activa. Escribe, canta y graba canciones, y hace ejercicios todos los días. Nunca he visto que "el síndrome" le afecte en modo alguno. Ama a Jesús sin ninguna duda y con todo su corazón, lo que se advierte fácilmente en sus oraciones hermosas y sinceras.

¿POR QUÉ A MÍ?

Al igual que toda persona con discapacidades o serios problemas de salud, pasé por un largo período en el que cuestioné por qué un Dios misericordioso colocaba sobre mí una carga tan abrumadora. Es una pregunta natural e importante. Si Dios nos ama a todos, ¿por qué Él permite que a algunos de sus hijos les aquejen males y enfermedades dolorosas, peligrosas e incluso fatales? ¿Por qué deja que sufran tantas personas, especialmente los niños? Y proseguía: ¿Por qué un Dios que ama a todas Sus criaturas permite que ocurran tragedias como terribles accidentes automovilísticos, terremotos, maremotos y guerras que mutilan y siegan la vida de miles de personas? ¿Y qué decir de los bombardeos, tiroteos, apuñalamientos, los actos violentos y otros acontecimientos luctuosos que son demasiado comunes?

Me formulé todas esas preguntas como lo hace un joven que trata de comprender los caminos de Dios, y luego me las han hecho muchas veces otras personas que buscan consejo. Mi carencia de extremidades atrae hacia mí otras personas con discapacidades físicas, muchas de las cuales quieren conocer mi respuesta a esas preguntas. A menudo enfrentan desafíos mayores que el mío, como fibrosis quística, cáncer, parálisis y ceguera. La mayoría busca mi respuesta al "¿por qué me ocurre a mí?", pero en algunos casos me ofrecen sus propias respuestas. Hace poco recibí un mensaje por correo electrónico de un joven al que llamaré Jason, quien sobrevivió milagrosamente a un terrible accidente automovilístico.

Iba en un vehículo conducido por un familiar que perdió el control, impactó contra la mediana de la carretera y el automóvil dio una vuelta de campana. El cinturón de seguridad de Jason estaba roto y salió despedido del coche, fracturándose el cráneo, lo que produjo la lesión de cuatro zonas del cerebro. Tuvo un poco de suerte en definitiva, porque una ambulancia transitaba cerca del lugar del accidente, y al verlo los paramédicos fueron inmediatamente a prestar ayuda. Jason fue sometido a una intervención quirúrgica para extraerle una sección del cráneo debido a que su cerebro se estaba inflamando. Estuvo en coma por dos semanas. Cuando despertó, tenía paralizado el lado derecho del cuerpo, y confrontó problemas para hablar y oler. Treinta días después de su recuperación, los médicos descubrieron que se había roto la nariz y la clavícula, por lo que debió seguir hospitalizado otro mes más. Finalmente recuperó la capacidad de hablar, pero su lado derecho sigue paralizado, y tiene otras discapacidades.

"Al principio temí que nadie volviera a tratarme como antes. Pero luego tuve la certeza de que Dios estaba conmigo y que todo saldría bien. Desde entonces mi opinión sobre mi lesión ha cambiado en un cien por cien. Antes, solía preguntarme: *¿Por qué me ocurrió a mí, por qué a mí?* Pero ahora digo: '*¿Por qué no habría de ocurrirme a mí?*'".

Muchas personas le han preguntado a Jason si todavía cree en Dios después de tantas cosas malas. "Mi respuesta es que Dios me dejó vivir. ¿Por qué no habría de creer en Él?".

Comparto la opinión de Jason. No creo que Dios provoque en nosotros lesiones, enfermedades o el sufrimiento por la pérdida de un ser querido. Sí creo que Dios busca formas para que usemos las cosas malas para lograr un buen propósito. En el caso de Jason, Dios lo mantuvo vivo y fortaleció su espiritualidad. Ahora Jason valora más cada día de su vida.

La Biblia dice que el sufrimiento procede de Adán y Eva. Todos vivimos en pecado por ellos. Cuando ambos salieron del Paraíso, habían incurrido en el pecado original, por lo que fueron expulsados del mundo sobrenatural para que vivieran en el mundo natural. Debido a su pecado, tanto ellos como sus descendientes —incluyéndonos a ti y a mí— fueron separados del reino de Dios. Por tanto, en nuestra búsqueda de la vida eterna con Dios en la gloria, primero tenemos que pasar por una vida temporal en el mundo natural para llegar al cielo. Sin embargo, mientras transitemos por el mundo natural, debemos vivir con propósito para que Dios pueda sacar el bien incluso de las malas situaciones.

Debo reconocer que es un concepto difícil de dominar con un pensamiento lógico. Una actitud positiva es útil, pero se necesita mucho más que eso para lidiar con un problema médico importante. Se necesita el amor de familiares y amigos. Y los cristianos podemos aprovechar el poder increíble del Espíritu Santo que nos transforma desde el interior. Independientemente de lo grave que sea tu lesión, tu enfermedad o tu discapacidad, puedes permitir que Dios saque algo hermoso de esa dificultad. En mi caso personal, no puedo hallar nada hermoso en el dolor y el sufrimiento, pero Dios, en Su merced, poder y grandeza, sí puede.

Dios nos ama como los padres a sus hijos. En ocasiones, un padre intercede cuando un hijo está lastimado. Sin embargo, a veces el padre no interviene porque el hijo necesita aprender una lección, descifrar algo, o prestarle más atención al padre. Incluso hay otras veces en las que la intervención de un padre debe ser para interrumpir la *felicidad* del hijo a causa de un peligro o una amenaza a largo plazo, como cuando un niño juega felizmente con cerillos, o un adolescente está inmerso en una relación amorosa que constituye una influencia negativa.

Dios nos ama y no es un padre que no interviene. Gracias a nuestros antepasados originales, Adán y Eva, y a su desobediencia en el Paraíso, la ley de Dios es la ley de Dios. Se cometió el crimen del pecado y el castigo fue la separación eterna de Dios. Pero ésa no es la razón por la cual Él nos creó. En el Antiguo Testamento vemos cómo al principio se hacían sacrificios de animales como expiación del pecado. Luego Dios envió a Jesucristo, su único Hijo, para morir por los pecados cometidos por hombres y mujeres en la Tierra, para que algún día todos pudiéramos regresar al lado de Dios en la gloria.

Nuestro Creador siempre obra por amor, y con el deseo de llevarnos a Él por toda la eternidad. La Biblia dice: "... pues el salario del pecado es la muerte; pero el don gratuito de Dios, la vida eterna".

En ocasiones Dios nos da Sus bendiciones. En otras, si Él siente que lo necesitamos, permite la ocurrencia de un reto, un fracaso o incluso algo aún peor en nuestras vidas, para recordarnos que debemos estar cerca de Él o para recordárselo a otras personas mediante nuestro sufrimiento.

Aun así, hay numerosos cristianos leales y devotos que sufren en esta Tierra. ¿Por qué razón? Quisiera tener todas las respuestas, pero no las tengo. Algunos dicen que Dios pone obstáculos en nuestras vidas para darnos una lección de humildad, como en el caso de Pablo, antiguo perseguidor de cristianos, quien escribió que, cuando adquirió popularidad como evangelista, Dios le clavó un aguijón en su carne, "para evitar que me volviera presumido por estas sublimes revelaciones". Pero Pablo aclaró que Dios también le dio la gracia para llevar esa carga, algo que todos podemos esperar.

"La tribulación produce la paciencia; la paciencia, virtud probada; la virtud probada, esperanza", escribió.

LA ADVERSIDAD CREA FUERZA

Siempre he creído que Dios nos pone retos en nuestro camino para darnos fuerza. En los últimos años, los investigadores de psicología de la salud han descubierto evidencias de ello en estudios de personas que han experimentado una amplia gama de estrés y traumas severos, desde enfermedades peligrosas a acontecimientos catastróficos o la pérdida de un ser querido. Si bien oímos hablar a menudo del estrés postraumático, los psicólogos también han descubierto que quienes lidian exitosamente con problemas de salud pueden experimentar *crecimiento* postraumático o ante las adversidades.

Los estudiosos revelan que muchas personas que triunfan al afrontar sus adversidades físicas, crecen realmente de formas positivas:

- Se dan cuenta de que son más fuertes de lo que pensaban, y tienden a recuperarse con más rapidez de retos futuros.
- Descubren a quiénes se preocupan realmente por ellos, y las relaciones con esas personas se fortalecen.
- Valoran cada día y las cosas buenas en sus vidas.
- Adquieren mayor fortaleza espiritual.

Job es el principal ejemplo de superación de la adversidad en la Biblia.

Satanás le arrebató todo lo que tenía, no sólo su tierra y sus posesiones, sino también sus hijos y su salud. Pero Job perseveró y se mantuvo fiel a Dios. Y Dios premió su fidelidad dándole el doble de todo lo perdido.

Creo que hay otro beneficio subyacente en las peores discapacidades y retos de salud. Pienso que Dios permite que a algunos nos llegue la aflicción para que podamos consolar a los demás de la misma forma en que Él nos ha consolado. Esta explicación tiene un sentido particular para mí, pues soy testigo de su veracidad una y otra vez.

Aclaro que no estoy diciendo que entiendo a cabalidad el plan de Dios. Sé que la gloria no será nada igual a esta vida temporal por la que estamos pasando. Pero es difícil estar seguros cuando Dios hace algo que nos parece cruel o injusto. Hay que buscar consuelo y fuerza en Él. Puedes tomar la decisión de entregarle la situación a Dios pidiendo Su ayuda.

La Biblia dice: "No os inquietéis por cosa alguna; antes bien, en toda ocasión, presentad a Dios vuestras peticiones, mediante la oración y la súplica, acompañadas por la acción de gracias". Sin embargo, es imposible no ponerse ansioso cuando hay que lidiar con enfermedades, discapacidades u otros desafíos que hacen peligrar la vida, pero puedes encontrar la paz poniendo las cosas en manos de Dios. Él puede darte fuerza cada día, ya sea porque la necesites para enfrentar tus propios retos o porque te entristece la adversidad de otro.

Debes saber que en cualquier caso, no habrá enfermedades, males, ni muerte en la otra vida, pero tiene que haber un final para todos los que vivimos en la Tierra. El plan de Dios no es mantenernos aquí para sufrir y morir. Él quiere que estemos eternamente con Él en la gloria.

Sin embargo, mientras transitemos por nuestras vidas temporales, contamos con la hermosa oportunidad de conocer a Dios y compartir Su amor con quienes no saben aún que Jesucristo murió por la redención de sus pecados. Si bien la vida eterna en la gloria será magnífica, tener una relación con Dios mientras vivamos en la Tierra es una oportunidad tremenda.

En cualquier circunstancia que enfrentes, Dios te usará para Sus propósitos. Tal vez pasen muchos años antes de que comprendas cuál podría ser ese propósito. En algunos casos, nunca conocerás en su totalidad Sus planes, o por qué Él permite que te ocurran ciertas cosas. Por eso es necesario poner tu fe en acción sabiendo que Dios está contigo. Aunque te ocurran cosas malas, éstas no cambian la realidad de que Él te ama.

LOS MILAGROS EXISTEN

Por supuesto, a nadie le aconsejo que se dé por vencido. Los milagros existen. He sido testigo de muchos, y a menudo otras personas me cuentan los suyos. Como John, quien me envió esta historia inspiradora de su milagro, que también da testimonio de su fe en acción:

"No creía en nada hasta hace unos diez años cuando afronté la muerte. Cuando era joven perdí una pierna a causa de un cáncer, y los médicos me dijeron que, cuando más, viviría hasta los cinco años.

Superé esas expectativas y el 6 de mayo cumplo treinta y siete. Pero no ha sido siempre fácil. Aunque está en remisión, el cáncer reaparece cada varios años, y el pasado lo hizo con más fuerza que nunca. Mis médicos me dijeron que, a menos que comenzara un régimen riguroso de quimioterapia, moriría ese mismo año.

Inmediatamente les respondí con una negativa, y les dije que quería morir, y que estaba cansado de luchar. El cáncer ha segado las vidas de mi madre, de dos hermanas, y tres hermanos, así que algún día me tocaría a mí. ¡Y estaba listo para marcharme!

Hablé con el pastor de mi iglesia sobre la decisión, y después de mucho orar, opté por comenzar la quimioterapia, programada dos veces semanales durante doce semanas. Al entrar en mi quinto tratamiento, me hicieron análisis de sangre y los enviaron a mi médico, como de costumbre. A fines de esa semana me llamaron para pedirme que fuera a la consulta.

Al llegar, el médico entró inmediatamente en el salón, y entre lágrimas, me dijo que ¡el cáncer *había desaparecido*! Y sin dejar rastro. Como si nunca hubiese existido. Se sentía muy feliz, ¡pero no tanto como yo!

Sigo sometiéndome a chequeos cada tres meses, y hasta ahora todo va bien. Sé que algún día puede regresar, e incluso podría atropellarme un autobús a mi regreso a casa al término de mi jornada laboral. La cuestión es que *nunca* sabremos cuándo llegarán a su término nuestros días en esta Tierra".

En el Libro de la Vida están inscritos todos nuestros datos. La cosa es que no sabemos cuándo Dios decidirá mandarnos a buscar a la gloria para que estemos junto a Él. Amémonos los unos a los otros como si fuera el último día en esta Tierra. Vive la vida al máximo y aprecia cada día en que te despiertas y respiras.

La historia de John y muchas otras que he escuchado como ésta, son pruebas de que los milagros existen. Por esa razón sigo guardando un par de zapatos en mi armario, en caso de que me ocurra un milagro. La fe entra en acción poniéndola en las manos de Dios, presentando tu petición y orando por que ocurran milagros. Pero si no se materializa un milagro, puedes seguir siendo una luz que brilla en la tierra para los demás. También puedes hacer lo posible por conocer más acerca de Dios y entregándote a Él.

¿Dios puede curarte? Por supuesto, y ese puede ser Su plan. O tal vez no. Como es imposible saberlo, camina cada día en la fe, con la idea de que Dios es quien mejor lo sabe. Aunque no se me ha cumplido el milagro de brazos y piernas que he buscado, soy testigo del milagro de la alegría, la paz y la confianza de la fe. Ese milagro es mayor que la curación de una enfermedad. Después de todo, puedes curarte de un cáncer y seguir siendo miserable, dando todo por sentado en la vida. Por la fe, en estos momentos, tengo honestamente la alegría de ver vidas transformadas. ¡Es algo *magnífico*! Tú puedes regocijarte cada día por tener extremidades, pero todos los días mi alegría es no tenerlas.

El mayor milagro es la transformación desde adentro hacia afuera. Por tanto, cree que llegará un milagro, pero incluso si no se produce, ten por seguro que Dios tiene un plan para ti. El mayor propósito es conocer a Dios como un amigo, y tener la bendición de ir algún día a la gloria, donde jamás te alcanzará el dolor, la enfermedad ni la tribulación.

Me siento muy mal por los que no creen en la gloria. La idea de que sólo tenemos un camino tan breve en la vida es bien deprimente. Yo quiero vivir miles de millones de años hasta la eternidad. Y mientras transite por esta vida, trato de ejercer un impacto tan duradero como la vida eterna. No importa el dinero que haya ganado o cuántos coches de marcas caras haya tenido. Lo importante es que haya ayudado a alguien y servido a un propósito mayor que el mío.

¿SOMOS UN EJEMPLO PARA LOS DEMÁS?

No creo que Dios use enfermedades para castigarnos, pero sí creo que Él las usa para comunicar un mensaje que debemos escuchar. Cuando su amigo Lázaro estaba enfermo y moribundo, Jesús dijo: "Esta enfermedad no es de muerte, es para la gloria de Dios, para que el Hijo de Dios sea glorificado por ella".

Cuando Jesús permitió que Lázaro muriera y luego lo resucitó de entre los muertos, muchos incrédulos aceptaron finalmente que Jesús era el Hijo de Dios.

¿Podría ser posible que nuestras enfermedades o discapacidades sirvan de alguna manera al propósito de Dios? Puedo dar testimonio de que esto es lo que ha ocurrido con mi falta de extremidades, que me ha permitido servir a los demás con mi evangelismo, y además, simplemente, con mi ejemplo. Pienso en lo que les hubiera facilitado la vida a mis padres el haber conocido a otra persona sin brazos ni piernas que los guiara y les diera esperanzas cuando nací. He recibido la bendición de servirles en ese papel a muchos hombres, mujeres y niños con discapacidades similares a la mía. Mis padres han hecho lo mismo, asesorando a varias familias, y garantizándoles que sus hijos sin extremidades pueden vencer sus limitaciones y prosperar. Aunque no hagamos nada más en nuestras vidas, darles serenidad y estímulo a los demás es un don magnífico.

Michelle, una madre californiana, me envió uno de muchos mensajes de correo electrónico que confirman mi propósito y me hacen sentir humilde al mismo tiempo, porque se me recuerda cuántas personas han vencido obstáculos mayores que los míos. Michelle tiene trillizos. Grace, una de ellos, nació a las veintiocho semanas de embarazo con una ligera parálisis cerebral que afecta su capacidad de caminar. También es ciega del ojo derecho. Pero incluso con sus limitaciones físicas, Grace tiene buenos resultados académicos en la escuela regular y, lo que es aún mejor, una fe sólida. Aunque Grace aparentemente no se regodea en la autoconmiseración, le ha hecho a Michelle la pregunta de "¿Por qué me ha ocurrido a mí?".

Es difícil culpar a Grace o a cualquier otra persona por formular esa pregunta cuando enfrenta discapacidades o problemas de salud serios. He hablado y escrito con frecuencia acerca de la respuesta de mi propia madre a esa difícil interrogante. Como Michelle leyó mi primer libro y vio mis videos, usó su propia versión de la respuesta de mi madre cuando Grace le preguntó, como yo lo hice en su momento: "¿Por qué me ocurrió a mí?".

"Le respondí: 'Porque Dios te usará en alguna parte, cuando llegue la ocasión propicia, ¡para inspirar a otras personas a acudir a Jesucristo!'", escribió Michelle. "De hecho, le aseguré que conocer su propósito a una edad tan temprana era una especie de regalo. Conozco algunos adultos ¡que siguen buscándolo sin éxito!"

Michelle afirma que Grace escucha mis videos para confirmar ese mensaje, y que lleva mi fotografía a la escuela para inspirar a otros niños y asegurarles "¡que nada es imposible con Dios a nuestro lado!". Según Michelle, Grace tiene una fe renovada y ama profundamente a Dios, a pesar de todas sus discapacidades.

"A veces sospecho que estoy criando a un ángel", escribió Michelle.

Los milagros se producen de muchas maneras. Tendrás que disculparme por creer que el uso que hace Dios de mí como herramienta para ayudar a personas como Grace es algún tipo de milagro. Si ésta fuera la única vez que alguien se pone en contacto conmigo con un mensaje así, lo consideraría el regalo de mi vida. Pero día tras día recibo cartas, mensajes de correo electrónico y correspondencia de todo tipo. Me escribe mucha gente para darme las gracias, pero en realidad soy yo quien tengo que agradecerles a ellos que me inspiren con su fuerza y el poder de su fe imparable.

Algunos de sus mensajes son increíbles, por la forma en que demuestran la fe en acción aplicada a las enfermedades y discapacidades. Adrianna es una de las personas que me ha dejado boquiabierto. Es una joven de veinticinco años, quien, como yo, nació sin brazos ni piernas, pero sí tiene manos y pies.

"Dios me ha enseñado a prosperar y a saber que soy igual que los demás, a pesar de mis serias limitaciones. Al igual que Nick, lucho cada día con las tareas cotidianas, pero tengo fuerza suficiente para ver el lado positivo de la vida.... Por la intercesión de Jesús, Dios le dio al mundo millones de milagros y sanaciones. Dios es real, y, como un ejemplo de *Él,* soy una de *Sus* hijos".

Adrianna pasó los primeros tres años de su vida con respiración asistida porque cuando era niña tenía dificultades para respirar por su cuenta. Al igual que yo, padece de problemas de espalda, pero ha sido sometida a dos operaciones de la columna vertebral para insertarle barras de acero a cada lado de la columna. Aún así, esta joven sorprendente se enfoca en sus bendiciones, no en sus penurias.

"Sólo tengo manos y pies, pero soy lista y tengo muchos amigos y familiares en mi vida. También curso estudios universitarios para hacerme consejera. Dios hace cosas milagrosas en la vida, y yo soy uno de esos milagros. La vida puede ser buena siempre y cuando decidamos que va a serlo", escribió.

Adrianna enfrenta muchos retos, pero se niega a sumirse en la amargura y la autoconmiseración. Sigue manteniendo la fe, el espíritu positivo y la fuerza para hacer bien en este mundo. Me inspira, y espero que sus palabras también te inspiren:

"Dios quiere que seamos felices y disfrutemos de la vida, e independientemente de todo lo que nos ocurra diariamente, nos regocijaremos enormemente en Él y por una eternidad. Cada cual es diferente a su manera, pero nuestro Padre nos considera a todos iguales y únicos como personas y seres individuales, y eso incluye a todas Sus creaciones en la Tierra.

A pesar de nuestras diferencias y discapacidades, y muchas otras cosas en la vida, incluyendo aquellas por las que pasamos como seguidores y creyentes en Él, somos Sus hijos especiales, y criaturas hechas a Su imagen.

Al seguirlo a Él, hacemos grandes obras para servirlo a Él y a nuestra comunidad, y transmitimos el mensaje del evangelio y la Palabra de Nuestro Señor Dios y Su Hijo Jesucristo.

Entonces, ¿Dios es real? Sí. Él es real. No lo vemos en persona, pero sí en Espíritu."

LAS AFLICCIONES SON LECCIONES

En el *Salmo* 119, el rey David nos da lecciones para poner la fe en acción ante las aflicciones y otras adversidades. David escribió que antes de ser humillado estaba descarriado, y aquello fue un bien para él porque la humillación hizo que aprendiera sus preceptos.

Mis padres me enseñaron que debía amar a Dios, no para que Él me protegiera o me diera brazos y piernas, sino porque conocerlo a Él me guiaría a la vida en la gloria y a vivir una vida plena a pesar de todo. Cuando te abrume la enfermedad u otros desafíos, reza para estar más cerca de Dios, a fin de que Él pueda hacer lo que más te convenga. Este enfoque reconoce que tal vez no sepas lo que más te conviene, pero Dios sí lo sabe. También que no tienes el poder de curarte a ti mismo, pero Dios sí puede. Cuando oras de esa manera, estás poniendo tu fe en acción al materializar tu esperanza en las promesas de Dios, entre ellas: "... que bien me sé los pensamientos que pienso sobre vosotros —oráculo de

Yavéh— pensamientos de paz, y no de desgracia, de daros un porvenir de esperanza".

Siempre es buena idea orar y recordarle a Dios las promesas que Él nos ha hecho. Yo recomiendo extensas dosis de oración todos los días. Creo que es la medicina más poderosa. Y hay otras cosas que puedes hacer mientras esperas a que Dios te revele Sus planes para contigo.

Por experiencia propia sé que ser discapacitado, estar muy enfermo o sufrir lesiones puede infundir temor. También puedes sentirte aislado, solo y estresado. A menudo, mis peores momentos fueron aquéllos en los que escogí hacer las cosas por mi cuenta, en vez de ser consolado y cuidado por quienes me aman. No cometas ese error. Si en tu vida hay personas que desean ayudarte, acepta su apoyo con agrado y con gratitud. Diles que esperas ser algún día tan buen amigo con ellos como lo han sido contigo, y luego dales la oportunidad de ayudarte tanto como deseen hacerlo.

Si no cuentas con familiares y amigos que puedan servirte de apoyo, busca la ayuda de profesionales, de una iglesia o de otros grupos de apoyo. Tus médicos y otros profesionales de la salud pueden ayudarte a encontrarlos. Hay grupos de apoyo para la mayoría de las enfermedades y problemas médicos severos, y grupos más generales que pueden brindar ayuda para lidiar con cualquier enfermedad seria.

Una cosa de la que quiero alertarte es que cuando enfrentas un problema médico abrumador, toda tu atención podría enfocarse totalmente en lidiar con él, y tus pensamientos girarían en torno a la enfermedad y a cómo recuperar la salud. Los consejeros profesionales afirman que si bien es importante aceptar y manejar tu enfermedad, también hay que recordar que seguir siendo *tú* es igual de necesario. No abandones las cosas que te gusta hacer o las personas con quien te complace estar porque quieres concentrarte exclusivamente en tu salud. El problema de salud te ocurrió a ti, pero no dejes que se apodere de tu vida o dañe tu sentido de quién eres, ni el valor que le aportas al mundo. Tú eres mucho más que un problema de salud.

No niego que algunos días son peores que otros. Es probable que pierdas control antes de poder avanzar. Tienes que ceder de vez en cuando ante el dolor físico, pero no rendirte emocional ni espiritualmente. Mantente firme en tu optimismo y en tu fe. Además, conserva agudos tu sentido del humor y tu fe, y cada día busca momentos en los que puedas hallar paz y alegría, ya sea en la tranquilidad de las primeras horas de la mañana, o la alegría de contar con otro día, perfecto o imperfecto, para compartir con aquellos a quienes amas.

Cuando escribo o hablo y describo mi vida como "ridículamente buena" me refiero a la alegría que siento cada uno de los días. Independientemente de que el tiempo sea magnífico o insufrible, que las cosas marchen a pedir de boca o que suceda todo lo malo imaginable, que esté en casa con mis seres queridos o de viaje entre desconocidos, que esté en perfectas condiciones o enfermo como un perro, la vida sigue siendo igualmente *ridícula*.

No se puede esperar que todos los días transcurran de forma lógica. En ocasiones, son simplemente cómicos. Otros, trágicos. Pero para bien o para mal, en la salud y la enfermedad, en lo bueno o en lo malo, es absolutamente ridículo que sigamos vivitos y coleando, ¿no es cierto? La vida en sí misma es un milagro. Si tanto tú como yo sólo podemos dar un único viaje en lo que Shakespeare llama "este despojo mortal", ¿qué harás con el tuyo? ¿Dejarás que la mala salud, una herida grave o una discapacidad le robe hasta la última gota de alegría a tu única oportunidad de vida en la Tierra? Te sugiero, por el contrario, que busques una espiral ascendente. Si estás confinado a una cama por problemas de salud, o padeces las limitaciones de una discapacidad, aprovecha la oportunidad para asegurarte de que tienes tus prioridades en orden, deja que tus seres queridos sepan cuánto los amas y solidifica tu fe.

Siempre existe la posibilidad de que Dios haya puesto ese desafío en tu vida para hacerte más fuerte, más afectuoso, más valeroso, más resuelto y con más fe. Por tanto, acepta esa posibilidad y sigue adelante con ella. Puede que tu cuerpo esté afectado, pero puedes permitir que tu imaginación y tu espíritu te lleven adonde deseas ir. O quizás estés demasiado ocupado para ascender a un nivel más alto, fortalecer tu carácter, y desechar las cosas inútiles. Ahora es el momento de leer la

Biblia y otros libros que te satisfagan y te sostengan entre tratamientos o visitas de enfermeras, asistentes de enfermería, médicos y técnicos. Concéntrate en sanar y fortalecer aquellas partes a las que ellos no pueden llegar. Decide que, independientemente de lo que ocurra con tu cuerpo, lo demás —tu mente, espíritu y alma— saldrán del percance recuperados y mucho mejores. Pídele a Dios ese regalo de la fe.

¿SIN RECUPERACIÓN POSIBLE? NO HAY PROBLEMA

Por supuesto, si padeces una enfermedad mortal o una discapacidad como la mía, no hay recuperación posible. Sólo te queda el resto de tu vida. O dejas ir el tiempo que te queda y sucumbes a la autoconmiseración, la amargura y la ira; o aceptas el reto y aprovechas al máximo esta oportunidad dada por Dios para hacer el mayor bien posible mientras transcurre el conteo regresivo.

He recibido una buena cantidad de atención y aprecio por la manera en que elegí vivir y servir a los demás a pesar de mi falta de extremidades, pero hay muchas más personas en el mundo que enfrentan apaciblemente el reto de sus propias enfermedades y discapacidades con gallardía, valor y fe inspiradora.

Rebekah Tolbert nació con problemas de salud y discapacidades más serias que las mías. Fue una prematura frágil a quien dieron a luz de emergencia, en una familia en la que había violencia doméstica. Pesó menos de tres libras al nacer, pero se aferró con ferocidad a la vida. Sin embargo, cada día que se mantenía con vida suponía nuevos retos.

Finalmente, a Rebekah le diagnosticaron una parálisis cerebral espástica cuadripléjica. Sus padres se divorciaron, pero Laurena, su madre, le inculcó a Rebekah la certeza de que su familia y su Dios la amaban.

Llena de fe, Rebekah creció con un espíritu sorprendente, y un comportamiento alegre y positivo. En vez de sentirse como una víctima, se convirtió en vencedora de retos y portadora de sanación para los demás. Durante sus años de estudios primarios, Rebekah creó su propia campaña de recaudación de fondos para los refugiados afganos, recopilando promesas de donaciones basadas en cada giro de pedal de su triciclo especial, y llegó lo suficientemente lejos como para recaudar más de mil quinientos dólares para su noble causa.

Y adoptó el versículo bíblico favorito de su abuela: *Efesios* 3:20: "A Aquel que tiene poder para realizar todas las cosas incomparablemente mejor de lo que podemos pedir o pensar, conforme al poder que actúa en nosotros, a él la gloria en la Iglesia y en Cristo Jesús por todas las generaciones y todos los tiempos. Amén".

Asimismo, se asoció con Wheels for the World para realizar un proyecto de clase en su escuela de enseñanza secundaria, organizando una iniciativa comunitaria para recolectar sillas de ruedas usadas y otros dispositivos médicos para las víctimas del terremoto que asoló a Haití en 2010. Su actitud positiva y entusiasmo hicieron que ganara muchos amigos nuevos en la escuela. Rebekah sabía cómo llegar a la gente, y la mayoría respondía a su personalidad sociable.

Sin embargo, experimentó desafíos similares a los que confronté cuando tenía más o menos la misma edad. Los años de enseñanza secundaria es una etapa en que tomamos conciencia de nuestras diferencias, y luego pasamos el resto de la vida dándonos cuenta de cuántas similitudes tenemos con los demás. Los años de adolescencia pueden ser difíciles para cualquiera, y especialmente para todos los que tenemos discapacidades.

Cuando la mente y el espíritu maduran y cambian rápidamente, se producen cambios químicos en el organismo, que también contribuyen a exaltar las emociones. Es un ambiente volátil, porque los condiscípulos y amigos experimentan los mismos cambios, y todos tratan de ver cómo y dónde son aceptados, y qué les depara el futuro.

A esa edad me di cuenta de que había algunas cosas que mis condiscípulos podían hacer que independientemente de cuánto empeño pusiera ni cuán grande fuera mi fe, para mí eran imposibles. También fui víctima del acoso y la crueldad de otros alumnos en mi adolescencia. A pesar de que normalmente se trataba de un comentario desconsiderado o un intento fallido de hacer un chiste a mi costa, me abrumaban la susceptibilidad y la duda.

Rebekah enfrentó retos similares. Su entrada a la enseñanza secundaria trajo consigo nuevas alegrías, nuevos amigos y nuevos retos, así como la certeza creciente de que era diferente a los demás chicos. La mayoría de sus condiscípulos se sentían atraídos por su alegría, pero otros se sentían incómodos con ella, e incluso hubo quien hizo comentarios hirientes o rechazó sus intentos de hacer amistad.

Y esos comentarios y rechazos duelen. Rebekah trató de mantener su optimismo y alegría, pero comenzó a luchar con sentimientos de duda y desesperación: "¿Por qué Dios no me curó? ¿Por qué Él permite que otros me maltraten? ¿Por qué tengo que estar atrapada en esta silla de ruedas y en este cuerpo?", pensaba.

En su dolor y decepción, llegó a cuestionar el amor de Dios por primera vez en su vida: "Dios, ¿estás seguro de que Tú amas a *todas* las personas? ¿Estás seguro de que no es a todas las personas menos a mí?".

No hay nada malo en hacer preguntas respetuosas de Dios. La Biblia dice: "...buscad y hallaréis...". Sólo si preguntamos hallaremos respuestas. El problema surge cuando permitimos que la curiosidad y la búsqueda alimenten la duda y perturben la fe. El simple hecho de que no haya respuestas disponibles no equivale a su inexistencia. La fe exige que, en ocasiones, tenemos que esperar a que Dios nos revele Su plan con respecto a nosotros. A veces, cuando hacemos preguntas y buscamos respuestas, caemos en la cuenta de que Su visión de nuestras vidas es mayor que la nuestra.

Lamentablemente, también es cierto que a veces la vida le da salida a un desengaño para darle entrada a otro. No importa cuánto se trate de enfrentar con éxito esos retos, podemos caer bajo su pesada carga.

A pesar de sus resueltos esfuerzos de obtener buenos resultados académicos y estar al frente de su curso, Rebekah se encontró en una encrucijada a la hora de la graduación. Aunque esperaba poder graduarse, e incluso había planeado ofrecer una plegaria en la ceremonia, debido a un tecnicismo, la junta escolar decretó que aún no era elegible para graduarse, y no se le permitió sentarse con sus condiscípulos en la ceremonia ni participar en ella.

Fue un golpe cruel para Rebekah, quien había soñado durante mucho tiempo con el día de su graduación y con el papel que desempeñaría en el evento. Y por si eso fuera poco, tuvo que enfrentar una serie de trágicas pérdidas que comenzaron con la muerte de su amada abuela cinco años antes, seguida por el fallecimiento de nueve amigos víctimas de leucemia, enfermedad de Parkinson, cáncer cerebral y suicidio.

Rebekah se sintió abrumada por una aflicción implacable. La depresión ensombreció su espíritu, nubló su raciocinio y segó su fe. El enemigo de su alma había encontrado un punto de apoyo. De repente, aquella joven normalmente dinámica que dedicaba gran parte de su tiempo a buscar formas de ayudar a los demás, perdió todo interés en vivir. Cada día le parecía más sombrío que el anterior. Y las voces negativas plagaban su mente: "Eres una carga para todos. No le importas a nadie. Sólo sienten lástima por la pobre tullidita".

Rebekah llegó a tener pensamientos suicidas. Un día se descubrió hurgando en la gaveta de los cuchillos en la cocina, y considerando un plan para matarse mientras su madre estuviera de compras.

Sus seres queridos trataron de sacarla de aquella depresión. Un domingo, su madre insistió en que fuera a la iglesia. Normalmente, Rebekah era la primera en estar dispuesta a ir a misa. Pero en esos momentos no quería levantarse de la cama. Su madre siguió insistiendo. Estaba convencida de que la mano de Dios no se había apartado de Rebekah, quien necesitaba estar en Su casa, entre Su pueblo.

Laurena ayudó a Rebekah a levantarse, vestirse y colocarse en la silla de rueda. Y fueron a la iglesia. Rebekah guardaba silencio, inmersa en su aflicción. Cuando entraron en el santuario, su madre tomó un boletín de la iglesia, del cual cayó una página, en realidad un volante para anunciar un evento.

La madre de Rebekah vio un rostro familiar en el anuncio. Era alguien a quien su hija había recurrido con frecuencia en busca de inspiración contra la depresión. Con lágrimas en los ojos, Laurena le entregó a Rebekah la página con mi fotografía, y el anuncio de que daría una charla durante la misa de graduación en su escuela, antes de la ceremonia a la que se le había prohibido asistir.

"¿Y todavía piensas que Dios se olvidó de ti?", le preguntó Laurena.

Rebekah había visto mis videos con frecuencia, e incluso oró para poder conocerme algún día, porque atesoraba el sueño de inspirar a los demás y compartir con ellos su fe. Me han dicho a menudo que mi sola presencia tiene un impacto en las personas. Por supuesto, ¡no siempre he estado seguro de que quisieran decir que ese impacto fuera bueno! Pero en este caso sí lo fue.

Por primera vez en varios meses, Rebekah sintió renacer una luz en su alma, y le invadió una sensación de paz que disipó los pensamientos atormentados y la autoconmiseración. Le dijo a su madre que quería asistir a la misa de graduación.

Ese día, después de mi charla, Rebekah y su madre vinieron a hablar conmigo. Laurena me habló de las penurias de su hija, por lo que oré con Rebekah, y hablamos en privado unos minutos, en los que ella me confesó las penas que aquejaban su corazón. La comprendí, y le dije que yo también había pasado por eso, y le recordé uno de sus versículos favoritos de la Biblia: "Todo lo puedo en Aquel que me conforta".

"Libérate de las preocupaciones sobre tu discapacidad, y pon de nuevo tu fe y confianza en la capacidad de Dios. Vuelve a enfocarte en Jesús. Libérate de las penas y deja que Dios entre en ti", le dije.

¿Por qué razón Dios me creó sin brazos ni piernas? ¿Por qué Él me permitió inculcar la esperanza en el corazón de esta joven notable pero adolorida? Espero el día en que pueda hacerle a Él estas preguntas directamente. O tal vez para entonces Sus razones ya no sean importantes, sólo los resultados.

El apóstol San Pablo dice, en *Corintios 2* 1:3-4: "¡Bendito sea el Dios y Padre de nuestro Señor Jesucristo, Padre de las misericordias y Dios de todo consuelo, que nos consuela en todas nuestras tribulaciones mediante el consuelo con que nosotros somos consolados por Dios!".

Me regocija enormemente decirte que Rebekah se graduó al año siguiente, en el curso de 2010. A solicitud de sus condiscípulos, hizo la plegaria de graduación. Y con toda seguridad, llegó a muchos corazones no sólo ese día, sino en los que le siguieron.

En la actualidad, Rebekah pone su fe en acción con Formed for His Use, su organización sin fines de lucro, y ayudando a que otras personas cumplan el propósito de Dios en sus propias vidas y en la suya propia. Esta joven valerosa ofrece asesoría e inspiración a personas y familias que enfrentan sus propias discapacidades. Siguiendo el dictado de su corazón, ayuda al adolorido, ofreciéndole el amor de Jesucristo ¡y transmitiendo el mensaje del poder transformador de Dios!

SEIS

Ganar las batallas internas

Terri tenía veintiún años cuando escribió a mi sitio Web
Life Without Limbs acerca de su "tortuoso peregrinaje de autoagresión".
Había desarrollado una adicción a la excitación que sentía cuando se
cortaba a sí misma. Su apetito por esa sensación había llegado a tal límite
que se había desgarrado arterias y tendones, poniendo en riesgo su vida.

"Eso era yo", afirmaba refiriéndose a su adicción a autoinfligirse
heridas.

En mis viajes he escuchado historias similares, que considero muy
preocupantes. Los expertos en salud mental afirman que, generalmente,
quienes se lesionan a sí mismos mediante cortes o magulladuras no tratan de
quitarse la vida, pero sí corren grandes peligros. Es una estrategia de hacerle
frente a los conflictos, pero es como ponerle una curita a una arteria cercenada.
Cortarse a sí mismo no cura ni arregla el problema real. Usualmente quienes
practican la autoagresión buscan alivio en su desasosiego a un intenso dolor
emocional, y creen que no tienen otra escapatoria.

Terri y otras personas con ese problema afirman que su ansia de
autoinfligirse heridas es una adicción, porque la mayoría logra una

sensación inmediata de aletargamiento o calma que los hace volver a hacerlo, aunque sepan que es dañino. A menudo prefieren autolesionarse a hacer otras cosas más agradables.

La práctica de cortarse se ha descrito como "gritar sin palabras".

Terri escribió acerca del tormento que la llevó a buscar el dolor como alivio a sentimientos abrumadores de falta de valor y odio a sí misma. Por fortuna, la joven aceptó la ayuda de un consejero profesional y dejó de mutilarse antes de que aquellas ansias de autodestrucción la llevaran a la muerte.

Gracias a la asesoría y a su fuerza de voluntad, Terri no se ha cortado en un año y medio. Sin embargo, los deseos, según relata, volvieron a atormentarla. Pero su consejero la ayudó a deshacerse de aquellos impulsos potencialmente letales.

Como parte del tratamiento renovado, el consejero le contó a Terri mi historia, y le sugirió que viera mis videos. Terri escribió en su relato que mi propio proceso puso el de ella en perspectiva.

"Si algo he aprendido de la historia de Nick, es que, independientemente de lo dura que pueda ser la vida, de cuán tentada pueda estar, debo dar gracias. Debo dar gracias por el hecho de que tengo brazos. También debo dar gracias por tener piernas, y agradecer la posibilidad de manejar el teclado para escribir esto con mis dedos. Debo agradecer además que puedo alimentarme, vestirme y cuidarme a mí misma con facilidad", escribió Terri.

"¿Por qué debo destruir el precioso regalo que Dios me dio con un acto tan horrible?", agregó.

La historia de Terri fue aterradora y edificante a la vez. Aterradora porque su relato de impulsos de autodestrucción resultan demasiado conocidos. Y edificante porque aceptó inteligentemente la asesoría profesional y siguió los consejos de un experto, lo que probablemente le salvó la vida.

De todas maneras, quiero ayudar a personas como Terri antes de que se hagan daño a sí mismas o a sus seres queridos. Comprendo su angustia mental, pero sé que hay formas mucho mejores de enfrentar problemas que mutilando sus cuerpos para infligirse un dolor físico. Cuando consideré e incluso intenté suicidarme en mi infancia, estaba convencido de que mi desesperación era única. Me sentía solo en mi tormento, pero la terrible realidad es que era sólo uno de incontables personas en todo el mundo que consideran, intentan y consiguen autoagredirse o terminar con sus vidas.

Como la mutilación y otras lesiones autoinfligidas se hacen en privado, hay pocos estudios profundos de la autoagresión, que puede consistir en arañazos, mordidas, cortaduras, golpes de la cabeza contra la pared, tricotilomanía (arrancarse el cabello), ingestión de sustancias tóxicas y quemaduras. Una investigación en la que participaron estudiantes universitarios estadounidenses, reveló que el 32% de los encuestados había llevado a cabo esas conductas peligrosas. Los estudiosos de la autoagresión estiman que entre un 15 y un 22 por ciento de los adolescentes y jóvenes adultos se han lastimado intencionalmente al menos una vez.

Los registros estadísticos de intentos fallidos y exitosos de suicidio están cada vez más disponibles y son cada vez más alarmantes. Cada año en este planeta se suicidan cerca de un millón de personas. O sea, un fallecimiento intencional y autoinfligido cada cuarenta segundos. El suicidio se ha convertido en la tercera causa de muerte entre los jóvenes de quince a veinticuatro años, y el índice de suicidios ha aumentado en un 60 por ciento durante los últimos cuarenta y cinco años, según la Organización Mundial de la Salud (OMS).

Recientemente di una charla en una escuela secundaria de Washington, D.C., en la que les pedí a los alumnos que cerraran los ojos, y que luego levantaran la mano y cerraran el puño si habían tenido alguna vez pensamientos suicidas. Cerca del 75 por ciento de los ochocientos estudiantes presentes indicó haber tenido ese tipo de pensamientos. Luego les pedí que dejaran el puño cerrado si habían intentado suicidarse, y unos ochenta indicaron que habían tratado de quitarse la vida. ¿No es algo aterrador?

Aquellas personas abrumadas por impulsos suicidas, creen a menudo que no tienen propósito en la vida, o que la suya carece de sentido. Creen que no hay esperanza en su futuro por el dolor que sienten, ya sea a causa de la ruptura de una relación amorosa, la pérdida de un ser querido u otros desafíos aparentemente insalvables.

Cada cual tiene sus propias cargas. Sé lo que es perder la esperanza. Incluso ahora, cuando veo en retrospectiva mi propio intento de suicidio —tan erróneo como lo fue— puedo comprender cómo pensaba el abatido chico que fui en ese tiempo. Pero el problema no era la carencia de extremidades, lo que provocó mi desesperación fue mi falta de fe y esperanza.

Como nací sin brazos ni piernas, jamás los he echado de menos. He encontrado maneras de hacerlo casi todo por mi cuenta. Tuve una niñez feliz en la que patiné, pesqué y jugué "fútbol de dormitorio" con mi hermano, mi hermana y varios primos. Por supuesto, de vez en cuando tenía que sufrir las lastimaduras y pinchazos que me infligían médicos y terapeutas. Pero gran parte del tiempo no me importaba la atención favorable que despertaba mi inusual anatomía. En ocasiones, incluso logré cosas buenas con ella. Varios periódicos y canales de televisión australianos me dedicaron artículos y reportajes, elogiando mis resueltos esfuerzos de vivir sin límites.

No tuve que sufrir el acoso y los comentarios hirientes hasta que llegué a una edad en la que casi todos los niños son sometidos a tormentos similares en el patio de juegos, la cafetería o el autobús. Mis impulsos autodestructivos se produjeron cuando perdí la fe y me enfoqué en lo que no podía hacer, y no en lo que sí podía. Perdí la esperanza en el futuro, porque mi visión se limitaba a lo que tenía ante mis ojos, en vez de abrirme a lo posible, e incluso a lo imposible.

Nadie debe sentir pena por mí. Y nadie debe subestimar sus propios desafíos comparándolos con los míos. Todos tenemos problemas y preocupaciones. Comparar los tuyos con los míos podría ser útil, pero la perspectiva real que debes adoptar es que Dios es mayor que cualquier problema que podamos tener. Agradezco que Terri y otras personas hayan encontrado una perspectiva más fresca y positiva de sus vidas buscando inspiración en la mía, pero yo soy más que eso.

En primer lugar, aunque me faltan algunos detalles en el conjunto estándar de extremidades, vivo una vida ridículamente buena. Quiero aclarar que la aceptación y la confianza en mí mismo durante mi juventud no comenzaron a resquebrajarse hasta que comencé a compararme incesantemente con mis compañeros. Luego, en vez de enorgullecerme de lo que podía hacer, me obsesioné con las cosas que hacían los demás y que estaban más allá de mis posibilidades. En vez de verme como una persona capaz, me consideré un discapacitado. En vez de enorgullecerme por mi originalidad, quise ser lo que no era. Y mi enfoque cambió de rumbo. Me sentí inútil, una carga para mi familia, con un futuro sin esperanzas.

Los pensamientos y emociones negativos pueden abrumarte y robarte la perspectiva. Si no los desechas, la autodestrucción puede parecerte como la única salida, porque no puedes ver otra.

"Si siento que estoy muerto, ¿por qué no convertir la muerte en realidad?"

"Sólo puedo detener el dolor que llevo dentro ¡causándome dolor por fuera!"

Muchas personas tienen pensamientos efímeros de suicidio o autoagresión. Lo que te salvará la vida en esas situaciones es desviar tu perspectiva de ti mismo hacia tus seres queridos, del dolor actual a las mayores posibilidades del futuro.

Cuando te atormenten los pensamientos autodestructivos y suicidas, te recomiendo poner la fe en acción, ya sea la fe en que tendrás días mejores y una vida mejor, o la fe en que quienes te aman, incluyendo a tu Creador, te ayudarán a salir de la tormenta. Jesús dijo: "El ladrón no viene más que a robar, matar y destruir. Yo he venido para que tengan vida *y la tengan en abundancia*".

UNA PERSPECTIVA CAMBIANTE

Mi intento de suicidio cerca de los diez años terminó cuando mi perspectiva cambió de mi propia desesperación al dolor emocional que el acto de quitarme la vida les causaría a mi familia y otros seres queridos. Ese cambio de perspectiva de mí mismo a quienes más quería, me sacó del camino de la autodestrucción para encaminarme por el de la fe. Tus acciones ejercen un impacto en los demás. Considera cómo tus acciones autodestructivas podrían afectar a los que te aman, a los que te cuidan y a los que confían en ti.

Darren escribió a nuestro sitio Web para decir que en un solo año había perdido su empleo, una relación amorosa y experimentó una crisis financiera. Los pensamientos suicidas lo atormentaban día y noche, y luchó contra ellos viendo mis videos y pensando en sus hijos.

"No pude soportar el hecho de que mis hijos fueran a crecer sin mí", escribió, y se dio cuenta de que cada vida está marcada por las dificultades, "pero lo que debes hacer es levantarte, quitarte el polvo de encima y saber que la vida es buena y va a continuar".

En estos momentos puede que estés pensando en que no le importas a nadie. Sólo puedo decirte que Él que te creó te aprecia tanto que te trajo hasta aquí. ¿No quieres ver adónde conduce lo que queda del camino? Tal vez no tengas una formación espiritual. Quizás no te consideres cristiano. Pero mientras vivas y respires, habrá una posibilidad de que haya días mejores más adelante. Mientras exista esa posibilidad, puedes poner tu fe en ella y proyectarte al futuro, paso a paso.

¿Temes que te estoy ofreciendo falsas esperanzas? Considera que escribo éste, mi segundo libro, ¡sin el beneficio de brazos ni piernas! Y considera, además, que lo escribo como alguien que hace sólo dieciocho años trató de quitarse la vida. Sin embargo, hoy me siento increíblemente bendecido como un hombre de veintinueve años que viaja por el mundo para hablarles a millones de personas. Un hombre rodeado de amor.

ERES AMADO

Dios ve la belleza y el valor de todos Sus hijos. Su amor es la razón por la cual estamos aquí, y eso es algo que no debes olvidar jamás. Puedes escapar al dolor, la soledad y el miedo. Eres amado. Fuiste creado para un propósito, y con el tiempo te será revelado. Debes saber que donde te sientas débil, Dios te dará fortaleza. Sólo tienes que poner la fe en acción recurriendo a los que te aman, a los que quieren ayudarte, y, sobre todo, a tu Creador, pidiéndole a Él que entre en tu vida.

Rechaza los pensamientos autodestructivos. Elimínalos totalmente y sustitúyelos con mensajes positivos u oraciones. Libérate de la amargura, la ira y el dolor, y deja que el amor de Dios llegue a tu corazón. El reino espiritual es enormemente real. La Biblia dice que cuando oramos, los ángeles bajan del cielo y luchan por nosotros contra los principados de las sombras. Es el ejército de Satanás tratando de engañarte y destruirte con mentiras y esas vocecitas de la negatividad. No tienes nada que temer, pues Dios escucha tus oraciones, y no hay nombre más poderoso que el de Jesús.

Es posible que algunas personas te decepcionen, y podría parecerte que incluso hay quien quiera hacerte daño. Pero Dios no. Él tiene un plan para ti. Se llama salvación, y, créeme, vale la pena perseverar para ver lo que Él te tiene reservado, tanto en este mundo como en la eternidad.

Uno de los problemas de muchas personas aquejadas por pensamientos autodestructivos es que no confían en que nuestro Dios nos ama. Hay muchos que ven a Dios como a un vigilante vengativo dispuesto a destruir a quien no siga Sus mandamientos. Si han cometido errores o no han llevado una vida perfecta —cualquiera que sea— creen que nunca serán dignos del amor de Dios. ¡Falso! Nuestro Padre cariñoso siempre está listo para perdonarte y darte la bienvenida a Su reino.

Jinny me escribió para contarme que había contemplado el suicidio porque no sentía el favor de Dios. No está sola, especialmente entre otros sudcoreanos. A pesar de su floreciente economía, los índices de suicidio en su país se han duplicado en la última década, elevándose hasta convertirse en el índice más alto entre las naciones industrializadas.

El suicidio es la causa principal de muerte en los sudcoreanos de veinte a cuarenta años, y la cuarta de todos los residentes, superada solamente por el cáncer, los derrames cerebrales y las enfermedades cardiacas, según reportes de noticias. Los suicidios en grupo planificados en la Internet son cada vez más generalizados. Recientemente se reportó que cada día se quitan la vida treinta y cinco sudcoreanos. En un solo mes (noviembre de 2008) se suicidaron mil setecientas personas como parte de los "suicidios por simpatía" desencadenados por el de una popular actriz. Luego vino el de un expresidente surcoreano (objeto de amplia cobertura de prensa) quien se lanzó por un despeñadero después de dejar una nota en la que decía que "no podía soportar las incontables agonías que le esperaban".

El estrés de los estudios y el trabajo se cita con frecuencia como factor fundamental en las conversaciones privadas con sudcoreanos, pero hay tabúes sociales que impiden admitirlo públicamente. Además, la búsqueda de asesoría psiquiátrica también se considera como la vergonzosa confesión de un carácter imperfecto.

Hablo a menudo en Corea del Sur, China, Japón, y la India sobre mi experiencia con los impulsos suicidas debido al alto índice de suicidios que existe en esos países. Cuando doy mis charlas en esas naciones, muchos me hablan de su soledad y desesperación. Aparentemente no comprenden que Dios perdona y ama. Jinny escribió que muchas veces pensaba en el suicidio "debido a mi vida tan dura. Creo que Dios es fiel, bueno y generoso con los demás, pero no conmigo", y añadió que "nunca tuve éxito [en suicidarse], con ninguno de los métodos que había intentado. Pensé que Dios no me quería, y que Él era estricto, frío y riguroso conmigo".

La Biblia afirma una y otra vez que debemos temer a Dios. Pero eso no quiere decir que temblemos de miedo o nos ocultemos de Su ira. Por el contrario, es un llamado a demostrarle a Él respeto y obediencia, reconociendo Su grandeza. La Biblia también afirma: "Dios es amor". Nunca debemos olvidar que tanto nos ama, que envió a Su Hijo de la gloria para morir en la cruz. Por eso, al respetar a Dios, siempre debemos recordar que Él también nos ama.

Él está esperando a que permitas que te sane. Él no tiene que curarte físicamente, sólo tiene que sanar tu corazón. Él te dará paz, amor y alegría. Él escucha tus plegarias, así que debes seguir orando. Y recuerda que tal vez Él no responda a tus oraciones de la forma en que quieres, o en el momento que deseas, pero Su gracia es siempre suficiente.

Cuando haya cosas en tu vida que no tienen sentido, sigue rezando. Pregúntale a Dios qué es lo que Él quiere que hagas, y déjale a Él tu sanación interior. Él comprende que ni tú ni yo somos perfectos. Somos obras en proceso, pero debemos dejar que Él haga su trabajo dentro de nosotros.

Tu paz llegará con el perdón y el amor de Dios. ¿Alguien te ha dicho que no eres digno de Su amor? Mi primera sugerencia es ¡buscar una segunda opinión! Pídele a tu Padre que está en el cielo que te revele Su bondad y su amor por ti. Saca fuerzas de mi historia si eso te ayuda, pero entiende que si eres perseverante, saldrás airoso de tu desesperación, y encontrarás esperanzas.

Tal vez te resulte difícil comprender cómo Él puede amarte. En la Biblia, Job confrontó el mismo problema en sus pruebas y dolores, y dijo: "Si voy hacia el oriente, no está allí; si al occidente, no le advierto. Cuando le busco al norte, no aparece, y tampoco le veo, si vuelvo al mediodía".

Pero luego Job se dio cuenta de que el amor de Dios por nosotros no se extingue. Después de admitir que no lo podía ver a Él, dijo: "Pero él mis pasos todos sabe: ¡probado en crisol, saldré oro puro!".

No importa lo que hayas hecho en el pasado. Tampoco los dolores que has sufrido. Dios te sanará con Su amor si lo aceptas a Él. Jinny comprendió esto finalmente cuando dejó de ver a Dios como una figura temible. Y me agradeció por haberla ayudado a lograrlo después de leer mi primer libro, *Una vida sin límites*. Doy gracias por haber sido parte de su sanación, pero me sorprendió cuando dijo que una de las claves que le proporcioné fue mi capacidad de reírme de mis circunstancias y de mí mismo.

Ella pudo sentir el humor de Dios en mis historias. "Me acerqué más a Dios porque Él me hizo reír. Ahora vuelvo a estar en paz. La paz está en mi mente aunque nada haya cambiado", escribió la joven sudcoreana.

Si confías en Dios como lo hizo Jinny, aunque permanezcan las tribulaciones, tu mente y tu corazón estarán en paz durante esa etapa difícil. Insisto en que vayas paso a paso, y saldrás victorioso de esos desafíos.

No estás solo

Cuando contemplé el suicidio en mi niñez, cometí el error de no contarle a nadie esos peligrosos sentimientos. Estaba desesperado. Enojado con Dios. Sentí que nadie iba a comprender mi dolor. Y no le revelé a nadie esos pensamientos negativos porque no pensaba con claridad. Y por eso ocurren tragedias como un suicidio.

Por supuesto, no estaba solo, sino rodeado de personas que me amaban, y cuando estuve a punto de atentar contra mi propia vida, mi amor por ellos me impidió consumar el hecho. No pude resistir la idea de lastimarlos y provocarles sentimientos de culpa.

En cuanto mis padres se enteraron de mis pensamientos auto-destructivos, intervinieron inmediatamente, aunque no fue hasta hace cinco años que les relaté mi intento de quitarme la vida. La noche después de la cual mantuve la cabeza bajo el agua en la bañera y luego me arrepentí, le dije a mi hermano Aaron que probablemente me mataría a los veintiún años, porque no quería seguir siendo una carga para mis padres. Él se lo comunicó de inmediato a nuestro padre, quien tuvo sabiduría suficiente de no reaccionar demasiado. Por el contrario, me aseguró que me amaban y que ni mi madre ni él me considerarían jamás una carga.

Con el tiempo, desapareció el velo de la desesperación. Por supuesto, seguí sufriendo períodos sombríos y depresiones ocasionales, pero el suicidio no volvió a resurgir jamás como opción. Ahora tengo a Kanae, y no puedo imaginarme la idea de perder ni un segundo con ella. Pero, al igual que en otros tantos aspectos, me siento bendecido de tener tanto amor en mi vida. Muchos de quienes piensan en suicidarse o lastimarse a sí mismos no tienen cerca una red de apoyo de amigos y familiares, o ni siquiera cuentan con una.

Si estás en esa situación, recuerda que no estás solo. Nadie lo está. Dios, tu Creador, es el principal entre todos los que te aman. Te invito a rezarle a Él y buscar apoyo. Habla con tu guía espiritual, ya sea un pastor, ministro, sacerdote, rabino o cualquier persona dedicada a ayudar a los necesitados espiritual y emocionalmente. No debes lidiar con la desesperación o los pensamientos peligrosos por tu cuenta. Si no tienes amigos ni familiares con quienes compartir tu carga, puedes encontrar ayuda en tu iglesia, tu médico, o un hospital, escuela o departamento de salud mental local.

También existen en la Internet numerosas fuentes de asesoría para la prevención del suicidio. Así fue como Hal me encontró a mí, algo que me complace enormemente. Al igual que yo y tantos otros desesperados que contemplaban el suicidio, Hal se aisló totalmente, algo de lo que se arrepintió después. "No se lo dije a ninguna persona, lo que ahora considero mi mayor error. Si le hubiera confiado a alguien que estaba sufriendo, habría tenido el valor para buscar ayuda, en vez de acercarme lentamente y cada vez más a la solución permanente de un problema temporal", escribió en un mensaje de correo electrónico.

Un razonamiento importante. Tu dolor y desesperación no van a durar para siempre. Sólo tienes que analizar mi vida para ver que las circunstancias pueden cambiar para mejor de formas impensables. Si crees que has sido víctima de lo peor de la vida, ¿no quieres seguir viviendo para disfrutar de lo mejor? Cuando era niño, nunca imaginé las maravillosas experiencias y personas cariñosas que me esperaban, como también te espera a ti lo mejor que puede ofrecerte Dios.

Por suerte, Hal tuvo la presencia de ánimo suficiente para combatir sus pensamientos suicidas. Recurrió a la Internet, que puede ser una opción buena o mala, dependiendo de lo que busques. En este caso, se tropezó con un mensaje de su madre, quien presintió que su hijo necesitaba estímulo (¡Así se hace, mamá de Hal!). El mensaje que Hal me envió estaba titulado simplemente "¡Caramba!".

Hal me contó que cuando vio mi video ese día, se echó a llorar. Luego se hizo a sí mismo una serie de preguntas y llegó a la conclusión que bien pudo haberle salvado la vida, y le hizo cambiar para mejor.

"¿Cómo pude ser tan egoísta? ¿Cómo pude pensar que el suicidio era la única respuesta? Tengo una familia que me quiere, ropa para cubrirme, comida y agua abundantes; curso estudios universitarios, algo a lo que muchas personas sólo pueden tener acceso en sus sueños. He estado enamorado, y he visto cosas sorprendentes... y estuve a punto de permitirme olvidar todo eso. Eso fue lo que Nick hizo por mí. Me recordó que la vida es un don, un privilegio, no un derecho".

Me encanta la última parte del mensaje de Hal: "Nunca he sido religioso, pero creo en los milagros. Estoy vivo por uno de ellos".

Cada vez que narro esta historia me estremece la emoción, incluso ahora que escribo sobre ella, porque el mensaje de Hal tenía un enlace a uno de mis videos. Piensa en esto: yo estuve en la misma posición de Hal. Si hubiera llevado a las últimas consecuencias mi intento de suicidio, ¡no hubiera podido filmar el video que lo ayudó a salir de la desesperación!

Ahora piensa en el bien que Hal puede hacer para ayudar a los demás de la misma manera. La simple lectura de su historia en este libro puede ayudar a muchos. Por tanto, ahora su vida tiene un significado mayor de lo que jamás había soñado. ¡Y lo mismo pasa contigo! No puedes imaginar lo que Dios te tiene reservado. Si alguna vez sientes deseos de suicidarte o lastimarte, haz lo que hicimos Hal y yo: pon tu fe en acción y entrégale a Él tu vida. El *Salmo* 91 a menudo me sirve para darme fuerzas: "Porque has puesto a Jehová, que es mi esperanza, al Altísimo que es mi habitación, no te sobrevendrá mal, ni plaga tocará tu morada".

UNA MANO AMIGA

Hal me recordó una vez más que si no has recibido el milagro por el que oraste, lo mejor que puedes hacer ¡es convertirte en un milagro para otra persona! Si lograste vencer tus impulsos autodestructivos, te invito a que ayudes a otros que podrían necesitar de alguien que los ayude a lidiar con desafíos similares.

¿Has detectado a alguien que está desesperado, tal vez un familiar, amigo o compañero de trabajo? Una de las mejores cosas que puedes hacer es acercarte a esa persona, para que sepa que alguien se preocupa por ella. Los factores desencadenantes más comunes de pensamientos autodestructivos son: la ruptura de una relación amorosa, problemas financieros, una enfermedad grave, un fracaso personal como la pérdida de un empleo o haber suspendido un examen, una experiencia traumática como un accidente o herida en combate, y la pérdida de un ser querido o incluso de una mascota.

En la Biblia, Pablo afirma que "los sufrimientos del tiempo presente no son comparables con la gloria que se ha de manifestar en nosotros". Siento que mis propias pruebas con mis discapacidades han valido la pena cuando escucho que otra persona dice: "Si Nick puede hacerlo, yo también". Podemos ser regalos e incluso milagros los unos para los otros, prueba viviente de que siempre hay esperanza.

Aunque es imposible saber lo que otra persona guarda en su corazón, hay señales de alarma que debemos vigilar si sentimos que alguien podría estar al borde de una autoagresión. Si percibes algunos de los comportamientos que describo a continuación, te ruego que te pongas a disposición de esa persona necesitada siempre que sea posible.

Según los expertos, entre los comportamientos que pueden indicar una desesperación o depresión profunda capaz de provocar pensamientos de autoagresión o suicidio, están:

- cambios inusuales en los hábitos de alimentación y de sueño
- separación de amigos, familiares y actividades habituales
- acciones violentas, rebeldía o intentos de escaparse
- abuso de drogas y/o alcohol
- abandono inusual en la apariencia personal
- cambios notables de personalidad
- aburrimiento persistente, dificultad para concentrarse, disminución del rendimiento académico
- quejas frecuentes de malestares físicos, relacionados a menudo con emociones, como dolores de estómago, de cabeza y cansancio.
- pérdida del interés en actividades favoritas
- intolerancia ante los elogios o gratificaciones
- regalar o desechar posesiones o pertenencias preferidas
- alegría súbita después de un episodio de depresión

Pudiera haber otros indicadores y los anteriores no son una prueba absoluta, pero si alguien a quien conoces ha pasado por una experiencia traumática, debes estar particularmente alerta si esa persona repite comentarios como "La vida no vale nada", "El mundo me odia", "Soy un perdedor" o "No resisto más".

AMIGOS DE VERDAD

A menudo, las personas angustiadas no quieren hablar de sus problemas. No las obligues a hacerlo, pero mantén abiertas las vías de comunicación sin ofrecer consejos y opiniones. El solo hecho de estar a su disposición, de acompañarlas y de hacerles saber que te importan puede significar una diferencia. No tienes que resolver sus problemas. En honor a la verdad, probablemente no estás capacitado para hacerlo, a menos que seas un profesional de la salud mental.

Kate me envió un mensaje por correo electrónico para agradecer mi ayuda a su mejor amiga durante una de mis charlas. Pero lo que más me impresionó fue la forma en que Kate estuvo dispuesta a ayudar a su amiga, aunque no le resultó fácil, pues, según ella, su amiga de muchos años "comenzó a salirse del camino correcto" cuando cursaban estudios secundarios, hasta tal punto que le diagnosticaron una depresión y llegó a la autoagresión, y además perdió la fe.

"Lo más difícil fue que yo no comprendía nada", escribió Kate.

En repetidas ocasiones, los amigos y familiares de personas desesperadas no pueden comprender por qué se lastiman con tanta intensidad. El *porqué* puede ser inaccesible. Posiblemente, la persona que comete la autoagresión tampoco está consciente de la razón, o el trauma puede ser demasiado enorme para compartirlo con alguien. Me impresionó particularmente que, a pesar de que Kate no entendía las acciones y emociones de su amiga, siguió siéndole leal, incluso cuando fue objeto de su rechazo.

"En todo ese tiempo me esforcé todo lo posible por tratar de ayudarla a salir de la depresión. Pero como soy una persona realmente feliz que vive la vida al máximo, ella rechazó mi compañía. Seguí intentándolo. Ese año, trató de suicidarse en dos ocasiones, y me dolió profundamente que pensara que no había razón para seguir en la Tierra", añadió Kate.

Un mes después del segundo intento de suicidio de su amiga, me tocó dar una charla en su escuela.

"Estaba sentada junto a ella, y no te quitó los ojos de encima ni un instante. Lo que estabas diciendo debió haberla impresionado, porque durante tu charla sonrió de veras, la primera sonrisa auténtica que le vi en mucho tiempo. Cuando terminó la charla, insistió en verte y darte un abrazo, lo cual hizo. Después de que te marcharas esa noche, me dijo que gracias a ti había recuperado su fe en Dios", relató Kate en su mensaje.

Kate agregó que ese acontecimiento marcó el inicio del fin de la desesperación y las autoagresiones de su amiga, y escribió para agradecerme "haberme devuelto a mi mejor amiga", aunque, en verdad, fue la lealtad y la devoción de Kate hacia su amiga lo que posibilitó su recuperación.

En ocasiones no será fácil ayudar a un amigo o ser querido que lidia con la desesperación o la depresión. Tu lealtad será puesta a prueba. Podrás sentirte lastimado, menospreciado o abandonado. Sería incapaz de sugerirte que permitas que alguien te maltrate. Si eso ocurre, debes mantenerte a una distancia prudencial, pero haz lo que puedas por ayudar, lo cual podría limitarse a estar cerca de aquéllos que sufren, escuchándolos cuando quieran hablar acerca de sus preocupaciones, y haciéndoles saber que son amados y valorados, recordándoles que hay otras personas que los quieren.

Si sientes que alguien está más abrumado de lo que tú puedes manejar, debes ponerte en contacto con un consejero, confiar en un religioso, un médico o profesional de salud mental y pedirle asesoría sobre lo que puedes hacer al respecto.

La mayoría de las comunidades cuentan con líneas telefónicas de ayuda para personas con problemas de salud mental y pensamientos suicidas, a las que se puede llamar para pedir asesoría. Además, hay numerosos sitios Web como National Suicide Prevention Lifeline (www.suicidiopreventionlifeline.org), Self-Injury Foundation (www.

selfinjuryfoundation.org), y S.A.F.E. Alternatives (www.selfinjury.com). Puedes encontrar sus datos buscando en la Internet los servicios de asesoría de salud mental, suicidio, autoagresión y consejería psiquiátrica.

AYUDAR AL AFLIGIDO

Insisto una vez más en que debes consultar con profesionales y expertos para ayudar a una persona que corre peligro de autoagresión, pero si esa persona quiere hablar contigo de sus problemas, no pierdas la oportunidad de tenderle la mano. No hace mucho, di una charla en una iglesia, después de la cual sólo quería irme a casa. Estaba cansado, tenía hambre y hacía mucho frío afuera. Nos encaminábamos al automóvil cuando vi a una joven sentada en aquel frío inclemente. Tenía la cabeza gacha y aparentemente había estado llorando. Yo estaba deseoso de comer, de calentarme y de descansar, pero Dios tocó mi corazón y me dijo que fuera a socorrerla.

Natalie estaba abrumada por sus pensamientos suicidas. Aquella joven de catorce años se había escapado de su casa y se dedicaba a vagar pidiendo aventones. Un desconocido la había dejado frente a la iglesia. Tal vez, yo daba mi charla allí por pura coincidencia o quizás Dios volvía a revelarme una vez más Su plan al no dejarme acabar con mi vida años atrás.

Natalie me abrió su corazón. Sentía que su vida carecía de sentido. Me dijo que estaba tan perturbada que se había propuesto suicidarse esa misma noche. No la juzgué ni traté de resolver sus problemas. Al contrario, le conté mi propia experiencia de frustración y dolor cuando era niño. Le dije que más tarde había puesto mi vida en manos de Cristo y con el tiempo Él me había revelado mi camino y mi propósito. Además, le dije que yo también llegué a sentirme como ella, pero que mi vida había cambiado por completo.

Mis palabras la conmovieron. Natalie dijo que necesitaba desesperadamente hablar con alguien que comprendiera por lo que estaba pasando sin juzgarla ni condenarla. Le dije que había formas de transformar su tristeza en alegría, como yo mismo había conseguido hacerlo. Oré con ella. Posteriormente, el pastor y otros religiosos la aconsejaron y le prestaron la ayuda que necesitaba para regresar a la casa de sus padres y a una vida mejor.

En la actualidad, Natalie ha dejado de sentir deseos de autoagredirse o de quitarse la vida. Contamos su historia en el video *Passing on the Torch*, que está en el sitio Web Life Without Limbs. Podrás imaginarte cuán agradecido estoy de no haberme limitado a subir al automóvil y marcharme a casa esa noche. Dios guió a Natalie hacia mí para que yo pusiera mi fe en acción y la exhortara a hacer lo mismo. Si te encuentras a alguna persona visiblemente angustiada, te ruego que busques una manera de ayudarla o de guiarla hasta alguien que pueda asistirla. Tú también puedes ser un milagro para otra persona. ¡Qué gran bendición!

Me preocupa el hecho de que hay muchas personas como Natalie que no reciben ayuda. Hay una generación perdida en peligro de autoagredirse, porque no tiene esperanza ni fe para poner en acción. Según una investigación realizada por Barna Group, aproximadamente tres de cada cinco jóvenes cristianos (59 por ciento) se desconectan ya sea permanentemente o por un extenso período de tiempo de las actividades de la Iglesia después de cumplir quince años.

Yo quiero revertir esa tendencia. El Señor me ha dado una pasión aún mayor por ayudar a los jóvenes necesitados. Tengo un compromiso renovado de animar a mi generación a que sienta fervor por el Señor Jesucristo, e invitarlos a compartir mi pasión por Él. Mi objetivo es compartir una esperanza que se encienda al menos en una persona cada día, y que luego esa persona pueda encenderla al menos en otra. Así sucesivamente hasta que el mundo se ilumine con Su luz gloriosa. Algo que yo denomino "pasar la antorcha encendida".

Jesús dijo: "Vosotros sois la luz del mundo [...]. Brille así vuestra luz delante de los hombres, para que vean vuestras buenas obras y glorifiquen a vuestro Padre que está en los cielos". Creo con toda mi alma que esto es posible, y espero que nunca pierdas la oportunidad de ayudar al afligido.

Te ruego que comprendas también que en ocasiones las personas que aparentan ser casos difíciles —hostiles a la autoridad y difíciles de ayudar— son los que más necesitan ayuda. Jesús no le predicó a los ricos ni a los virtuosos, sino a los criminales más miserables y a los pecadores empobrecidos, y les ofreció la salvación. Cuando doy charlas en escuelas, e incluso en prisiones, a menudo los que responden a mi mensaje con mayor emoción son los que, en apariencia, preferirían estar en otra parte y no escuchando a este tipo raro hablando de Dios.

Gina aparentaba ser una adolescente que no quería ayuda, aunque la necesitaba desesperadamente. La joven me contó su historia en un emotivo mensaje de correo electrónico en el que describió una niñez de abusos y conflictos. "Mi corazón estaba frío, rodeado de un muro para separarme del exterior", escribió. Como consecuencia, comenzó a cortarse y lastimarse a los doce años.

"Satanás me susurraba al oído, diciéndome que el dolor era lo único real. Me lo creí de veras y traté de matar mi dolor interno con un dolor que pensé que podría controlar. Traté de suicidarme cuatro veces. Sospecho que Dios no estaba dispuesto a dejarme marchar con tanta facilidad", explicó.

A pesar de su obstinada actitud y sus problemas emocionales, Gina siguió participando en un grupo religioso juvenil, lo cual fue una gran bendición, porque así es como llegué a ella al ser invitado a dar una charla en su iglesia.

"Cuando comenzaste a hablar, te oí, tratando de no escucharte mucho. Pero me resultó imposible. Todo lo demás se desvaneció, y allí quedaste, hablando de que Dios me ama, diciéndome que tengo un propósito, diciéndome que puedo usar mis circunstancias por Él, diciéndome que soy hermosa".

Aunque mi mensaje de aquel día, como casi siempre, fue muy simple y extraído directamente de la Biblia, a la joven de quince años le llegó al corazón.

"Cuando dijiste que ser perfecto por fuera no significa nada si estás roto por dentro, creo que mi muro comenzó a desmoronarse. Después de eso, todo lo que dijiste le fue sacando ladrillos al muro, hasta que me quedé allí sentada, desprovista de defensas, con lágrimas en los ojos y totalmente cambiada. Y cuando oré cayeron mis cadenas y me sentí libre", escribió la joven.

Gina añadió que mis simples palabras le dieron esperanza.

"De repente, podía hacerlo, podía vivir; tenía una razón para hacerlo porque soy especial.... Tal vez ése fue otro día cualquiera en tu vida, pero para mí fue otro día en que no me di por vencida, y todavía más importante, el primer día durante mucho tiempo en el que no quise rendirme. Llegaste a mí, sin tocar mi mano con la tuya, pero tocándome el corazón con el tuyo y con el amor de mi Papi. Mi Papi, el Papi que nunca me lastimará ni me causará dolor. El Papi que me amará como soy, a pesar de todas mis faltas y errores", aseguró.

Gina es una joven realista que ha pasado por algunas experiencias muy difíciles, pero me encanta que ahora esté poniendo su fe en acción paso a paso con esperanza en su corazón.

"Aunque en ningún caso se han acabado los problemas que tengo en mi vida, es un comienzo en la dirección correcta. Espero con el tiempo aprender a usar mi testimonio como haces tú, para ayudar a los afligidos y decirles que no están solos y que existe un propósito, que son amados. Tú me diste una de las cosas más importantes del mundo: LA ESPERANZA", escribió Gina.

Si estás afligido como estuvo Gina, lleva sus palabras a tu corazón y pon tu propia fe en acción. Si conoces a alguien que sufre dolor emocional y le abruman pensamientos autodestructivos, ayúdalo. Incluso un mensaje simple como el mío puede transmitir esperanza en que llegarán días mejores y podrías salvarle la vida a uno de los hijos de Dios.

A continuación, algunas fuentes que podrían ser de utilidad tanto para ti como para otra persona:

Kids Under Twenty One (KUTO; www.kuto.org) es un sitio Web para adolescentes creado por adolescentes. KUTO ofrece prevención de crisis, intervención en casos de intentos de suicidio y apoyo a la comunidad por medio de concientización e iniciativas de ayuda.

National Suicide Prevention Lifeline (1-800-273-TALK [1-800- 273-8255]; www.suicidepreventionlifeline.org) es un servicio gratuito de prevención de suicidios que funciona las veinticuatro horas. Las personas que llamen serán transferidas a un centro de crisis en su zona de residencia. La institución, que cuenta con más de 130 centros de crisis en todo el país, tiene como misión ofrecer ayuda inmediata a cualquier persona que necesite servicios de salud mental. Llama si lo necesitas tú o para ayudar a un ser querido. Las llamadas son gratuitas y confidenciales.

Teen Line (1-310-855-HOPE [1-310-855-4673] o
1-800-TLC- TEEN [1-800-852-8336]; mensaje de texto "TEEN" a 839863; www. teenlineonline.org) ayuda a los adolescentes a resolver problemas por medio de una línea telefónica confidencial manejada por jóvenes, y un programa de ayuda comunitaria. Funciona todas las noches de 6 p.m. a 10 p.m. (Hora del Pacífico, PST).

ULifeline (www.ulifeline.org) es un centro anónimo y confidencial en línea para estudiantes universitarios en busca de información sobre salud mental y prevención de suicidios.

CrisisLink (1-703-527-4077; 1-800-237-TALK
[1-800-237- 8255], National Suicide Prevention Line; y 1-800-SUICIDE [1-800-784-2433]; www.crisislink.org) fue creada para salvar vidas y evitar tragedias. Ofrece apoyo a personas con crisis existenciales, traumas y pensamientos suicidas. Ofrece información, educación y enlaces a recursos comunitarios para animar y capacitar a las personas para que se ayuden a sí mismas.

SIETE

Combatir la injusticia

UNA DE LAS MAYORES ALEGRÍAS DE MI VIDA ES VISITAR A MI AMIGO Daniel Martínez. En mi libro *Una vida sin límites* cuento cómo Chris y Patty Martínez, de Long Beach, llevaron a su hijo de diecinueve meses a una iglesia donde yo daba una charla en 2008. Aunque estaban sentados muy lejos de mí, Chris sostuvo en el aire al pequeño Daniel para que yo viera que aquel precioso niño había nacido tal y como yo, sin brazos ni piernas.

En esa etapa, Daniel era la primera persona similar a mí que había conocido. ¡Qué momento tan emotivo! Inmediatamente sentí un vínculo estrecho con la familia Martínez. Estaba ansioso por hablar con ellos en privado para darles aliento y compartir mis experiencias. Y la alegría fue mayor aún cuando mis padres, que llegaron de Australia a los pocos días, también simpatizaron rápidamente con Daniel, Chris y Patty.

Desde entonces hemos seguido en contacto. Daniel ha demostrado ser aún más audaz y aventurero que yo cuando tenía su edad. Dios me puso en su vida para darle el ejemplo que nunca tuve, y me siento bendecido cada vez que estamos juntos. Por tanto, podrás imaginarte mi preocupación cuando, hace unos meses, los Martínez me contaron que Daniel, quien ya está en primer grado, estaba teniendo problemas de acoso por parte de sus condiscípulos.

Esta perturbadora noticia me golpeó y me afectó directamente. No importa a qué lugar del mundo viaje —China, Chile, Australia, India, Brasil, Canadá— siempre encuentro jóvenes que me narran historias de acoso, burlas y hostigamiento en las escuelas, en patios de juego y autobuses, y cada vez más en la Internet. Casi todos los días escucho noticias de que en alguna parte del mundo, un joven se ha suicidado o ha atacado violentamente como consecuencia de un acoso continuo.

En mis charlas con grupos escolares, me piden a menudo que hable en contra del acoso y que pida su erradicación. Por supuesto, esto me atañe profundamente en el plano personal, pues en mis primeros años de estudios fui víctima de ese tipo de abuso. En la enseñanza intermedia tuve muchos amigos, pero también sufrí comentarios hirientes y bromas malvadas.

Recuerdo a un abusador en particular, un niño de más edad llamado Andrew, quien se ensañó conmigo cuando yo tenía trece años, y me gritaba insultos cada vez que me veía. No encuentro una forma delicada de reproducir lo que me decía. Día tras día, se me acercaba y gritaba: "¡Nick no tiene c...j....s!".

Es un ejemplo típico de los burdos comentarios que algunos hombres se hacen entre sí, y hasta yo mismo me habría reído si Andrew lo hubiese dicho una sola vez. Pero aquel tipo no se cansaba de hacer burlas. Ya era bastante cruel carecer de brazos ni piernas, como para además tener que aguantar a aquel pajarraco chillón haciendo falsas alusiones sobre mi hombría, en una etapa en que los jóvenes son muy sensibles a este tipo de cosas. Para colmo de males, algunos de sus amigos se sumaban a las mofas, lo cual me hacía sentir aún peor. Y casi nadie hacía nada al respecto, lo cual también me molestaba. Quizás pienses que alguien podría haber silenciado a aquel estúpido, pero nadie lo hizo, lo que me enojaba todavía más.

No dejes nunca que un abusador te haga sentir mal contigo mismo. Sé que es más fácil decirlo que hacerlo. Las palabras pueden lastimarte aunque sepas que no son ciertas y tienen el objetivo de molestarte. Algo que se cumple especialmente cuando te ofenden una y otra vez frente a tus condiscípulos y amigos, y ellos no hacen nada por evitarlo.

Siempre le digo a la gente que me faltan los brazos, pero no la capacidad de defenderme. En la escuela primaria tuve que soportar a un abusador que me sacó de mis casillas de tal manera que le rompí la nariz dándole un papirotazo con mi dura frente. Era más alto que yo, pero el tonto que me atormentaba en la escuela secundaria era mucho, mucho más alto. (Por cierto, Andrew no es su nombre verdadero; que mis amigos australianos no se molesten en tratar de investigar su identidad).

En aquel tiempo no estaba consciente de lo generalizado que estaba el abuso escolar, ni lo serio que podía ser. Sólo sabía que escuchar las burlas de Andrew por lo menos una vez al día me provocaba un nudo en el estómago y me hacía sentir como un verdadero desastre. Al cabo de un par de semanas de abusos verbales, Andrew y sus insultos eran el primer pensamiento que me venía a la cabeza al despertarme por la mañana. Detestaba ir a la escuela, y trataba de no encontrarme con él, lo cual me hacía llegar tarde a clases. Y ni siquiera podía pensar con claridad, entre la preocupación por un posible encuentro con Andrew y el enojo y el dolor causado por la última mofa que me había gritado en el pasillo.

Algunos de mis amigos de más edad se ofrecieron a darle una paliza, pero en realidad no quería lastimar a aquel palurdo. Sólo quería que se callara. Finalmente, decidí confrontarlo, acumulando suficiente energía de mi enojo y temor para impulsar mi silla de ruedas hasta él en el pasillo, después de que espetara uno de sus habituales insultos y me avergonzara nuevamente.

De cerca, Andrew era mucho más alto. Aquella fue una de esas ocasiones en las que deseé que mi silla de ruedas estuviera equipada con un ariete, o al menos una manguera de agua a presión. Sin embargo, advertí su sorpresa ante mi osada actitud.

«¿Por qué lo haces?», le pregunté.

«¿Hacer qué?», respondió.

«¿Por qué te burlas de mí y dices esas cosas?», le pregunté.

«¿Te ofende?».

«Sí, me ofende cada vez que lo haces».

«No me di cuenta, hombre. Estaba bromeando. Lo siento».

Como su disculpa me pareció genuina, la acepté y nos dimos la mano.

¡Es una broma!

En realidad le dije "Te perdono" y eso pareció sorprenderle.

Nunca más volvió a molestarme. Estoy seguro de que Andrew no se consideraba un abusador. A menudo, los bravucones no se consideran como tales. Sólo creen que están bromeando o haciéndose los graciosos, pero no se dan cuenta de que sus palabras son hirientes.

Cuando lo son, es necesario que se detengan o que los obliguen a parar.

Andrew puede haber sido una de esas personas a quienes les resulta difícil relacionarse con alguien que tiene una discapacidad, y quizás intentó eliminar lo que consideraba una brecha entre lo normal (él) y lo diferente (yo) burlándose de mí. Pero independientemente de cuál haya sido su razón, Andrew me lastimaba y arruinaba mis días escolares con sus comentarios desconsiderados.

Cuando los padres de Daniel me contaron que estaban acosándolo en la escuela primaria, volví a recordar aquellos sentimientos pretéritos y se abrieron viejas heridas. Él y yo nos parecemos mucho, no sólo en el aspecto físico, sino también en el temperamento. Daniel es un chico sociable y amante de la diversión, y yo sabía que el acoso le robaría alegría y desencadenaría inseguridades, tal como me ocurrió a mí.

Ante esto, me ofrecí para dar una charla en su escuela acerca de los peligros y la crueldad del acoso. Una idea que los funcionarios escolares aceptaron de buen grado, pidiéndome que hablara en todos los grados, desde preescolar hasta quinto, y me complació ver que el personal estaba esforzándose lo más posible para ayudar. También hicieron posible que Daniel les hablara a todos los alumnos acerca de lo que puede y lo que no puede hacer, cómo realiza ciertas tareas, y cómo es su vida sin brazos ni piernas.

El "Día de Daniel" fue un éxito colosal. Yo le aclaré a todos los de la escuela que era un buen amigo de Daniel y su mayor impulsor, y que si alguien volvía a abusar de él lo consideraría una ofensa personal. Los exhorté a que fueran compasivos en vez de abusivos. Además, hablé sobre los peligros y la crueldad del acoso desde mi perspectiva individual y global. También me referí al impacto del acoso en sus víctimas, y cómo se puede detectar cuando alguien es sometido a abusos. Finalmente, los exhorté a denunciar y a tomar medidas para eliminar el acoso en sus comunidades.

Un problema global

Mis experiencias personales con el acoso no terminaron en la niñez. Hace poco, viajaba con unos amigos y, mientras nadaba en la piscina del hotel, un tipo, obviamente borracho, me dirigió comentarios crueles y en voz alta. Pensar que el acoso es un problema de niños es un error común. Que lo diga la oficial de policía humillada, intimidada y rechazada por sus compañeros. O el anciano caballero que vive con miedo a los adolescentes que aterrorizan su edificio de apartamentos. O el adolescente cuya página de Facebook es bombardeada con comentarios crueles e hirientes.

El abuso se manifiesta de formas múltiples que van desde los sobrenombres, las burlas y los rumores ofensivos a los ataques físicos y el acoso cibernético a través de la Internet, las redes sociales, los mensajes de texto y los celulares, que se usan para asediar e intimidar. La mayoría de los estudios científicos reportan que entre el 25 y el 40% de los jóvenes son víctimas de acoso escolar. Un informe de la Asociación Nacional de Educación publicado en 2011 revela que casi todos los estudiantes han tenido algún tipo de contacto con el acoso escolar para cuando se gradúan de enseñanza secundaria. El informe añade que el acoso puede acarrear problemas académicos, sociales, emocionales, físicos y de salud mental.

Kerry Kennedy, presidenta del Centro Robert F. Kennedy para la Justicia y los Derechos Humanos, ha caracterizado el acoso como una forma de abuso contra los derechos humanos, y en 2010, el Departamento de Educación de los Estados Unidos llevó a cabo la primera cumbre federal para tratar el tema del acoso escolar.

El acoso ha dejado de ser cosa de niños. Todos experimentamos formas menores de asedio e intimidación en la niñez. Pero la mofa en el patio de juegos ha escalado en las últimas décadas hasta convertirse en un abuso mental, físico y emocional más grave que tiene lugar frente a frente o mediante la Internet y los teléfonos celulares. La Organización Mundial de la Salud ha calificado el acoso como "un importante problema de salud pública" en escuelas, centros de trabajo y en la sociedad en general, donde las minorías étnicas y los homosexuales son víctimas frecuentes.

El acoso en el centro de trabajo está tan extendido y puede ser tan dañino como el que existe en las escuelas, y puede consistir en todo tipo de ofensas, desde la intimidación verbal y física hasta la propagación de rumores, el rechazo, la negación de méritos laborales, la traición y el uso de posiciones de liderazgo para imponerse y obligar al empleado a hacer tareas que no son propias de su cargo. Un estudio realizado por el Instituto de Acoso Laboral descubrió que el 37% de los estadounidenses ha sido víctima de abuso en su centro de trabajo, y que el 40% no se atrevió a denunciar el caso a sus empleadores. Y entre esas víctimas de acoso, cerca del 50% confronta problemas de salud relacionados con el estrés, como ataques de ansiedad y depresión clínica.

Según muchos estudios, las personas que han sido víctimas o testigos de acoso corren un riesgo significativo de autoaislamiento, de abuso del alcohol y drogas, de problemas de salud y depresión, y de autoagresión. También se están conociendo cada vez más informes de agresiones violentas por parte de las víctimas de abusadores en las que personas inocentes han resultado heridas o muertas.

Finlandia, una nación normalmente pacífica, fue profundamente sacudida en 2007 cuando un estudiante de dieciocho años perpetró una masacre en su escuela donde perdieron la vida ocho personas incluyendo el director, la enfermera y otros seis alumnos. El asesino, que llegó a dispararle hasta veinte veces a algunas de sus víctimas, se suicidó al terminar su masacre. Había llevado quinientos cartuchos de municiones a la escuela y además trató de incendiar el edificio. Una investigación policial confirmó que el joven había sido abusado con frecuencia en la escuela. En un video que subió a la Internet antes de la matanza, se le ve con una pistola en la mano y vistiendo una camiseta donde se lee "La humanidad está sobrevalorada".

Pocos años antes, un joven californiano de quince años abrió fuego en un baño para varones de la escuela Santana High School con un revólver de ocho balas, y luego pasó al área de deportes de la escuela. Cuando concluyó la balacera, había matado a dos estudiantes y herido a trece. El agresor, Andy Williams, era de estatura pequeña, por lo que se burlaban de él con frecuencia, tanto en su escuela anterior en otro estado, como en la nueva. Pero lo peor es que los ataques no se limitaron a la escuela, sino que se extendieron a su domicilio, al que entró alguien, revolvió entre sus pertenencias y le robó su máquina Nintendo. Y en la nueva ciudad a la que se mudó, le robaron la patineta y los zapatos en un parque de patinaje, y, a sólo dos semanas antes de la matanza, Williams fue golpeado brutalmente.

El acoso fue citado en un informe del Servicio Secreto de los Estados Unidos publicado en 2002 como un factor determinante en el 71% de los treinta y siete episodios de ataques con arma de fuego en escuelas, estudiados por la agencia. En varios casos, los atacantes habían sido víctimas de acoso y asedio "prolongado y severo". En algunas ocasiones, haber sido abusado resultó ser un desencadenante de la decisión del estudiante de atacar a otros.

Se trata de un problema grave, cuando además consideramos que en el 85% de esos casos no hubo intervención de personas con autoridad. Los estudios también revelan que un abusador es seis veces más propenso a ir a la cárcel antes de los veinticuatro años y cinco veces más propenso a tener extensos antecedentes penales en la adultez. Los expertos afirman que los abusadores de patios escolares de hoy, serán los depredadores de la sociedad en el futuro.

Tanto en mi niñez como en mis años de adulto, mis experiencias con los abusadores me han dejado intimidado, deprimido, ansioso, estresado y mal del estómago. Lo terrible es que mis episodios de abuso son nada comparados con la mayoría. Los reportes de acoso que me llegan cada día a mi buzón de correo electrónico y páginas Web son realmente perturbadores, al igual que muchas de las historias que me relatan directamente personas que asisten a mis charlas o con las que hablo en mis viajes.

Recién terminaba mi charla sobre este preciso tema ante un enorme grupo de estudiantes de San Fernando Valley Academy en Northridge, California, cuando un hombre alto, canoso y con perilla se me acercó mientras salía del lugar.

"Nick, ¿le importaría si hablo con usted un minuto?", dijo, presentándose como Jeff Lasater.

Había tal tristeza en sus ojos, que le pedí que me abrazara.

Con lágrimas en los ojos me agradeció por haber exhortado a los chicos a poner fin a las burlas y el acoso. Pensé que era todo lo que me iba a decir, pero luego me contó que su hijo Jeremiah se había suicidado en 2008 a causa del acoso constante del que fue víctima en su escuela.

Su trágica historia es testimonio de lo peligroso que puede llegar a ser el acoso, y lo estresante y dañino que puede ser para sus víctimas, independientemente de la edad o la estatura que tengan. Jeremiah no parecía presa fácil para los abusadores. A los catorce años medía más de seis pies y medio de altura, pesaba unas 275 libras, y se desempeñaba como guardalíneas ofensivo del equipo de fútbol en un centro de enseñanza secundaria con una matrícula de seiscientos estudiantes.

Sin embargo, lo cierto es que los abusadores aprovechan las vulnerabilidades, algo que todos tenemos. Los abusadores se las ingenian para detectar las tuyas. En ocasiones atacan físicamente, pero también pueden atormentar a sus víctimas mental o emocionalmente.

Mis acosadores se burlaban de mí porque era físicamente diferente de los demás. Se mofaban por mi falta de extremidades, o porque no podía hacer lo que podían hacer ellos. Yo fui una presa fácil, pero, en el caso de Jeremiah, su estatura y carácter apacible lo hicieron un objetivo más fácil aún.

Jeremiah tenía dos vulnerabilidades que aprovecharon los que abusaron de él. Tenía problemas para integrarse al grupo porque tenía un impedimento de aprendizaje, y por eso el trabajo académico le resultaba especialmente arduo. También se negaba a utilizar su estatura para atemorizar a quienes lo atormentaban, porque una vez lo habían suspendido por pelear en sus años de primaria. En vez de enfrentarse a los acosadores o pedir ayuda a sus maestros o supervisores, Jeremiah se aisló y no le dio salida a su ira. Sus amigos le llamaban "gigante noble", pero el rechazo que sentía Jeremiah por las peleas, a pesar de tu tamaño, lo hizo una víctima idónea para quienes se burlaban de él para demostrar que no le temían a un chico tan grande.

Un amigo recordó que un día atormentaron tanto a Jeremiah en clase, que finalmente se puso de pie y dijo: "¡Déjenme en paz!". Cuando se dieron cuenta de que Jeremiah no los iba a enfrentar, lo molestaron aún más. Sus amigos afirmaron que lo acosaban desde la enseñanza primaria, un problema que empeoró en la escuela secundaria.

Un día de noviembre de 2008, alguien le lanzó chile a Jeremiah en la fila del almuerzo, y, según su padre, otro trató de bajarle los pantalones. Atormentado, el joven escapó de la cafetería y se encerró en una caseta, sacó una pistola de su mochila, y se dio un tiro en la cabeza.

Nadie sabía el dolor emocional que aquejaba a Jeremiah. Al igual que tantos otros abrumados por el acoso, yo entre ellos, este joven les ocultó su creciente depresión a sus padres y amigos.

"Hace un año me preocupó que estuviera entrando en ese sitio donde los chicos no reaccionan. Prefiero que reaccionen", le dijo uno de los maestros de Jeremiah a un reportero poco después de su muerte.

Los administradores de la escuela afirmaron que Jeremiah había mejorado académicamente, y que además se sentía muy bien por haber logrado su mejor jugada en el equipo de fútbol el viernes anterior. Pero esto es lo que debes recordar si alguna vez te has burlado de alguien o si conoces un caso de abuso: nunca se sabe qué puede empujar a alguien a cometer un acto extremo.

Es posible que Jeremiah estuviera satisfecho con sus calificaciones y su perfeccionamiento en el terreno de fútbol. Nunca sabremos por qué decidió quitarse la vida, pero quizás al ver que proseguían los abusos a pesar de lo bien que estaba haciéndolo todo, pensó que sus acosadores jamás iban a dejarlo en paz.

Se han producido tragedias similares, como la muerte en enero de 2012 de Amanda Cummings, una joven de quince años de Staten Island, Nueva York, que perdió la vida al lanzarse frente a un autobús en marcha con una nota suicida en su bolsillo. La policía descubrió que estaba siendo víctima de acoso en la escuela y en Facebook por parte de sus condiscípulos. Una encuesta realizada en esa escuela un año antes reveló que el 80% de los alumnos había sido objeto de acoso o de amenazas.

Según reportes de prensa, una de las amigas de Amanda escribió en Facebook que esperaba que esa muerte atormentara por siempre a aquellos "que hicieron sentir a Amanda como si tuviera el mundo en su contra".

La madre de otro alumno que sufrió acoso en el plantel de enseñanza secundaria de Jeremiah Lasater asistió a una vigilia después del suicidio del joven, y le dijo a un reportero: "Siempre habrá acoso mientras nadie haga algo al respecto".

El acoso es parte del lado oscuro de la naturaleza humana, y con toda seguridad ha estado entre nosotros desde que ha existido pecado en este mundo. El propio Jesús fue víctima de tormentos constantes por parte de sus enemigos. Cuando lo detuvieron, Jesús fue interrogado por el sumo sacerdote Anás sobre sus discípulos y sus enseñanzas. Jesús le dijo que siempre había hablado públicamente y que no había hecho nada a ocultas, e invitó a Anás a que le preguntara a quienes lo habían escuchado. Apenas dicho eso, uno de los guardias del templo le dio una bofetada y dijo: "¿Así contestas al sumo sacerdote?".

Me agrada que Jesús no se retractara ante sus perseguidores religiosos. Por el contrario, le preguntó al guardia por qué lo había golpeado.

"Si he hablado mal, prueba en qué; pero si he hablado bien, ¿por qué me pegas?"

Creo que la lección que Jesús estaba impartiendo en ese momento era que nadie debe quedarse con los brazos cruzados al ser acosado o perseguido. Por el contrario, debemos poner nuestra fe en acción, rebelarnos contra los que intimidan y persiguen, tanto a nosotros como a cualquier persona, y exigirles un trato justo.

Es probable que alguna burla o una broma de mal gusto sea la última gota, el golpe final contra alguien a quien conoces que ha estado soportando en silencio lo que sufrieron Amanda o Jeremiah. ¿Quieres ser la persona que permita la continuidad del acoso o la que ayude a evitar una tragedia innecesaria? Te aconsejo que pongas tu fe en acción y te incorpores al bando de los que se oponen al abuso, las novatadas y otras formas de injusticia como la discriminación racial o sexual, la persecución religiosa y la esclavitud humana.

Jeff Lasater me aseguró que estaba resuelto a hacer todo lo posible por oponerse al tipo de acoso que precipitó a su hijo a la muerte. Poco después del suicidio de Jeremiah, fundó Jeremiah Project 51 (www.jeremiah51.com), una organización sin fines de lucro que se ha convertido en un factor importante en la lucha para erradicar el acoso.

El padre de Jeremiah cree que el acoso es como el cáncer, y por tanto, la única manera de eliminarlo es extirpándolo. Jeremiah Project 51 (el número de Jeremiah en su equipo de fútbol y en su camiseta de jugador era el 51) se dedica a erradicar el acoso, escuela por escuela. La organización tiene una línea telefónica gratuita de ayuda (866-721-7385) adonde pueden llamar los estudiantes o los padres si conocen un caso de acoso, y reportarlo anónimamente. El equipo de Project 51 hará una llamada a la escuela y pedirán una investigación al cabo de veinticuatro horas, a la cual darán seguimiento.

Los padres también pueden llamar a ese número telefónico para pedir ayuda si sus intentos por alertar a una escuela con respecto a un caso de abuso han sido ignorados. De nuevo, el equipo de Project 51 se asegurará de que la escuela resuelva el problema. La organización, radicada en Winnetka, California, insiste en que las escuelas con reportes de acoso tengan un programa educacional que alerte al personal, a los estudiantes y a los padres para que puedan detectar las señales de abuso.

Jeremiah Project 51 también tiene un programa de mentores, para que los alumnos que están siendo acosados cuenten con la ayuda y apoyo de un estudiante de un grado superior en la escuela quien es respaldado por la organización. El compromiso de Project 51 es ayudar a que los estudiantes y padres puedan hacerle frente al acoso, incluso si implica quejarse a las juntas escolares locales.

Si nunca has sido víctima de acoso, puedes darte por dichoso. Muy pocas personas pasan por la vida sin un bravucón. Pero hay una gran diferencia entre un simple encuentro con un estúpido malvado, y ser víctima de ataques verbales o físicos continuos y maliciosos. Las burlas feas y atormentadoras de Andrew en contra mía sólo duraron dos semanas. Jeremiah sufrió en silencio durante mucho tiempo. A pesar de su estatura y su fuerza, este muchacho soportó un serio hostigamiento y ataques físicos por varios años, según su padre. Su rechazo a enfrentarse con sus antagonistas, y la falta de un grupo de amigos decididos a apoyarlo, sólo sirvieron para empeorar las cosas.

SER UN BUEN SAMARITANO

Todos los que padecen largos períodos de hostigamiento, tienden a ser personas solitarias e introvertidas con poca autoestima, más inclinados a huir que a pelear. También es cierto que las personas que pertenecen a minorías étnicas y los que padecen discapacidades físicas y mentales son víctimas frecuentes de acoso sostenido, rechazo y otros tipos de abuso.

Cuando era un chico, el acoso no se consideraba un problema serio. Muchos pensaban que era parte de la vida, o algo que todos aprendemos a soportar. Pero el nivel de acoso ha aumentado en el mundo, y hay muertes y vidas dañadas permanentemente por su causa.

Si conoces a alguien que pudiera ser objeto de acoso, ya sea un amigo, familiar, condiscípulo o compañero de trabajo, te exhorto a estar alerta y listo a ayudar. Los expertos afirman que entre las señales comunes de que una persona es víctima de acoso están:

- creciente rechazo a ir a la escuela, al trabajo o a eventos a los que asistan sus compañeros

- rechazo a hablar de los acontecimientos del día al regreso a casa
- ropa desgarrada, lesiones sin explicación, pertenencias robadas
- pedir dinero extra para llevar a la escuela
- llevar armas a la escuela
- quejarse de dolores de cabeza, problemas estomacales y nerviosismo antes de salir o al regresar a casa
- quejarse de no poder dormir o tener pesadillas
- crecientes problemas de concentración
- cambios importantes en los hábitos de alimentación, ya sea mayor apetito o inapetencia
- escasa o ninguna interacción con sus compañeros
- autoagresión mediante cortes, arañazos, tricotilomanía u otros medios
- temor aparente a salir de la casa
- escaparse de la casa
- disminución repentina del rendimiento laboral o escolar
- deterioro sin precedentes del estado de ánimo antes de salir y al regreso a casa
- expresiones negativas y autocríticas como "Estoy harto de la vida", "No soporto más" o "Todos me odian"

Sé por experiencia que las víctimas de acosadores les ocultan con frecuencia su desasosiego y depresión a familiares y amigos, ya sea por vergüenza o por temor a empeorar la situación. La mayoría no ve una manera de escaparse de quienes les atormentan, lo cual puede llevar a trágicas consecuencias. Esto fue lo que les ocurrió a Jeremiah Lasater y a Amanda Cummings.

Nunca les dije nada a mis padres cuando abusaban de mí, porque no quise irritarlos o ser una carga para ellos. Pensaba que, o debía pasarlo por alto, o tomar medidas por mi cuenta. Las víctimas de acoso *necesitan* ayuda. Aunque tal vez no la pidan, agradecerán cualquier esfuerzo silencioso para aliviar la situación. Uno de los factores que me afectó más en mis encuentros con Andrew, mi némesis, fue la falta de compasión de los condiscípulos que presenciaron sus ataques verbales sin hacer nada por ayudarme. Me complace haber podido enfrentar finalmente a Andrew, y estoy aún más agradecido porque decidiera dejar de molestarme. Pero me he preguntado con frecuencia dónde estaban los buenos samaritanos en esos tiempos.

La Biblia dice que en cierta ocasión, un "experto en leyes" quiso poner a prueba a Jesús y le preguntó: "¿Maestro, qué he de hacer para tener en herencia la vida eterna?".

Jesús le preguntó qué estaba escrito en la Ley.

"'Amarás al Señor tu Dios, con todo tu corazón, con toda tu alma, con todas tus fuerzas, y con toda tu mente'", respondió el experto. "'Y a tu prójimo como a ti mismo.'"

El legista entonces preguntó a Jesús: "¿Y quién es mi prójimo?".

A manera de respuesta, Jesús le contó la conocida historia del buen samaritano, en la cual un viajero es asaltado, golpeado y dejado por muerto en el camino de Jerusalén a Jericó. Dos transeúntes pasaron junto a él sin ofrecerle ayuda, pero un tercero, procedente de Samaria, lo socorrió. El samaritano le vendó las heridas, lo subió a su propio burro, lo llevó a una posada y cuidó de él.

Al día siguiente, antes de marcharse, el samaritano le dio dos denarios al posadero, y prometió cubrir a su regreso cualquier otro gasto en que incurriera su protegido.

Al término del relato, Jesús le preguntó al legista cuál de los tres transeúntes pensaba que era el prójimo de la víctima del asalto. El hombre le respondió: "El que tuvo misericordia de él".

A lo que Jesús contestó: "Vete y haz tú lo mismo".

Yo te invito a que tú también lo hagas.

La Biblia también nos señala: "Y lo que queráis que os hagan los hombres, hacédselo vosotros igualmente". Un precepto que se conoce como "Regla de Oro", y uno de los principios más básicos de la vida Cristiana, en perfecta correspondencia con el mandamiento "Ama a tu prójimo como a ti mismo" y con la certeza de que tal y como tratemos a los demás, así nos tratará Dios.

La fe en acción contra el acoso

Dios quiere que vayamos por la senda correcta, y esto incluye no dejar que otra persona sufra si podemos ayudarla. El viajero al que encontró el buen samaritano había sido víctima de abuso, maltratos y robo. Jesús fue bien claro al señalar lo que Él espera que hagamos si encontramos a alguien en tal situación. Como hijos de Dios que somos, se espera que nos ayudemos los unos a los otros. Quedarse con los brazos cruzados ante una persona que está siendo acosada, empujada, ridiculizada y marginada no es un comportamiento cristiano, ni tampoco humano. Muchas personas no permiten que un animal sea tratado así, mucho menos un ser humano.

El buen samaritano no sólo ofreció palabras de aliento. Interrumpió su viaje, curó las heridas del golpeado, lo llevó a un lugar seguro, y garantizó que se le cuidara hasta que se recuperase totalmente. La Biblia no ofrece descripción alguna del viajero asaltado, y creo que esto se debe a que Jesús quiere que seamos buenos samaritanos con los necesitados, sean o no iguales a nosotros.

Con esto en mente, te exhorto a ayudar a todo aquel que creas que pueda ser objeto de acoso. Puedes ayudarlo sin ponerte tú mismo en peligro. Si temes por tu propia seguridad, recurre a un maestro, administrador, jefe, agente de seguridad o profesional del orden público confiable, proporciónale la información y pídele que intervenga. Como en los últimos años el acoso ha tenido como consecuencia tanta violencia en las escuelas y los centros de trabajo, tu preocupación será tomada en serio.

Cada caso es diferente, y cada persona abusada tiene capacidades únicas para enfrentar o no el acoso. La mayoría de los expertos advierten que se deben evitar las confrontaciones físicas si es posible. Incluso si sales vencedor en una pelea contra un abusador, eso no garantiza que acaben tus problemas.

Estos son los pasos que se recomiendan generalmente:

- Documenta el comportamiento del abusador asegurándote de que haya testigos, incluyendo personas con autoridad como maestros, supervisores, personal de seguridad, fuerzas locales del orden o del departamento de recursos humanos de tu empleador.
- En presencia de testigos favorables, pídele al abusador que deje de acosarte.
- Lleva registro de los episodios de acoso con fecha, hora y lugar, para que puedas demostrar un patrón de repetición. En cada ocasión, anota cómo el abusador te afectó física, mental y emocionalmente. Si esa misma persona abusa de otros, pídeles a ellos que lleven sus propios registros.

ACOSO CIBERNÉTICO Y BURLAS EN MENSAJES DE TEXTO

Existe otra forma de acoso que ha adquirido predominio con la creciente popularidad de la comunicación por Internet y los mensajes de texto en los teléfonos celulares. Se conoce generalmente con el término *cyberbullying* (ciberacoso o acoso cibernético). Aunque la persona responsable del acto intimidatorio no está presente, esta forma de hostigamiento es tan dañina como las demás. Con frecuencia, aunque no siempre, el abusador también puede estar acosando en persona a la misma víctima. Además, no es inusual que ambas partes se ofendan cibernéticamente con amenazas, rumores y comentarios repugnantes.

En los últimos años, el acoso cibernético se ha citado como factor determinante en varios suicidios. Ryan Halligan, estudiante de octavo grado en Vermont, se quitó la vida en 2003 después de la propagación de ciertos rumores acerca de él en la Internet. Su padre lo describió como un "frenesí colectivo" en el que otros niños quienes normalmente no hacen ese tipo de cosas, se incorporaron al acto cruel del desprestigio. En otro caso que tuvo gran cobertura de prensa, Megan Meier, de Missouri fue supuestamente empujada al suicidio en 2006 a causa del ciberacoso por parte de la madre de una de sus compañeras de aula.

Debido a la existencia de tantos casos notorios de suicidios y ciberacoso, muchos gobiernos han promulgado leyes contra el uso de la Internet o los teléfonos celulares para hostigar o intimidar a otras personas. Si crees que alguien te atormenta con mensajes de correo electrónico, en medios sociales o mensajes de texto, puedes confrontarlo de varias maneras. Si vives con tus padres, debes alertarlos de inmediato, para que puedan decidir qué medidas tomar.

Si eres víctima de acoso, recuerda que la batalla más importante que hay que ganar es la interna. Lo que alguien te diga o haga no debe definir jamás lo que eres. Dios te creó para un propósito. Tienes valor ante Sus ojos. Orienta tu fe hacia esa realidad, y luego pon esa fe en acción poniéndote por encima de toda crítica, rumor o abuso ocurrido en el pasado. Has sido creado perfectamente por Dios. No dejes que nadie te haga creer lo contrario.

El acosador quiere que creas que estás por debajo de lo que eres realmente, porque rebajarte le hace sentir superior. No tienes que participar en ese juego, sino enfocarte en desarrollar tus propios dones. Dios se hará cargo del resto, y tendrás alegría y plenitud cuando vayas por la senda creada para ti y sólo para ti.

Abusos extremos

Una forma de avanzar en una dirección positiva si eres víctima de acoso u hostigamiento es concentrarte en ayudar a los demás, y a marcar una diferencia positiva en sus vidas. Te prometo que esto también significará para ti una satisfacción maravillosa. En mis viajes he conocido a mucha gente dedicada y generosa que ayudando a los demás se ha elevado por encima de sus propios retos. Incluso algunos han sido acosados y amenazados por sus esfuerzos, pero han perseverado.

Como he explicado anteriormente, existen muchas formas de acoso en el mundo. Cada vez que una persona priva a otra de seguridad, libertad y paz mental incurre esencialmente en una violación de los derechos humanos. El acoso es una variante que la mayoría de las personas experimenta de alguna u otra forma. Entre las violaciones de los derechos humanos más graves que ocurren en el mundo actual están la "purificación étnica" (también conocida como "genocidio"), el racismo, la persecución por creencias religiosas u orientación sexual, la esclavitud sexual, el tráfico de personas y la mutilación.

He sido testigo de los horrores de muchas de las formas de violación de los derechos humanos en el mundo. En *Una vida sin límites,* hablo sobre "La calle de las jaulas", centro de prostitución y esclavitud sexual en los barrios marginales de Mumbai, India, donde el reverendo K. K. Devaraj, fundador de Bombay Teen Challenge (BTC), trabaja incansablemente para aliviar el sufrimiento de mujeres y niños aquejados por la esclavitud, abusos físicos, pobreza, enfermedades de transmisión sexual y drogadicción.

Mi ministerio le ofreció apoyo a la extraordinaria labor del "Tío Dev" en Mumbai, y me complació saber que otro cristiano puso su fe en acción al más alto nivel para recaudar fondos a favor del Bombay Teen Challenge. Este hombre inusual es cristiano y jugador de béisbol. En enero de 2011 R. A. Dickey, lanzador de los Mets de Nueva York, el conocido equipo de las Grandes Ligas, recaudó fondos y dio a conocer el BTC durante su ascenso a la cumbre del Kilimanjaro en África, a diecinueve mil pies de altura. Al llegar a la meta después de escalar cuarenta millas, envió el siguiente mensaje: "Dios es bueno". Aprecio lo que hizo R. A. Dickey al convertir en beneficiaria de su aventura a la gran organización del "Tío Dev", especialmente después de que los Mets le advirtieran que si su lanzador estrella se lesionaba en su ascenso podrían cancelar su contrato de $4.5 millones.

En el mundo hay mucha gente que pone su fe en acción para luchar por los derechos humanos y contra el abuso de los débiles y los indefensos. Uno de los más dedicados que conozco es una joven que bien pudo haberse enfocado en su carrera de abogada en California. Conocí a Jacqueline Isaac, quien tiene más o menos mi edad, gracias a sus padres, Víctor e Yvette, valerosos y dedicados evangelistas cristianos que llevan a cabo la obra de Dios en el mundo árabe con su organización sin fines de lucro Roads of Success, y producen un programa cristiano de televisión en árabe conocido como *Maraa Fadela* (Mujer virtuosa), que tiene como presentadora a Yvette, y brinda un contenido educativo e inspirador. Los árabes de todo el mundo ven sus programas por satélite.

Poco antes de conocer a Yvette, un discapacitado en silla de ruedas se le acercó a la salida de su iglesia en Egipto, la haló por la manga y le dijo: "Estás muy enfocada en las necesidades de las mujeres y los niños. ¿Cuándo vas a comenzar a ocuparte de *nuestras* necesidades? Nosotros también necesitamos ayuda".

Yvette se sintió muy mal al escucharlo, pero le explicó que no tenía contacto con ninguna persona ni organización cuyo ministerio auxiliara a personas con discapacidades.

Pero el hombre en silla de ruedas le respondió: "Éste es un mensaje de Dios. Él pondrá en tu camino a la persona que te ayudará a crear tu ministerio para los discapacitados. Pero no será como los demás. Haz el trabajo que necesitamos".

Aproximadamente una semana después, un sacerdote le dijo a Yvette que había visto el video de un joven que podría ser un invitado ideal para su programa de televisión. ¿Quién? ¡Pues yo! Yvette se puso en contacto con Life Without Limbs y me invitó al programa. Enseguida nos hicimos amigos, y ahora llamo a Yvette "mi madre egipcia".

Aunque en ese momento el gobierno egipcio no acogía a los evangelistas cristianos, Yvette cuenta con tal reputación que pudo coordinar un viaje misionero para mí. Mi mensaje de triunfo sobre las discapacidades y otros retos tuvo una gran cobertura de prensa, y propició encuentros con numerosos funcionarios gubernamentales y personalidades como el alcalde de Alejandría y la princesa de Qatar, Sheika Hissa Khalifa bin Ahmed al-Thani, quien trabaja con las Naciones Unidas en cuestiones que afectan a los discapacitados.

Con el apoyo de muchos líderes influyentes, Yvette me ayudó a organizar un evento en 2008 en que me proponía hablar (con ella como traductora) ante dos mil personas en El Cairo. Pero nos sorprendimos enormemente ante la asistencia de *veinte mil* personas, una de las mayores concurrencias de cristianos en la historia moderna de esa nación. El éxito del evento me abrió las puertas a muchas otras naciones del Oriente Medio como Kuwait y Qatar.

La familia Isaac me ha acogido con cariño y apoyan mi trabajo a favor de los discapacitados del mundo. Hacen tantas cosas buenas que me resulta difícil corresponderles con las mías. También trabajan activamente para eliminar en esa parte del mundo las tradiciones que violan los derechos humanos, obstaculizan la educación, ponen en peligro la salud y oprimen y dañan a la mujer. Además de su ministerio por televisión e Internet, promueven conciertos cristianos y eventos evangélicos, patrocinan viajes misioneros y realizan iniciativas de oración.

Jacqueline Isaac, mi segunda hermana extraoficial, es en la actualidad una personalidad de importancia internacional por méritos propios. Vivió en California hasta los trece años, cuando su vida cambió inusitadamente, de una existencia típica de adolescente estadounidense construida en torno a la escuela, los amigos, la iglesia y el entretenimiento.

"Cuando tenía trece años, llegué a casa una noche y encontré a mi abuela muerta en el suelo. Era toda mi vida: ayudó en mi crianza, dormía cada noche cerca de ella, y fue siempre la persona a quien confiaba todos mis secretos. ¡Quedé conmocionada! Me sentí tan aterrada, impactada y enojada, que culpé a Dios de su muerte", me contó Jacqueline en cierta ocasión.

La adolescente no se había recuperado aún de la muerte de su abuela, cuando sus padres le dieron otra noticia mucho más traumatizante: habían decidido mudarse a Egipto, donde proseguirían su trabajo como evangelistas cristianos.

"Perdí a mi abuela, mi vida habitual y todo a lo que estaba acostumbrada. Entonces dejé de tener fe en la vida y hasta en Dios. Solía sentarme sola en mi habitación y gritar: 'Dios, si estás ahí, ¿por qué te llevas todo lo que conozco y amo?'".

Mirando atrás, Jacqueline se da cuenta ahora que en ese momento no comprendió que Dios tenía un plan mucho más ambicioso de lo que podía imaginarse para su vida. "Un día me reuní con un pastor que me asesoraba, quien me miró y dijo: '¿No entiendes? Dios te ha alejado de todo lo que conoces para que sólo te quede confiar en Él'". En ese instante, Jacqueline escuchó el llamado que Dios le reservaba a su vida, y supo que tenía que transitar por el camino de la fe, independientemente de sus circunstancias.

"Esencialmente, aquellas circunstancias difíciles eran exactamente lo que necesitaba para formarme y moldearme con vistas al llamado de Dios. Y comprendí finalmente el principio de 'transitar por el camino de la fe'", agregó.

Varios meses después del encuentro con el pastor, una pastora proveniente de Tejas estaba de visita en Egipto. Jacqueline estaba al frente de una conferencia cristiana. Después del sermón de la religiosa tejana, se llevó a cabo un segmento de oración en el que ésta se acercó a Jacqueline y le dijo: "Jovencita, Dios te ha llamado para cumplir un alto propósito. Te veo viajando por el mundo. Volverás a los Estados Unidos, pero siempre regresarás a Egipto. Veo que regresarás a Egipto muchas veces, y liberarás a las mujeres y al pueblo de la opresión. Te veo hablando con personas de gran autoridad y con importantes líderes del país. Cuando les hables te escucharán, y Dios te ungirá y favorecerá. Y te preguntarás: '¿Quién soy yo para tener el honor de hablarle a esta gente?'".

Jacqueline se sintió conmovida y humilde a la vez, al darse cuenta de que aquellas palabras eran un regalo de Dios. "Tuve que aferrarme a Su palabra y creer realmente en ella, aunque no tuviera en ese momento la estatura, la instrucción ni la posición, Dios obraría Su trabajo en mí", aseguró.

A los quince años, Jacqueline fue aceptada en una universidad estadounidense, pero cambió la biología y sus planes de hacerse doctora, después de que uno de sus mentores afirmara que estaba destinada a ser una embajadora. "Vas a eliminar la brecha entre dos mundos, y cuando hables, te escucharán", le aseguró el mentor.

Jacqueline se dio cuenta de que su destino estaba vinculado a la patria egipcia de sus padres. "Supe que Dios tenía un plan para enviarme de regreso a Egipto. En mis años universitarios, transité por el camino de la fe y le permití a Él que obrara un trabajo maravilloso en mí. A pesar de que parecía increíble, comprendí que, aún cuando parezca imposible, ¡hay que aferrarse al Dios que hace posibles los sueños y las maravillas más irreales", continuó.

Jacqueline ha logrado el cumplimiento de esa posibilidad. Ahora trabaja con líderes religiosos, gubernamentales y activistas sociales para materializar cambios en Egipto. Cuando se mudó allí en su juventud, le afectó profundamente la opresión de la mujer, y le conmovió aún más que algunas de sus parientes egipcias fueran sometidas a la horrenda tradición de la mutilación genital. Cuando preguntó a adultos y a varios religiosos acerca del tema, le negaron que se siguiera practicando. Otros le respondieron que sólo se hacía para "proteger" a las jóvenes del sexo premarital. El Fondo de Naciones Unidas para la Infancia (UNICEF) estima que cerca de 140 millones de mujeres en todo el mundo han sido víctimas de esta cruel tradición cultural, cuya práctica sigue siendo generalizada en Egipto, Etiopía y Sudán, y algunos grupos de Kenia y Senegal. Muchos de esos países creen que esa costumbre a la que se someten desde niñas pequeñas a jóvenes de quince años, es decretada por sus religiones, aunque ninguna religión conocida la exige. Otros creen que tal mutilación protege a las chicas de cualquier actividad sexual hasta que estén listas para el matrimonio.

"Lo que sé es que a esas chicas les extirpan partes del cuerpo, y eso es horrible. Son cosas que me estremecen. Yo podía haber sido una de esas niñas si no hubiera tenido la gracia de Dios en mi vida. He sido suficientemente bendecida de ser egipcia-estadounidense, y siento la obligación de ayudar a que las mujeres de mi país comprendan sus derechos y libertades", afirmó Jackie.

Después que Jackie regresó a los Estados Unidos para cursar estudios de Derecho, se convirtió en franca defensora de los derechos humanos en Egipto, en África y en Asia. Ha viajado con frecuencia a zonas rurales de

Egipto y otras naciones como parte de su campaña. En muchas ocasiones, los líderes religiosos y comunitarios tratan de ocultar o mentir acerca de esas prácticas, incluso cuando las jóvenes están siendo mutiladas en secreto. Cuando se enteró de que un clérigo les decía a las madres de su congregación que debían practicarle la ablación a sus hijas, Jackie lo confrontó. El clérigo le dijo: "Es mejor cortarse el brazo derecho que arder con todo el cuerpo en el infierno". O sea, que sería mejor que a esas chicas les mutilaran el cuerpo que correr el riesgo de las relaciones sexuales antes del matrimonio.

Como los médicos y los hospitales se niegan a realizar ese procedimiento ilegal, se practica a veces en barberías, o lo hacen comadronas o religiosos, y con frecuencia tiene como resultado infecciones, hemorragias internas y otros problemas médicos a largo plazo. Mi amiga sabe que corre peligro al pronunciarse contra ésta y otras prácticas abusivas, pero cree que es necesario poner su fe en acción a favor de mujeres y niñas en las naciones donde son oprimidas y victimizadas.

"En una ocasión viajaba en un auto con un médico y pastor para hablarles a trescientos hombres en una aldea, y mi corazón iba latiendo a cien millas por hora. Él también estaba petrificado. Sabíamos que pondrían resistencia, por lo que le recé a Dios, pidiéndole a Él que me revelara lo que debía decirles a aquellos hombres, quienes no tenían ni idea del tema que iba a tratar. Tenía miedo de que atentaran contra mi vida cuando les dijera que la mutilación genital era malvada y peligrosa", recordó.

Jackie cree que la oración es la herramienta para vencer todo temor que pueda surgir cuando pones tu fe en acción para detener la opresión. Y dice además que la oración puede acarrear victorias más allá de tus circunstancias.

"Cuando estaba a dos minutos de distancia de la iglesia, sentí que me invadía la paz del Espíritu Santo, y supe que las palabras que saldrían de mi boca no iban a ser mías, sino las de Dios. Sería Dios quien nos proporcionaría la victoria. Y sería Dios quien me favorecería, y Dios quien tocaría los corazones de aquellos hombres", dijo.

Cuando se puso de pie para hablarles a aquellos hombres, la merced y la gracia de Dios cayeron sobre ella. En vez de lo que temían, se produjo un resultado celestial, y Dios propició respuestas abrumadoramente positivas por parte de aquellos pobladores a quienes temía.

"Pusieron las manos en alto y se postraron, pidiéndole perdón a Dios y arrepintiéndose de lo que les hicieron a sus hijas. Pensé que si me hubiera dejado llevar por el miedo, Dios no me habría usado de esa forma inimaginable", aseguró.

Jackie les explicó que muchas de sus esposas no querían tener relaciones sexuales porque habían sido mutiladas en su niñez, y el coito les resultaba doloroso. Normalmente, se considera ofensivo que una extranjera se atreva incluso a hablar de sexo ante los hombres. Sin embargo, respondieron pidiendo perdón y jurando que jamás volverían a permitir una mutilación.

"Sentí que Dios estaba protegiéndome con Su favor. Fue emocionante. Hemos visto mucho arrepentimiento", aseguró Jackie.

En otra ocasión, cuando comenzó su campaña, Jackie visitó una aldea miserable y peligrosa, para hablar con las mujeres acerca de sus experiencias con la mutilación genital femenina, considerado un tema tabú. Varias personas le advirtieron que no fuera, pero, según ella, "sentí realmente en mi corazón que Dios me estaba guiando hasta allí. Sentí que Él me decía que era importante cuidar a 'uno de estos mis hermanos más pequeños' en una aldea llena de delincuentes, basura y pobreza".

Según Jackie, "seguí el susurro en mi corazón" y fue a pesar de sus temores. Estaba hablando con algunas mujeres cuando dos hombres irrumpieron en la habitación. Uno de ellos tenía un cuchillo, y comenzaron a discutir entre sí para determinar si debían permitirle a Jackie permanecer en el lugar. Mientras peleaban, el hombre que tenía el cuchillo cayó casi a los pies de Jackie. "Comencé a orar y le pedí a Dios que controlara la situación. Lo llamé en el nombre de Jesús, y, de improviso, el hombre se puso en pie, me miró, y salió corriendo", narró Jackie, quien consideró el suceso "una increíble anécdota de fe".

"A partir de aquello, me di cuenta de que cuando enfrentas un peligro, es porque Dios va a hacer algo grande que Satanás quiere impedir. La pregunta es: ¿Cómo le harás frente a esa circunstancia, manchándote o enfrentando a Satanás con la armadura de Cristo? Me siento feliz de haber permanecido allí ese día, porque no sólo pude escuchar a aquellas mujeres, sino que además, Dios me usó para convencer al padre de aquella familia para que jamás volviera a hacer una ablación a ninguna de sus hijas. Incluso el padre comenzó a hablar con otros miembros de su familia y en la aldea acerca de lo erróneo de esa práctica", concluyó Jacqueline.

En la misma línea de la Biblia que dice: "no participéis en las obras infructuosas de las tinieblas, antes bien, denunciadlas", he trabajado con Jackie y sus padres en esta causa, con misiones a Egipto y otros países, pero la demostración de la fe en acción de esta joven en condiciones peligrosas, es notable.

Después de la Revolución de la Primavera Egipcia que derrocó al régimen de Hosni Mubarak en 2011, Jacqueline se dedica intensamente a salvaguardar la paz, a la creación de consenso, y a varias iniciativas en defensa de los derechos humanos. Esta valerosa abogada colabora con líderes cristianos y musulmanes, así como con académicos, activistas y jóvenes revolucionarios, para crear un convenio de paz y respeto de los derechos humanos para la nación conocido como Acuerdo de Paz y Plan de Acción de Cannes. Además, ha fundado un movimiento de coalición llamado God Created All para unificar a los egipcios de todo el mundo. Como reconocimiento a su trabajo en Egipto, el jeque más importante del planeta le pidió a Jacqueline que fuera representante en los Estados Unidos de Family House, comité organizado por líderes religiosos egipcios para estimular la cooperación entre cristianos y musulmanes.

"La promesa de Dios que me fue dada en mi juventud se cumple actualmente hasta en sus más mínimos detalles. Por supuesto que es peligroso a veces, pero es como un fuego en mi corazón. Hay temor y preocupación por lo que hago, pero no puedo extinguir esa pasión, y después de la revolución en Egipto, hay una gran oportunidad de hacer cosas. De momento, por ahora camino paso a paso", me explicó Jacqueline.

La Biblia dice: "Se te ha declarado, oh hombre, lo que es bueno, lo que Yavéh de ti reclama; tan sólo practicar la equidad, amar la piedad, y caminar humildemente con tu Dios". Las injusticias como el acoso, los crímenes por intolerancia, la persecución religiosa y otras violaciones de los derechos humanos son responsables de mucho sufrimiento en este mundo. Sería incapaz de aconsejarte que te arriesgues como Jackie, pero si eres una víctima, o si conoces a una víctima de abuso, te ruego se lo notifiques a alguien que esté en posición de ayudar. Pon tu fe en acción contra la opresión y la injusticia como tú puedas. Y, sobre todo, reza por un mundo en el que cada persona viva sin ser lastimada y en paz, siguiendo el propósito de Dios.

¿Rezarás primeramente por ti? Hazlo si estás haciendo algo que pudiera ser visto como una semilla de muerte mediante la persecución, los rumores o el acoso. Él te ayudará a cambiar. ¿Rezarás para que Dios guarde tu corazón cuando los demás te atropellan? Sin la oración somos débiles. Con la oración tenemos Su fuerza a nuestro lado.

¿Rezarás también conmigo para que los integrantes de esta generación dejen de ser espectadores y presten ayuda? Reza por tu escuela, por los que te maltratan. Reza con todo tu corazón, para que todos podamos estar alertas y encontrar formas para marcar una diferencia en este mundo.

OCHO

Soltar amarras
para crecer en gracia

Mis valiosos amigos Gary y Marilyn Skinner idearon un modesto plan en 1983. Se habían casado e iniciado una familia en Canadá, tierra natal de Marilyn. Pero Gary, quien proviene de una prolongada estirpe de misioneros y creció en Zimbabue, sintió el llamado de Dios para construir una iglesita en Kampala, la capital de Uganda, devastada por guerras intestinas.

Su misión de crear una iglesia podía ser simple, pero la decisión de dejar la seguridad de Canadá no lo fue. Uganda estaba en medio de una violenta guerra civil que provocó la muerte y el desalojo de miles de personas. Las guerrillas, los ladrones, los asesinos y las enfermedades han transformado la próspera nación conocida en otro tiempo como "la perla de África" en una de las más pobres del mundo. Y si el caos y la guerra no fueran suficientes, el país sufre una intensa epidemia de VIH/SIDA, que también ha destruido la estructura social de Uganda.

A los dos años de inaugurar su iglesia, esta dedicada pareja incorporó otra tarea importante a su misión, después de encontrar grupos de niños vagando por los campos, abandonados en basurales urbanos, e incluso amarrados y abandonados a una muerte segura. "En ese tiempo teníamos el índice más alto de enfermos en el mundo. Y sentí intensamente que Dios me dijo: 'Cuida de mis hijos'", me aseguró Gary cuando lo visité a él, a su esposa y a sus tres hijos hace unos años.

Por su parte, Marilyn añadió: "A Dios no le impresionó cuán grande era nuestra iglesia. Nos pidió que cuidáramos de los niños huérfanos. El llanto de los niños es una gran ofensa para Dios".

En breve, fundaron la institución Watoto Child Care Ministries en una pequeña casa alquilada, pero sus ambiciones eran tan grandes que no cabían en una sola casa: querían ofrecerles a esos niños casa, educación y atención médica en una nación en la que habita un estimado de dos millones de huérfanos.

En una gira de charlas en África, visité uno de los tres increíbles refugios que crearon los Skinner para beneficiar a más de dos mil niños. En sus terrenos prístinos y hermosos viven grupos de ocho niños con una madre sustituta en más de doscientas viviendas. Cada villa ofrece escuelas y clínicas con electricidad, agua corriente y retretes que funcionan a la perfección. Estas amenidades modernas, raras en buena parte de Uganda, se disfrutan en gran medida gracias a voluntarios de todo el mundo que han decidido darle su apoyo al increíble ejemplo de fe en acción de los Skinner.

Muchos de los niños llegan recién nacidos a Watoto, donde permanecen hasta la adolescencia, pero los Skinner también ofrecen apoyo financiero para que los jóvenes cualificados puedan obtener un diploma de enseñanza secundaria y llevar vidas productivas. Más de cincuenta niños de Watoto cursan actualmente estudios avanzados, y muchos más los seguirán. Como promedio, las viviendas de la villa reciben quince niños abandonados o huérfanos cada mes. Muchos de los que se refugian en Watoto padecen VIH, pero usualmente el tratamiento con antirretrovirales y anticuerpos de sus madres elimina el virus, según los Skinner.

La familia ha logrado un éxito increíble a pesar de décadas de guerras continuas, destrucción y atrocidades. Solamente en 2004, los rebeldes secuestraron cerca de veinte mil niños, que fueron obligados a aterrorizar a sus propias comunidades como guerrilleros, mientras que las niñas fueron violadas y convertidas en esclavas sexuales.

El lema distintivo de Watoto es "Rescatar, edificar, reconstruir". Su objetivo es rescatar la generación perdida por la guerra, la enfermedad y la pobreza, y transformar a los sobrevivientes en líderes cristianos capacitados y productivos, equipados y dispuestos a reconstruir la nación. Los Skinner también llevan su ministerio a las numerosas mujeres empobrecidas y abusadas de la región con su programa Living Hope, que les enseña destrezas para la vida, capacitación vocacional y asesoría que les proporciona propósito, dignidad y un futuro.

Marilyn me informó que seguían llevando a cabo su trabajo a pesar de los robos, amenazas y violencia de las que han sido víctimas en todos estos años. Más de una vez han visitado, en un derroche de valor, las regiones más peligrosas para materializar la obra de Dios. Hace algunos años emprendieron una misión en la anárquica región del norte de Uganda, para rescatar a unos niños esclavizados por las fuerzas rebeldes. A menudo no han sabido cómo cumplirían su enorme misión en condiciones tan difíciles, pero una y otra vez han puesto su fe en acción y lo han colocado todo en manos de Dios.

"Al principio sólo queríamos fundar nuestra iglesia y predicar, pero Dios nos dijo que Él no nos envió a Uganda a hacer lo que queríamos, sino para hacer Su trabajo sirviendo a los afligidos", me reveló Marilyn. Aún así, su iglesia ayuda actualmente a más de veinte mil miembros en ocho localidades. Según Gary, su misión sigue creciendo porque la necesidad es enorme, y añadió: "Pero nuestro Dios es grande, y creemos que podemos marcar una diferencia".

En la actualidad, buena parte del mundo conoce a los Skinner y su increíble ministerio, gracias a las presentaciones de la prestigiosa agrupación coral Watoto Children's Choir, que graba discos y viaja por todo el planeta dando Conciertos de Esperanza y recaudando fondos para que su misión siga creciendo, y hacer, no lo que quieren, sino lo que quiere Dios.

EL PODER DE LA RENUNCIA

El concepto de "renuncia" puede ser difícil de comprender, porque casi todos lo asociamos con fracasar, claudicar o darnos por vencidos. Cuando los Skinner renunciaron a sus planes iniciales en Uganda para seguir el plan mayor de Dios, no abandonaron otra cosa que la ilusión de mantener el control. Se dieron cuenta de que Dios, en toda Su sabiduría, les tenía reservada una perspectiva mayor que sobrepasaba cualquier plan que pudieron haber concebido en Canadá.

Claudicar habría sido abandonar África y a sus millones de almas necesitadas. Pero, por el contrario, aceptaron que su Padre divino es el que mejor sabe hacia dónde van los caminos, confiaron en Dios y dijeron: "No sabemos cómo haremos lo que Tú quieres que hagamos, pero confiaremos en Tu sabiduría y confiaremos en Tu fuerza para cumplir el propósito que Tú has creado para nosotros".

Indudablemente, tienes que practicar la renuncia en tu propia vida. Hay momentos en los cuales tienes que dejar de tratar de dirigir esas cosas que están fuera de tu control, y concentrarte en hacer lo que puedas lo mejor posible, paso a paso, usando los dones, el talento y las destrezas a tu disposición. Es probable que lo hayas hecho sin pensar. Tal vez tuviste que cambiar de profesión a partir de la crisis económica o la pérdida de tu empleo. No te diste por vencido, sino que aceptaste las circunstancias más allá de tu control que cambiaron la situación. Adaptaste tus planes de acuerdo a las oportunidades que quedaban y luego obraste con confianza en tu capacidad para sobrevivir y prosperar.

Lo que te ocurre no es tan importante como la forma en que respondes. Como cristiano, mi respuesta es dejar que Dios me muestre Su plan. Siempre puedo detectar cuándo estoy fuera de sintonía con lo que Él quiere para mí. En esos momentos me siento frustrado, perdido y deprimido, tal y como me sentía cuando me acercaba a la adolescencia y trataba de descifrar cómo podría sobrevivir, y menos aún prosperar, en un mundo creado para personas con brazos y piernas. Estaba ensimismado tratando de concebir cómo transcurriría el resto de mi vida cuando Dios ya tenía Su plan en acción.

La renuncia implica desterrar la ilusión de que uno va en el asiento del conductor. Sí, decidimos cómo actuar, cuándo actuar y cuál es nuestra actitud ante el mundo. También debemos soñar y trazarnos objetivos para la vida según nuestra pasión. Pero es ilusorio pensar que se puede determinar lo que nos ocurre a nosotros y a lo que nos rodea. Todo lo que podemos lograr realmente es prepararnos para lidiar con lo peor y hacerlo lo mejor posible. O sea, desarrollar nuestros dones al máximo para que, ante cualquier cosa que ocurra, tengamos fe en nuestra capacidad de perseverar y salir adelante.

La necesidad de controlar todo lo que nos rodea puede ser en realidad una desventaja. Éste es un ejemplo que yo no puedo practicar pero tal vez tú sí. Aprieta el puño lo más fuerte que puedas, ahora mismo. Verás que tienes poder sobre tu mano, ¿no es cierto? Entonces, si alguien te ofrece la llave de un BMW nuevo, ¿dejarías pasar esa oportunidad para seguir manteniendo el control, o relajarías el puño para recibir el regalo? Lo mismo ocurre con nuestras vidas. Cuando nos pasamos el tiempo tratando de mantener el control, nos arriesgamos a perder las bendiciones que podrían llegarnos al poner nuestra fe en acción y practicar la renuncia. Si los Skinner se hubieran estancado con su humilde sueño de crear y establecer el ministerio de una iglesia en Uganda, se habrían perdido la oportunidad aún mayor de ejercer una influencia positiva en miles de personas, y hasta en la nación entera.

Sería incapaz de aconsejarte que renuncies a un sueño, pero te exhorto a abrir tu vida a posibilidades y oportunidades mayores, renunciando al control absoluto y continuo. La verdad acerca de cómo lograr la victoria mediante la renuncia es difícil de entender, a menos que, por supuesto, estés casado. ¡Estoy bromeando, hombre! Bueno, tal vez no estoy totalmente de broma... creo que cuando te dedicas a una relación amorosa con alguien, renuncias a muchas cosas: al egoísmo y al interés personal. También a la necesidad de tener siempre la razón. Y, claramente, ¡renuncias al control remoto del televisor!

A un nivel espiritual más profundo, cuando te comprometes en una relación amorosa con Dios, renuncias a todo en aras de seguir Su plan para tu vida, y, de repente, el acto de renuncia pierde absolutamente todas sus connotaciones negativas. Y, por el contrario, la experiencia te proporciona alegría y te fortalece. Me han preguntado en muchas ocasiones cómo puedo decir que vivo una vida ridículamente buena cuando no tengo brazos ni piernas. Los que me preguntan asumen que sufro por lo que me falta. Inspeccionan mi cuerpo y se cuestionan cómo puedo entregarle mi vida a un Dios que me dejó nacer sin extremidades. Otros han intentado sosegarme diciendo que Dios tiene todas las respuestas, y, cuando algún día esté en la gloria, conoceré cuáles fueron Sus intenciones. Pero yo escogí creer y vivir de acuerdo a lo que dice la Biblia, que es que Dios es la respuesta: "ayer, y hoy, y por los siglos...".

Cuando la gente lee sobre mi vida o son testigos de ella, me felicitan por salir victorioso de mis discapacidades. Yo les digo que mi victoria se debe a la renuncia. Renuncio cada día cuando acepto que no puedo hacer tal o cuál cosa por mi cuenta, y le digo a Dios: "¡Te lo ofrezco a Ti!". En cuanto cedí, el Señor tomó mi dolor y lo transformó en algo bueno que me proporcionó alegría verdadera.

¿Y en qué consistía ese "algo bueno"? En mi caso, propósito y significado. Mi vida importaba. Cuando no podía encontrarle significado y propósito a mi vida, renuncié a la necesidad de hacerlo, y Dios entró en acción, dándole significado a mi vida cuando nadie más pudo proporcionármelo.

Si te gustan los juegos de palabras, aquí va otra manera de entender lo que ocurre cada día en mi vida: si separas las primeras letras de la palabra "Discapacitado", le añades una "o" a "Dis", y luego colocas el verbo "está" entre una y otra parte de lo que dividiste, tendrás como resultado "Di<u>os</u> <u>está</u> capacitado". Ahí está. Yo puedo ser *discapacitado*, pero *Dios está capacitado*. Él hace que todo pueda ser posible. Donde soy débil, Él es fuerte. Donde tengo limitaciones, Él no las tiene. Por tanto, mi vida sin límites es el resultado de haber entregado a Él todos mis planes, sueños y deseos. No me doy por vencido, sólo renuncio. Entrego todos mis planes para que Él pueda mostrarme Su camino para mí.

La Biblia está llena de referencias a lo anterior, y nos dice: "Porque yo, Yavéh tu Dios, te tengo asido por la diestra. Soy yo quien te digo: 'No temas, yo te ayudo'". Y también: "Yo soy Yavéh; Yo os liberaré de las duras cargas [de los egipcios]..."; y "'Porque yo sé muy bien los planes que tengo para ustedes' —afirma el Señor—, 'planes de bienestar y no de calamidad, a fin de darles un futuro y una esperanza'".

En el Antiguo Testamento, Dios le pidió a Abraham que ofreciera a su hijo Isaac como sacrificio en redención de los pecados. Abraham fue a cumplir el mandato pero no se lo dijo a Isaac. Sólo le pidió que le acompañara a lo que Isaac pensaba que sería una ceremonia para sacrificar un cordero en la montaña. Cuando ascendían, Isaac le preguntó que dónde estaba el cordero. Abraham le respondió que Dios proveería el cordero, pero cuando llegaron a la cima de la montaña, ató a su hijo y le hizo saber que *él* iba a ser el protagonista del sacrificio.

Isaac no se opuso. Él también se sometió a la voluntad de Dios, sabiendo que el camino de Dios es el camino verdadero, independientemente de lo que él sintiera o deseara. Por suerte para Isaac, era una prueba de fe. Cuando Abraham estaba a punto de sacrificar a Isaac, intervino un ángel y se lo impidió.

En esta historia hay dos ejemplos de renuncia, porque tanto Abraham como Isaac se sometieron a la voluntad de Dios basándose en su fe. Nosotros debemos hacer lo mismo en nuestras vidas, teniendo en cuenta que donde somos débiles, Él es fuerte. En las Sagradas Escrituras, Dios dice: "Mi gracia te basta, que mi fuerza se muestra perfecta en la flaqueza". Por eso, cuando Dios nos dice que soñemos en grande, podemos hacerlo porque Él puede hacer que ocurra.

Si a pesar de que has renunciado a tomar el control, y te has sometido en fe a Dios, la vida sigue poniéndote obstáculos, aprovecha Su gracia y dile: "Si es Tu voluntad que haga realidad ese sueño, ayúdame". Creo que el camino de Dios es el que nos guía a aprovechar nuestro potencial al máximo. Mi consejo es que sepas todo lo que puedes hacer, y luego sometas el resultado a Su conocimiento. Con el tiempo, el enigma se revelará en su esencia. Como dice la Biblia: "De corazón es sabio y robusto de fuerza".

Es probable que estés preparándote para tomar una decisión, parado en un alero, paralizado por el temor de no estar seguro de que *tú* puedes hacerlo. Trata de entregarle la decisión a Dios. ¿Qué te cuesta confiárselo a Él? Te exhorto a calcular el costo de lo que sería tu vida sin Él, sin la participación del Señor en todas tus decisiones. Cree en Sus promesas para ti hoy. Deja que Él sea tu alegría y satisfacción. Pídele a Dios que sea quien defina el propósito *de* tu vida *durante* toda tu existencia. Y pídele a Él la fe que necesitas para lograrlo.

Cuando renuncié a mi amargura por la falta de extremidades, no lo hice por gusto. Tenía fe en que Dios entraría en acción. Creí que Su poder divino vendría en mi auxilio, independientemente de lo que yo careciera. Cuando lo puse en manos de Dios, sentí una fuerza sin precedentes. La poca fe que tenía hasta entonces alcanzó dimensiones que jamás creí posibles. Él me permitió mediante la gracia que formara parte del cambio en las vidas ajenas. Dios me cambió interiormente para poder ser utilizado como el recipiente escogido ante Él para llevar Su nombre por el mundo. Cuando puse mi fe en acción y renuncié a mis planes, poniéndolos en Su mano, comencé una nueva vida de increíble alegría más allá de lo que hubiera podido imaginar.

PONLO EN MANOS DE DIOS

Hace unos años, una joven me contó su potente historia de renuncia, que seguramente te emocionará e inspirará a ti también. Todo comenzó con un mensaje de correo electrónico bien conciso y directo: "Mi nombre es Jessica. Tengo veinte y seis años, y me diagnosticaron un cáncer nasofaríngeo cuando tenía dieciocho".

Jessica se graduó de enseñanza secundaria en Pleasanton, California, y acababa de comenzar su primer año en la Universidad del Estado de California en Hayward, cuando fue a ver a un médico tras una prolongada infección en los senos nasales. El médico se sorprendió al encontrar un enorme tumor en la cavidad nasal, que en definitiva resultó una forma avanzada de cáncer maligno que afecta mayoritariamente a hombres asiáticos de avanzada edad. Aunque Jessica no era asiática ni hombre (obviamente), el diagnóstico era correcto. Y el tratamiento fue intenso y doloroso.

La joven fue sometida a cuarenta y cinco minutos de radiación al día, cinco veces por semana, durante varios meses, en combinación con cerca de seis meses de quimioterapia. La radiación le provocó serias quemaduras en el interior de la garganta, y la quimioterapia le causaba náuseas continuas, de ahí que no pudiera comer ni digerir alimento alguno. Los médicos tuvieron que alimentarla por un tubo para mantenerla lo suficientemente fuerte para soportar los tratamientos.

Cuando a Jessica le diagnosticaron cáncer, le pareció que su sueño se hacía pedazos. Tuvo que abandonar sus estudios de primer año, así como un trabajo que tenía de tiempo parcial porque estaba tan enferma que apenas podía levantarse de la cama. La quimioterapia hizo que perdiera el cabello, y la radiación le perjudicó de tal manera la garganta que no podía comer. Y el dolor, en sus propias palabras, era "fuera de serie".

A pesar de su agonía y sufrimiento, Jessica eligió ese momento para poner su fe en acción mediante la renuncia. "Fue en ese tiempo que mi corazón empezó a enfocarse en la dirección correcta. Cuando estás tan cerca de la eternidad, te pones a examinar realmente tu vida, para asegurarte de que estás en buenas relaciones con tu Salvador. Quise asegurarme de que mi corazón estaba realmente comprometido. No quise depender solamente de una profesión de fe, sino garantizar que mi vida estaba respaldándola", escribió en su mensaje.

He mencionado con anterioridad que Dios no nos hace enfermar, pero que Él usa esa enfermedad y otros desafíos notables para acercarnos más a Él, a fin de que lo ubiquemos en el centro de nuestras vidas. La enfermedad es parte del mundo natural. El amor de Dios pertenece al reino espiritual. Todos podemos ver la obra de Dios en la vida de Jessica. Cuando los graves problemas de salud asolaban su cuerpo terrenal, Él fortaleció su ser espiritual.

"Parecía como si Dios estuviera diciéndome: 'Ahora que se ha desvanecido todo aquello de lo que dependías, ¿vas a amarme a Mí de todas maneras? ¿Me amas por lo que te doy o por lo que soy?'. En ese momento tomé la decisión de seguir al Señor por lo que Él es. Me di cuenta de que Él quería que me enfocara en lo que cuenta realmente en la vida, que era conocerlo mejor a Él, guiar almas hacia Su camino y vivir para la eternidad", añadió Jessica.

La buena noticia es que, al terminar aquellos dolorosos tratamientos, el cáncer de Jessica desapareció. Aún así, la curación hizo mella en la joven, afectándole el habla y la capacidad de tragar alimentos normalmente. Pero a pesar de esos efectos colaterales limitantes, ella renunció a toda su amargura y autoconmiseración, y eligió la gratitud. "Alabado sea Dios, puedo ver, puedo oír bastante, y —aunque con ciertas dificultades— puedo hablar y cantar. Ese es el aspecto físico de lo que me ocurrió, pero déjame contarte la otra parte de mi historia: el mensaje de esperanza que ruego pueda transmitirles a otras personas que están en una situación similar a la mía", continuó Jessica.

Gracias a los cimientos de su fe, lo primero que hizo Jessica cuando su médico encontró el tumor y la envió a que le hicieran una tomografía de emergencia fue poner los resultados en las manos de Dios. No se dio por vencida para nada. Por el contrario, renunció a su lucha y se la entregó a Dios para aprovechar la fuente más alta de poder disponible. Llamó al pastor de su iglesia, quien organizó una reunión urgente para orar esa misma noche.

Al renunciar a tomar el control de su situación, según ella, "... sentí una paz que no puedo describir. Sólo los hijos de Dios pueden comprender la paz que sentí. Todo mi mundo pudo haberse desplomado en ese preciso instante, pero no ocurrió así. Las circunstancias estaban fuera de mi control, pero Cristo era quien estaba al timón de mi vida. Supe que Él iba a estar conmigo todo el tiempo. Supe que existía la posibilidad de que muriese. Y en muchas ocasiones me fui a la cama pensando que ése sería mi último día en esta Tierra. Vi la realidad de mis circunstancias, pero también conocía la realidad de mi Dios. Supe que si iba a morir, entraría en la gloria y en los brazos del Salvador que me amaba".

La paz de la renuncia

Respira profundo. Toma aire... suéltalo. ¿Adviertes la sensación de paz que te invade cuando lo haces? Todos buscamos esa sensación de calma, ¿no es cierto?

Nuestra vida en esta Tierra no se trata de lo que *nosotros* queremos. Tú y yo fuimos creados y ubicados en el mundo natural para cumplir la función que Dios quiere para nosotros. Él envió a Su Hijo a morir por nuestros pecados, y Jesús hizo el acto máximo de renuncia para seguir el plan de Su Padre de darnos el regalo de la vida eterna. Como destaca Jessica, existe una paz increíble en renunciar y entregarle nuestras vidas a Él como hizo Jesús. La Biblia nos dice: "No os inquietéis por cosa alguna; antes bien, en toda ocasión, presentad a Dios vuestras peticiones, mediante la oración y la súplica, acompañadas de la acción de gracias. Y la paz de Dios, que supera todo sentido, custodiará vuestros corazones y vuestros pensamientos en Cristo Jesús".

Esa paz sólo te puede llegar cuando pones tu fe en acción, renunciando a tus miedos y a cualquier necesidad de controlar tu vida, así como cualquier necesidad de conocer el resultado de tus acciones. Por el contrario, ponlo todo en manos de Dios, comprometiéndote a seguir Su voluntad. Cuando buscas la voluntad de Dios en tu vida, ya sea al tratar de tomar decisiones o encontrar oportunidades, no siempre puedes esperar una señal de Dios, que sólo aparecen en ocasiones raras y maravillosas. Lo que yo busco al tratar de saber lo que quiere Dios es una *sensación de paz*.

Si cuando rezo y llevo adelante la decisión de actuar ante una oportunidad y la serenidad permanece en mi corazón, siento que estoy siguiendo Su voluntad. Si pierdo esa sensación de paz en algún momento, me detengo, rezo un poco más, y reconsidero mis pasos. Creo que en caso de transitar por el camino erróneo, Dios cambiará el sentir de mi corazón y me guiará.

Es probable que tengas muchos amigos y consejeros. Tal vez fundamentas tus decisiones en la alineación de las estrellas o las premoniciones. Cada cual tiene su proceso. El mío es renunciar. Dios nos comprende plenamente porque Él nos creó. Él siente lo que sentimos, pero su visión llega a aquellos sitios que no podemos ver. Hay muchas personas a las que recurro en busca de consejos y sabiduría, pero ninguna de ellas supera la guía de Dios. Agradezco tener oportunidades, y a menudo me parece que voy caminando por el pasillo de un hotel gigantesco con miles de puertas prestas a abrirse. Es difícil saber cuáles son las puertas correctas, pero con renuncia, paciencia y confianza, Dios me guía.

Por supuesto, tal vez Dios puede rechazar tu plan un día, pero el próximo, Él podrá darte luz verde para algo aún mejor. No se sabe lo que Dios puede hacer con nuestras vidas hasta que se las entregamos a Él y sentimos la bienaventuranza en nuestra relación con Él. Cada vez que me siento ansioso a la hora de lograr *mis* objetivos, encuentro paz en saber que estoy aquí porque Dios me ama, y que Él estará allí cuando renuncie a ejercer el control.

Jessica fue testigo de resultados similares después de poner su fe en acción, lo que, según ella, quiere decir "levantarse y seguir a Cristo aunque no se vea o no se comprenda Su plan definitivo. Esto equivale a llegar a la meta de la carrera aunque sintamos deseos de abandonarla. Equivale a elegir el amor incluso cuando sintamos dolor. Equivale a levantarse y servir a los demás incluso en momentos cuando sentimos el mayor desaliento". Y añade: "Fe en acción significa mirar más allá de nuestro interior para ver las almas que nos rodean y necesitan saber que hay esperanza. Equivale a confiar en Cristo para satisfacer tus necesidades, y luego disponerte a satisfacer las necesidades de otros".

No hay nada más tranquilizador como aceptar que no tienes que resolver todos los problemas, porque Dios se encargará de hacerlo. Puedes renunciar a todo, ponerlo ante Él y luego esperar pacientemente. Por medio de Él, todo es posible. Cuando Jessica estaba en el peor momento de su enfermedad, le dijo a Dios que hiciera con ella lo que Él deseara. Y renunciar le proporcionó un gran alivio, según dice, porque "supe que si sobrevivía, entonces Cristo tenía algún propósito con ella". Conocer esa realidad nos da una tremenda paz, poder y libertad.

Cuando me escribió, seis años después del diagnóstico original, el cáncer de Jessica estaba en remisión. No se detectó la más mínima señal en su cuerpo. Y me aseguró estar llena de gratitud incluso cuando su vida había cambiado para siempre, y las secuelas del cáncer implicaban enormes desafíos.

Con el permiso de su médico, Jessica reanudó sus estudios y luego su trabajo, esta vez como asistente médico en los departamentos de oncología y neurología de un hospital, donde ayudaba a los pacientes a enfrentar los mismos retos que ella había vencido. Pero al cabo de varios años, aquel trabajo resultó demasiado arduo para su debilitado cuerpo, por lo que solicitó prestaciones por discapacidad y ahora se concentra en la obra de Dios.

"El paso por esa experiencia me hizo agradecer lo que tengo. Me hizo más paciente y resuelta. Mi misión es garantizar que las personas con graves problemas de salud puedan experimentar la paz que hasta hoy permanece en mí. La paz de conocer a Jesucristo como Salvador. La paz que trasciende toda comprensión. La paz de saber adónde vamos al morir. La paz de saber que tu vida está en manos del Creador del Universo. No hay lugar más seguro donde estar", escribió Jessica.

Hace poco volví a tener noticias de Jessica, después de más de once años de la detección de su tumor. Sigue sin cáncer, agradecida, e increíblemente sabia. Jessica tiene ahora una perspectiva muy diferente de su enfermedad. Cuando se la diagnosticaron por primera vez, pensó que Dios la castigaba por alguna razón. "Veía a Dios sólo como un juez virtuoso, y lo es; pero olvidé que también Él es amor. Es un Padre cariñoso que sólo quería lo mejor para mi vida. Sólo veía su vara disciplinaria, no Su mano de merced y compasión. Según pensaba, me estaba dando lo que en verdad merecía. Pero la realidad es que Dios estaba tratándome con una bondad grande y tierna. Estaba sacando el "yo" de mi alma para poner más de Él en ella", aseguró Jessica.

Cuando pones tu vida en manos de Dios, das el primer paso para convertirte en la persona que Él quiere que seas. Hay una enorme paz en eso, así como libertad y poder, porque Dios obra Sus milagros en aquellos que renuncian a todo para someterse a Su voluntad. Jesús dijo: "Si alguno quiere venir en pos de mí, niéguese a sí mismo, tome su cruz cada día, y sígame".

Renunciar a los intereses egoístas —o sea, posponer nuestros propios anhelos y deseos poniendo a Dios por encima de todo— no es tarea fácil ni natural para la mayoría. Nuestros cuerpos terrenales tienen potentes instintos de supervivencia, que priorizan la autoconservación. Incluso si tenemos una fe sólida, el concepto de renunciar a todo puede resultar difícil de poner en práctica y vivir día a día.

Aunque me contó que rezó la plegaria de salvación con gran sinceridad cuando tenía catorce años, Jessica añadió que "… No sabía realmente lo que significaba vivir la vida de la fe. Era aún una persona demasiado enfocada en mí misma. Pensaba que el Señor iba a hacer las cosas según mis deseos y convertir en realidad todos mis sueños. En esos tiempos soñaba con graduarme de mis estudios universitarios. Quería casarme y tener hijos, o sea, la vida "color de rosa". Era muy egoísta, y quería todo lo que me hiciera feliz a mí".

Jessica cree que Dios usó la enfermedad de su cuerpo para fortalecer su alma. Siente que la gravedad de su estado la obligó a enfocarse en lo que significaba realmente ser cristiana y entregarle su vida a Dios. En aquellos dolores terribles y con la pérdida de lo que había sido su vida hasta entonces, Jessica encontró el camino a una sabiduría y comprensión nunca antes experimentadas. "Dios quiso que me diera cuenta de que esa vida no se me otorgaba para mi propia satisfacción. Ése no era para nada el propósito. Él quiso que supiera que se me había dado la vida para poder glorificarlo a Él y servir de estímulo a los demás. Él quiere lo mejor para mí, pero conoce el significado de eso más que yo", aseguró la joven.

EL SIGNIFICADO DE LA RENUNCIA

Jessica encontró ese significado con la renuncia. "Según lo veo yo, la renuncia significa entregarle lo más preciado al Señor. No significa aferrarse a tu idea de lo que te traerá felicidad, sino confiar en que Él conoce mejor que tú los deseos de tu corazón, y que te ofrecerá una vida plena, aunque no sea la que imaginaste", prosiguió Jessica en su mensaje.

No sé qué sientas tú, pero yo estoy maravillado con la sabiduría y la fe de esta joven. La Biblia nos dice: "Ten tus delicias en Yavéh, y te dará lo que tu corazón desea". Toma nota que el salmo no nos aconseja deleitarnos en nosotros mismos ni darnos lo que desean nuestros corazones. Sin embargo, a menudo quedamos atrapados en el ansia de crear nuestra propia felicidad, en vez de entregarle nuestras vidas a Dios y deleitarnos en Su amor y en la vida que Él creó para nosotros. En la mayoría de las ocasiones, cuando tratamos de lograr la felicidad por nuestra cuenta, sólo estamos distrayendo nuestra atención por un rato. Y nos damos cuenta de esta realidad cuando la felicidad no dura ni nos satisface lo suficiente. Un coche nuevo, un vestido nuevo o un anillo de diamantes no te traerán nada que sea comparable con el tipo de alegría que Dios puede crear si nos deleitamos en Él.

Jessica afirma que encontró la manera de lograrlo con "una vida de renuncia cotidiana", incluso enfrentando las secuelas de su batalla contra el cáncer. El dolor intenso desapareció, y aunque su cáncer está en remisión, tiene que enfrentar las discapacidades resultantes de su enfermedad y del tratamiento. No puede hablar bien porque su lengua y sus cuerdas vocales están paralizadas casi totalmente. También tiene dificultad para comer y tragar normalmente, y es muy susceptible a contraer neumonía.

Sus limitantes problemas físicos podrían implicarle una vida difícil si Jessica hubiera optado por lamentarse de sus miserias. Pero, por el contrario, ha optado cada día por "recordar que Cristo está al timón". Según me dijo, "Tengo que recordarme a mí misma que los planes que Él tiene para mí son planes de 'hacerme prosperar y no dañarme, de darme un futuro y una esperanza'. Tengo que asumir el hecho de que aunque no pueda tener la vida que siempre soñé, tengo la vida que Cristo eligió para mí desde antes del comienzo del mundo. Él es infalible".

Al igual que Jessica, no he tenido la vida con la que soñé de niño. Oré por tener brazos y piernas porque pensé que me harían feliz. Pensé que si tenía brazos y piernas, podría respirar bien profundo y experimentar paz verdadera. Creí que no habría felicidad para mí sin extremidades. No pensé que podría crearme jamás una vida feliz, y estaba en lo cierto. Mi felicidad sólo llegó cuando puse mi fe en acción y renuncié a mi vida, entregándosela a Dios. Él me demostró que soy perfectamente imperfecto, tal y como Él me concibió. Y Él me ha concedido más deseos de mi corazón que los que habría podido hacer realidad por mi cuenta.

Jessica está descubriendo eso mismo en su propia vida. "El Señor no me ha concedido aún un esposo, pero Él me demuestra diariamente que Él necesita ser el amor de mi vida. No tengo niños, pero el Señor me ha permitido ser mentora de varias adolescentes, a quienes considero como mis hijas espirituales. Espero que pueda vivir mi vida como un testimonio para ellas de que Dios vive y sigue haciendo milagros", me confesó.

Como destaca Jessica, la cuestión no es renunciar a nuestra vida y entregársela a Dios para esperar que cada día todo sea sol, risas y flores. Vivimos en el mundo natural, al menos por ahora, y aunque el sol, la risa y las flores forman parte del mismo, también hay tormentas de nieve, picadas de mosquitos y accidentes en las autopistas.

La renuncia es un proceso que transcurre minuto a minuto, hora tras hora, día tras día. Hay que poner en manos de Dios cada paso del camino. En mis años más jóvenes, solía dedicar mucho tiempo a cuestionar a Dios y su plan para conmigo. Ahora soy más paciente, y, en vez de preguntar, espero a que Él me revele Sus respuestas a Su propio paso.

PACIENCIA Y CONFIANZA

La paciencia forma parte del proceso de renuncia. También la confianza. Tú y yo somos propensos a querer respuestas inmediatas, pero tenemos que confiar en que Dios tiene Su propio programa. Si conservamos la fe y buscamos comprensión, Su plan se nos revelará cuando estemos listos para la respuesta. El propósito de un niño sin brazos ni piernas fue un misterio que fue revelándose lentamente en la medida que crecí en la fe. Como he mencionado anteriormente, una de las claves para mí fue leer en Juan 9:3 la referencia al hombre que nació invidente. Jesús obró un milagro para curarlo, y explica que su propósito para este hombre fue usarlo para que se manifestaran en él las obras de Dios. Este evangelio me ayudó a caer en la cuenta de que Dios también podría tener un propósito conmigo. Tal vez, al igual que el hombre que nació ciego, había sido creado sin brazos ni piernas para que Dios pudiera transmitir un mensaje, u obrar de alguna manera a través de mí.

En la medida en que fueron creciendo mi comprensión de los caminos de Dios y las oportunidades de la vida, Él me puso pacientemente en Su camino, y me abrió los ojos a mi propósito. Jessica afirmó que tuvo una experiencia similar ante los desafíos resultantes de las secuelas del cáncer y los tratamientos.

"Pasé por momentos en los que creí que no podía seguir adelante. Tengo muchas dificultades para hablar. No puedo darme a entender correctamente, e incluso, aunque repita lo que pronuncio varias veces, muchos no entienden lo que estoy diciendo. Esto me hace sentir estúpida y en ocasiones hasta inútil.

He tenido días en los que no he sentido deseos de abrir la boca, irritada porque el Señor permitió que se afectara mi voz, ya que es algo que uso cada día. Sin embargo, el Señor me ha demostrado que la voz es algo que me sirve como plataforma para hablar por Él. Como no se me entiende fácilmente, la gente tiene que dedicar tiempo a escucharme. Esto también hace que se den cuenta de que mis padecimientos fueron reales. Además, me ha proporcionado varias oportunidades de ser testigo y hablar de lo que el Señor ha hecho y sigue haciendo en mi vida", destacó Jessica.

Creo que cuando renunciamos totalmente a nuestra vida, con confianza y paciencia total, se nos concede otra gran recompensa: la fuerza de Dios. He viajado por el mundo desde que tenía dieciocho años, visitando a menudo veinte o más países cada año. No viajo en avión privado. Con frecuencia, los sitios que visito son peligrosos, de difícil acceso e insalubres debido a las enfermedades, aguas impuras y falta de atención médica moderna. Sin embargo, Dios ha preservado mi salud y me ha dado fuerza para transmitirle Su mensaje a millones de personas.

Jessica y yo hemos llegado a comprender que la renuncia trae consigo fuerza. "Mis momentos de mayor desaliento son los que Cristo aprovecha usualmente para pedir que me levante y dé lo mejor de mí. Al ayudar a los demás y ver cómo muchos corazones desesperados encuentran la paz de Dios, mi propio corazón se regocija, y compruebo una vez más que la alegría del Señor es mi fuerza.

Por tanto, mi sugerencia para cualquier persona que enfrente tremendos retos es vivir la vida con un corazón que ha renunciado. Es preciso recordar siempre que aunque se pase por momentos difíciles, Cristo los considera como 'leves tribulaciones momentáneas'. Él dice que las mismas producen 'un pesado caudal de gloria eterna'. Mira a tu alrededor y busca almas que necesiten del Señor y de Su amor. Al hacerlo, el Señor va a satisfacer tus necesidades, y te hará ver que Él te ama inmensamente", aseguró Jessica.

Esta joven de Dios es increíble, ¿verdad? Me dijo además que si bien el Señor puede llegar en cualquier momento, ella quiere seguir siendo fiel para cuando esto ocurra: "Rezo para estar colmada, sabiendo que mi valía procede de Él".

A ti y a mí nos gusta pensar que tenemos el control de nuestras vidas, de nuestras idas y venidas. Pero en cuanto le entregamos nuestras vidas a Él, Dios estará al mando, cada minuto de cada día. A menudo, nuestro Padre lleno de gracia que está en los cielos echa por tierra mis planes creados con cuidado, revelándome Sus propios caminos profundos e insondables, y me siento humilde por ello, maravillándome ante la belleza y la brillantez pura del plan divino de Dios cada vez que esto ocurre. En ocasiones, me remonto a cómo habría sido vivir en sus tiempos como discípulo, apóstol y testigo de la obra de Dios por medio de Jesús en la Tierra, materializándose de formas indescriptibles. Casi puedo visualizar el regreso de Sus seguidores a sus congregaciones dispersas por el Imperio Romano, para decirles: "¡No van a creer lo que hizo Dios!".

El poder de Jesús está presente. Cuando pongas tu fe en acción renunciando a todo y poniéndolo ante Él, no creerás lo que Dios hará por ti. Te garantizo que descubrirás una vida apasionante cuando te pongas en Sus manos. En ese momento, mira hacia delante, a una vida en la fe, creyendo que Cristo quiere usarnos cuando nos sometemos intencionalmente a Sus propósitos significativos y esperanzadores para nosotros. Deja que Su amor purificador fluya libre e intensamente por tu vida. Como dice el salmo: "Gustad y ved qué bueno es Yavéh...".

NUEVE

Sembrar la buena semilla

Durante mi primera visita a Liberia hace algunos años, mi objetivo era inspirar a la mayor cantidad de personas posible con un mensaje de fe y de esperanza. Dada la reputación que tenía ese país, no me imaginé que aquella asediada nación africana y su pueblo torturado por tanto tiempo me inspirarían también.

Este pequeño país costero, fundado por esclavos afroamericanos liberados, se ha destacado durante su existencia como uno de los más pobres, violentos y corruptos del mundo. Aunque en otros tiempos estuvo entre las naciones más instruidas e industriosas de África, y es rica en vastos recursos naturales, Liberia sufrió enormemente por más de tres décadas, aquejada por conmociones políticas, sobre todo dos guerras civiles que duraron hasta 2003, en las que perdieron la vida más de doscientos mil liberianos y millones huyeron a otros países. Y por si eso fuera poco, la esclavitud sexual y el narcotráfico proliferaron descontroladamente.

Cuando llegué en 2008, aún eran muy evidentes las profundas huellas de la violencia y la corrupción en Liberia. La mayoría de las carreteras eran casi intransitables. La electricidad era algo inusual en áreas que no fueran urbanas, e incluso en las ciudades se producían interrupciones continuas. Sólo la cuarta parte de la población liberiana tenía acceso a agua potable para beber, y el olor de los cadáveres de animales enrarecía el aire y nos provocaban náuseas. Durante nuestro recorrido nos encontramos a muchas personas desnutridas y necesitadas. Una y otra vez vimos hombres, mujeres y niños hurgando en latones de desperdicios y montones de basura.

Una vez dicho esto, seguramente te preguntarás en qué parte de este desapacible paisaje pude encontrar inspiración.

La respuesta es: ¡en todas partes!

Como verás, la pobreza y el abandono que encontramos son remanentes del pasado espantoso de Liberia, un período sombrío dominado por dictadores decadentes y señores de la guerra sedientos de sangre. Durante nuestra visita, también pudimos vislumbrar el futuro de Liberia, que se nos mostró muy esperanzador.

Por espacio de tres décadas, muy escasas organizaciones de socorro, misioneros o grupos de beneficencia se atrevieron a entrar en Liberia debido a su ambiente hostil. Pero desde el año 2005 esa situación ha cambiado drásticamente y en la actualidad se destinan miles de millones de dólares a Liberia. Por ejemplo, Estados Unidos solamente aporta más de $230 millones al año a las iniciativas de reconstrucción.

Nuestro anfitrión durante mi visita de 2008 fue uno de los numerosos grupos de beneficencia que se han incorporado a la iniciativa internacional de ayudar a la recuperación y reconstrucción de Liberia. Nos alojamos a bordo del *Africa Mercy,* parte del ministerio Mercy Ships. Es un barco que anteriormente se usaba como trasbordador de trenes, pero que ahora cumple otra misión: es un hospital de cinco mil pies de extensión, operado por una institución benéfica cristiana, y un dedicado equipo de más de cuatrocientos cirujanos, enfermeras, médicos, dentistas, oftalmólogos y otros profesionales de la salud voluntarios, procedentes de cuarenta países.

Todos los equipos médicos que trabajan en el *Africa Mercy* donan su tiempo y sus servicios, y la mayoría se paga sus pasajes para incorporarse a sus misiones por el mundo. Liberia perdió el 95% de sus centros médicos en las guerras civiles. Durante mi visita, las instalaciones a bordo de este barco sorprendente, equipadas con tecnología puntera, eran unas de las más modernas del planeta. Algunos días, las filas de necesitados que esperaban subir a la embarcación en busca de ayuda llegaron a ser de miles de personas.

Africa Mercy es el barco hospital más grande de la flota de esta institución global de beneficencia. La misión de Mercy Ships es seguir el modelo de Jesús de hace dos mil años de llevar esperanza y sanación a los pobres y olvidados del mundo, amando y sirviendo a los demás. En mi charla ante cuatrocientos voluntarios a bordo de esta embarcación increíble, expresé mi admiración por el gran regalo de su talento y destrezas para servir a algunos de los pueblos de Dios más necesitados. Aunque los voluntarios donan al menos dos semanas de su tiempo, hay algunos que han prestado servicio durante muchos años, y abonan el pago de su alojamiento y comidas en el barco, lo cual es increíble, considerando que estos profesionales médicos donan el único tiempo libre que tienen para descansar de sus estresantes trabajos en sus países de origen.

Recorrí el barco y visité algunos de sus seis quirófanos en los que se les daba tratamiento a pacientes que sufrían de gangrena, cataratas, labios leporinos, quemaduras, tumores, extremidades fracturadas, traumas de parto y muchos otros problemas. Luego me enteré de que durante los cuatro años de estancia del *Africa Mercy* en Liberia, el equipo médico voluntario ha realizado más de 71,800 operaciones especializadas y 37,700 procedimientos dentales.

La atención médica gratuita prestada a miles de pacientes de la mano de los voluntarios a bordo del *Africa Mercy* es un ejemplo maravilloso de sembrar la buena semilla, poniendo la fe en acción al servicio del prójimo. Cuando regresé a casa, le hablé tanto de los voluntarios a mi hermana Michelle, enfermera como mamá, ¡que se inscribió para prestar servicios junto a ellos!

Mi hermana cree como yo que debemos sembrar la buena semilla para que germinen árboles fuertes que den frutos por muchos años, produciendo así más buenas semillas y más árboles frutales en el proceso.

Quizás Michelle y yo no lleguemos a ver ninguno de los frutos creados por lo que hacemos en nuestro paso por la Tierra, pero eso no importa. Nuestro trabajo es sembrar tantas buenas semillas como podamos, sabiendo que Dios determinará cuáles germinan y cuáles no. Te invito a sembrar la mayor cantidad posible de semillas de amor, estímulo, inspiración y bondad.

Lo importante, tanto en el amor como en la fe, es ponerlos en acción. Ofréceselos a los demás, donde puedan contribuir a un bien mayor. Es una decisión que debes tomar cada mañana. Decide que vas a usar los talentos y destrezas que te ha dado Dios para servir a un propósito mayor. Todos tenemos algún tipo de talento, así como influencias con amigos, familiares y redes de negocios que nos permiten magnificar nuestros dones haciendo que otros participen y siembren también la buena semilla.

Estamos aquí para seguir el ejemplo de Jesús. El Hijo de Dios lo dio todo por nosotros, por lo que debemos darle todo a Dios, sirviendo a Sus hijos con nuestro amor, tal y como lo amamos a Él. Tal y como lo hizo Jesús, quien nos amó y nos sirvió a todos, a pesar de que Él era el Rey, el Hijo de Dios. Lo bueno de sembrar buenas semillas es que Dios las nutre a voluntad, de manera que en ocasiones, la semilla más humilde puede transformarse en algo tan enorme como un hospital flotante de 16,572 toneladas, que ejerce un impacto positivo en miles y miles de vidas.

La misión Mercy Ships fue concebida y creada por una pareja cristiana que puso su fe en acción para sembrar buenas semillas, y han servido al prójimo en formas increíbles. Don y Deyon Stephens, que vivían en Suiza cuando fundaron Mercy Ships, son objeto de reconocimiento en todo el mundo por su trabajo humanitario, que les proporciona la mejor atención médica moderna a los pueblos más pobres del mundo en desarrollo. Don es graduado en Teología, y Deyon es enfermera certificada. Ambos se inspiraron a modificar su primer "barco de la piedad" en 1978, tras el nacimiento de su hijo John Paul con serias discapacidades de aprendizaje. Posteriormente, Don estaba de viaje en la India y ahí conoció a la Madre Teresa, quien invitó a la pareja a participar con ella en el servicio a los más necesitados del mundo. "John Paul los ayudará a ser los ojos, oídos y extremidades de muchos otros", les dijo.

Los Stephen no eran ricos, pero los inspiró tanto la exhortación de la Madre Teresa, que convencieron a un banco suizo a que les prestara un millón de dólares para comprar la primera embarcación, un barco de cruceros italiano que habían jubilado. Desde entonces, su institución de beneficencia ha contado con el apoyo de donantes en todo el mundo como Starbucks, que instaló una de sus tiendas en el barco para abastecer gratuitamente de cafeína a los equipos médicos y así mantener su energía (recuerda que lo que no podamos lograr nosotros, lo conseguirán Dios ¡y la cafeína!).

Y ahí la tienes, la primera gran fuente de inspiración que encontré en Liberia: un enorme trasbordador danés transformado en barco de piedad por miles de maravillosos voluntarios, una pareja cristiana movidos a servir al prójimo por la Madre Teresa, el mayor ejemplo de liderazgo de servicio que había en aquel momento. Esa humilde mujer, gracias a su generoso trabajo con los pobres de Calcuta y las misiones que creó en 123 países, sirvió de inspiración a millones de personas como los Stephen para que sembraran sus buenas semillas en todo el mundo.

Tal vez te preguntes: "¿Qué puedo hacer yo?" o "¿Qué tengo que dar?". La respuesta es: "Darte a ti mismo". El talento que te ha dado Dios y tú son los mayores regalos que puedes ofrecer. Cuando pones tu fe en acción, sembrando buenas semillas para servir al prójimo, aprovechas un poder que no puedes ni imaginar. Sólo tienes que ver las vidas salvadas y transformadas por los Stephen y sus barcos de piedad, o a la Madre Teresa y las más de seiscientas misiones que creó en todo el planeta.

Servir a una nación

La segunda fuente importante de inspiración que encontré en Liberia fue una mujer como la Madre Teresa, una sierva líder y cristiana de increíble influencia. Te sorprendería saber que se dedicaba a la política en un país con tan mala fama por la corrupción de sus líderes. Al principio desconfié, pero, al igual que otras personas de diferentes partes del mundo, descubrí rápidamente que Ellen Johnson Sirleaf no era como todos los tiranos y señores de la guerra que la precedieron en Liberia.

En 2005, esta cristiana graduada en Harvard y conocida como "Ma Ellen" se convirtió en la primera presidenta de aquella nación devastada, después de haber sido encarcelada en dos ocasiones por un predecesor. En ese tiempo, también era la primera mujer presidenta de una nación del continente africano. Su elección fue elogiada como un importante paso hacia delante en un país con sorprendentes índices de retraso. Laura Bush, entonces Primera Dama de los Estados Unidos, y la ex Secretaria de Estado Condoleezza Rice asistieron a su toma de posesión.

La nueva presidenta tenía ante sí una ardua labor. Se proponía eliminar la corrupción y crear empleos para que el 85% de la población que estaba desempleada se reincorporara al trabajo, pero primero había que crear las condiciones. Después de tantos años de guerras intestinas, incluso en Monrovia, la capital, no había electricidad, agua corriente ni un sistema operativo de alcantarillado.

La hija del primer nativo liberiano en ser elegido a la legislatura nacional conocía bien el despiadado sistema político de su país, y aceptó en parte su beca para asistir a la Facultad Kennedy de Gobierno, de la Universidad de Harvard, para evadir la pena de prisión por criticar a los líderes corruptos de su país. Cuando regresó, fue encarcelada dos veces por su continua oposición. En otras ocasiones se vio obligada a salir del país hasta por cinco años, dedicándose a la banca internacional durante su exilio.

El fin del dominio sangriento del dictador liberiano Charles Taylor comenzó cuando miles de liberianas vestidas de blanco y encabezadas por Sirleaf y la valerosa activista Leymah Gbowee, se congregaron en un terreno en Monrovia para exigir paz. Allí permanecieron meses, indiferentes al tórrido verano y a las estaciones lluviosas, realizando ruedas de prensa y llamando la atención internacional sobre las violaciones de los derechos humanos cometidas por el régimen de Taylor. En un momento, las manifestantes se reunieron frente a un hotel donde se llevaba a cabo una reunión de jefes militares de Taylor, a quienes les impidieron salir. Finalmente Taylor huyó fuera del país, pero fue arrestado y enjuiciado como criminal de guerra por las Naciones Unidas. En 2005 eligieron a Sirleaf para restaurar la paz y la cordura en su país.

Cuando la conocí, tres años después, Liberia seguía luchando por recuperarse de décadas de abandono y violencia. Por primera vez en todos aquellos años, los liberianos dejaron de ser victimizados y perseguidos por su gobierno. Las Naciones Unidas ofrecieron su ayuda para garantizar la paz, con una fuerza integrada por más de quince mil soldados.

Durante los veinticinco minutos de conversación que sostuvimos, advertí que la presidenta Sirleaf era una combinación impresionante de fuerza y compasión. Por algo la conocen como "la madre de Liberia" y "La dama de hierro". Antes de la reunión me sentí nervioso, porque nunca antes me había encontrado cara a cara con el líder de una nación.

La presidenta Sirleaf me dio la bienvenida pocos días antes de su setenta cumpleaños, y su presencia de abuela y la calidez de sus ojos bondadosos me tranquilizaron instantáneamente. Además, me contó que formaba parte del 60 por ciento de los liberianos cristianos. Creció en una familia metodista, y su educación primaria fue en escuelas metodistas. Hablamos de fe, y pude ver que gran parte de su fuerza interna está enraizada en sus creencias religiosas.

Si algún día fuera presidente de alguna nación, me gustaría ser como ella. Es una mujer de Dios que cree en una filosofía que yo caracterizaría de la siguiente forma: "No preguntes lo que Dios puede hacer por tu país, sino más bien pregúntale a Dios qué puede hacer por Él esta nación". Qué otra cosa grandiosa puede hacer un país que servir de ejemplo de pueblo confiado en Dios que le entrega sus fragmentos destrozados para que los reorganice y repare. Creo que esta nación puede ser ejemplo de los milagros que Dios puede hacer si su pueblo se rige por Él y por Sus promesas.

Mientras visitaba el país de la presidenta Sirleaf para dar charlas a varios grupos, la mandataria me pidió que exhortara a los liberianos a darle educación a sus hijos y a volver a la siembra de sus propios cultivos de subsistencia, especialmente el arroz, porque la guerra civil afectó tanto la agricultura, que gran parte del arroz que consumía la nación era importado. La presidenta me impresionó por su potente sentido de misión para servir a tres millones y medio de habitantes y reconstruir su nación arrasada. Desde que tomó posesión, Liberia ha recibido ayuda de otros países y abierto sus puertas a $16 mil millones en inversiones de negocios extranjeros. A nivel personal, parece muy compasiva y atenta a los demás. En nuestro caso, antes de recibirnos y darnos la bienvenida, nos proporcionó dos SUV para que pudiéramos viajar por las carreteras de difícil acceso.

La presidenta Sirleaf es un ejemplo inspirador de liderazgo de sierva de Dios en un nivel alto. La mandataria ha recibido uno de los honores más altos del mundo por las semillas que sembró. Pocos años después de conocernos, ella y Leymah Gbowee recibieron el Premio Nobel de la Paz por sus iniciativas de creación de paz y trabajo a favor del respeto a los derechos humanos. Cuatro días después de recibir la prestigiosa distinción, la presidenta Sirleaf obtuvo la reelección por otros seis años, por lo que puede seguir sembrando muchas más semillas.

Sirleaf, seleccionada también como Metodista Unida del Año en 2011, es reconocida en todo el mundo como una líder benevolente y democrática; incluso cuando su predecesor, Charles Taylor, está siendo juzgado por crímenes horribles contra su pueblo. Ambas personas ocuparon posiciones de liderazgo. A ambas se les otorgó autoridad suprema por el cargo ocupado. Sin embargo, ejercieron su poder en formas totalmente opuestas.

El apóstol Pablo, uno de los primeros evangelistas cristianos, analizó estos dos tipos diferentes de liderazgo en la Biblia, y el pasaje narrado en *Gálatas* 5:13–15 es particularmente pertinente en el caso de un país creado y regido por exesclavos y sus descendientes. Pablo dice: "Porque, hermanos, habéis sido llamados a la libertad; sólo que no toméis de esa libertad pretexto para la carne; antes al contrario, servíos por amor los unos a los otros. Pues toda ley alcanza su plenitud en este solo precepto:

Amarás a tu prójimo como a ti mismo. Pero si os mordéis y os devoráis mutuamente ¡mirad no vayáis mutuamente a destruiros!". Pablo nos aconseja usar nuestra libertad y nuestro poder no para satisfacer nuestras propias necesidades y deseos egoístas —ni para llenarnos los bolsillos como hizo Taylor— sino para amar y servir al prójimo, tal y como está haciendo la presidenta Sirleaf.

No hay que ser presidente de una nación para servir al prójimo. Incluso no se necesitan brazos ni piernas. Todo lo que hace falta es poner tu fe, tu talento, tu educación, tus conocimientos y tus destrezas a disposición de los demás, de maneras grandes y pequeñas. Incluso los actos de bondad más insignificantes tienen enormes repercusiones. Aquellos que creen no tener poder para ejercer un impacto en el mundo pueden marcar una gran diferencia, uniéndose y trabajando juntos para convertirse en el cambio que desean.

SEMILLAS SEMBRADAS

La presidenta Sirleaf, Leymah Gbowee y su ejército de mujeres activistas cambiaron un país poniendo su fe en acción para servir a su pueblo. Ellas contribuyeron a restaurar la paz, y están liderando la difícil recuperación de su patria después de décadas turbulentas. Recientemente, Sirleaf les pidió a más de veinticinco mil personas que trabajaran en la limpieza de sus comunidades antes de la temporada festiva, y les pagó para que pudieran tener dinero para la Navidad. Su administración se ha dedicado a la construcción de nuevas clínicas y a restaurar el servicio de distribución de agua para beneficiar a setecientos mil residentes. Entre sus logros principales hasta el momento figuran además la inauguración de más de doscientas veinte escuelas, un maravilloso ejemplo de cómo sembrar semillas que germinarán y darán frutos para las generaciones venideras.

Fui testigo de otro tipo de semilla plantada por la revolución pacífica liderada por los cristianos liberianos. Una muy cercana a mi corazón. Mi misión a Liberia incluyó una reunión de renovación evangélica que se celebró en un estadio de fútbol. Esperábamos la asistencia de trescientas a cuatrocientas personas, pero, para nuestra alegría, estimamos que allí se congregaron entre ocho y diez mil personas. La gente estaba literalmente sentada en las azoteas y encima de los árboles para poder ver lo que ocurría dentro del estadio repleto. Y, cosa extraña, aquel día tuve que dar la misma charla tres veces, porque sólo disponíamos de un altavoz relativamente pequeño en el escenario. Así que me vi obligado a dirigirme primero a una sección del estadio, dando versiones abreviadas de mi charla, y luego reorientarme a otra sección para volver a comenzar. Y lo hice ¡para que todos pudieran escuchar mis palabras de estímulo, esperanza y fe!

Esto me lleva a la tercera fuente de inspiración que encontré en Liberia: su pueblo. A pesar de la muerte, la destrucción, la crueldad y las increíbles penurias que afrontaron, millones de cristianos en esa nación conservan la fe. Y a pesar de que muchos siguen sufriendo, pude ver incontables expresiones de alegría durante mi visita, desde escolares cantando y jugando, a estadios llenos de gente alabando a Dios. Nuestros amigos en Liberia nos contaron que los líderes cristianos y musulmanes dejaron a un lado sus diferencias para contribuir al fin de la guerra civil con un consejo interreligioso, y estoy esperanzado de que podrán seguir trabajando unidos por el bien mayor de la nación y sus hijos.

Creo que sorprendí a mi audiencia aquel día en que les anuncié que no necesito brazos ni piernas. Después de los murmullos que provocó tal afirmación, les dije que lo que necesito realmente es a Jesucristo. Lo que quise demostrarle a este pueblo que ha soportado tanta opresión y crueldad es que, si tenemos a Dios en nuestros corazones, estamos completos, aunque aparentemente nos falten muchas otras cosas. También les aseguré que, si bien la vida en esta Tierra les ha resultado extremadamente difícil, si tienen fe y aceptan a Jesús como su Señor y Salvador, tendrán garantizada la felicidad en la eternidad. Además, insistí en que incluso quienes lo tienen todo en la Tierra —brazos y piernas incluidos— sólo podrán llevarse sus almas a la tumba.

Dije además que hay que tener salvación para tener esperanza. "La esperanza sólo se puede hallar en Dios. Aunque no tengo brazos ni piernas, puedo volar con las alas del Espíritu Santo", aseguré.

Luego, les recordé a mis amigos liberianos que Dios sigue controlando sus situaciones. Por tanto, no deben darse por vencidos, sino mantener viva la esperanza. Les dije que si Dios puede usar a un hombre sin brazos ni piernas para que funcione como Sus manos y pies, entonces Él usará también a la devastada Liberia para Sus propósitos.

También les recordé que, a pesar de que no siempre recibimos los milagros por los que rezamos, eso no nos impide servir de milagro a otra persona. A poco de haber dicho eso, mis palabras se hicieron realidad frente a miles de personas. Cuando llegaba al término de mi charla, una liberiana se encaminó en mi dirección, abriéndose paso hacia mí con febril determinación por entre la compacta multitud.

Los guardias de seguridad interrumpieron su marcha en varias ocasiones, pero ella les aseguró gentilmente que no quería hacerme daño. Cuando estuvo más cerca, me di cuenta de por qué la dejaban aproximarse: llevaba cargada a una niña de sólo tres semanas. La criatura no tenía brazos, sólo deditos que sobresalían de sus hombros. Hice que la madre me trajera a la niña para poder darle un beso en la frente y orar por ella.

Como mis únicos pensamientos eran mostrar amor por aquella niña, me sorprendió ver cómo muchas personas del público comenzaron a tragar en seco y exclamar cuando la besé. En aquel momento pensé que sólo se trataba de la conmoción de ver una niña con discapacidades tan similares a las mías. Posteriormente, me dijeron que los liberianos estaban sorprendidos de ver a una niña sin extremidades a quien se le permitió seguir viva. En muchas aldeas les dan muerte a los niños que nacen con discapacidades físicas, e incluso a algunos los entierran vivos.

Ahora era mi turno de sentirme horrorizado. Mis anfitriones me informaron que en el África rural se consideran como una maldición a los niños con discapacidades. Usualmente los matan o los abandonan para que mueran solos, y la madre es sometida al ostracismo por temor a que la maldición se propague en la comunidad. En el caso de aquella niña, la madre nos dijo que escapó de su aldea con ella antes de que pudieran quitársela.

Después de besar a la niña liberiana sin brazos, muchos asistentes se dieron cuenta de que si Dios tenía un plan para que un hombre sin brazos ni piernas fuera evangelista, entonces esa niña y todos las demás en esa situación son también hijos de Dios. Un hombre del público le contó a nuestro personal de seguridad que estaba grabando mi charla en dialecto Bassa para reproducírsela a gente que vive en una zona remota y de difícil acceso. Además, quería insistir particularmente en la parte donde afirmé que los niños con discapacidades y deformidades también son hijos de Dios, no una maldición, "sino una oportunidad".

Aunque no puedo confirmarlo absolutamente, me aseguraron que desde mi presentación y mi interacción con aquella niña en Liberia, no se han reportado casos de asesinatos o abandono de niños discapacitados o deformes. Espero realmente que sea cierto. Me sentiría inmensamente bendecido si Dios me usó para sembrar esa semilla, una semilla que podría salvar muchas, muchas vidas, y evitar grandes sufrimientos.

VALORARSE MUTUAMENTE

Buena parte de este mundo gira en torno a buscar comodidad en vez de proporcionarla. Podemos quedar atrapados tan fácilmente en la búsqueda de nuestra propia felicidad, que ignoramos una de las enseñanzas básicas de Dios: la verdadera felicidad está en servirlo a Él y a sus hijos. Jesús dice: "De la misma manera que el Hijo del hombre no ha venido a ser servido, sino a servir y a dar su vida como rescate por muchos". Por supuesto, Jesús fue el máximo siervo líder y el que más sembró buenas semillas. Dios envió a Su Hijo para servirnos con el máximo sacrificio de morir por nuestros pecados. Él se presentó A Sí Mismo humildemente, y llegó hasta a lavarles los pies a Sus discípulos para enseñarnos que servir al prójimo es la mejor manera de poner la fe en acción. Jesús nos pregunta en la Biblia: "¿Quién es mayor, el que está a la mesa o el que sirve? ¿No es el que está a la mesa? Pues yo estoy en medio de vosotros como El que sirve".

Cuando tenemos el amor, la alegría, la fe y la humildad de Dios, comprendemos que ningún ser humano es más valioso que otro. Recientemente, conocí a una persona que vive realmente como siervo líder cuando asistí a una inusual iglesia y ministerio al aire libre en el centro de Dallas. El pastor Leon Birdd inició su ministerio debido a un incidente que parece sacado de una de las parábolas de Jesús. Birdd trabajaba como carpintero, y en 1995 manejaba un camión cargado de muebles en una zona rural cercana a Dallas cuando vio a un hombre de mediana edad que caminaba por una carretera de servicio.

Al principio Leon no sintió inclinación por recoger al desconocido, e incluso pensó que estaba borracho. Pero después de dejarlo atrás, sintió que el Espíritu Santo le habló a su corazón, por lo que dio la vuelta para ofrecerle un aventón al hombre. Cuando este buen samaritano se detuvo junto al caminante, se dio cuenta de que tenía dificultades para caminar.

«¿Se siente bien?», le preguntó.

«No estoy borracho», le respondió bruscamente el hombre.

«Pero tiene dificultades. Suba, que le llevo», le dijo Leon.

Pues resultó que el hombre, llamado Robert Shumake, decía la verdad. Tenía dificultades para caminar porque había sido sometido a varias operaciones del cerebro que afectaron su movilidad, pero no sus resueltos esfuerzos de ayudar a los necesitados.

Por razones que jamás le reveló a Leon, el huraño Robert les había estado llevando rosquillas y café a los desamparados del centro de Dallas todos los sábados en la mañana durante un par de años.

«¿Cómo hace eso cuando apenas puede caminar?», le preguntó Leon.

«La gente me ayuda, y ahora lo hará usted», respondió.

«No lo creo. ¿A qué hora lo hace?», preguntó Leon.

«A las cinco y media de la mañana».

«No voy a llevarlo, mucho menos a esa hora. Ni siquiera el Señor se levanta a las cinco y media de la mañana», aseguró Leon.

Robert no se dio por vencido, y le dijo a Leon dónde tenía que recogerlo.

«Allí estará», le dijo.

«No cuente con ello», le respondió Leon.

Y llegó el sábado. Leon despertó a las cinco de la mañana, preocupado porque Robert podría estar esperándolo en una esquina. Sintió temor por la seguridad de Robert, ya que el sitio indicado para reunirse estaba en una zona marginal de la ciudad.

Una vez más, el Espíritu Santo ejerció su influjo en él.

Antes del amanecer, Robert esperaba en una esquina con un termo lleno con cinco galones de café caliente. Robert le pidió a Leon que lo llevara a una pastelería, donde compraron las rosquillas, para luego seguir rumbo al centro de Dallas. Las calles estaban totalmente vacías.

"Espera un rato", le dijo Robert a Leon.

Y esperaron con el enorme termo de café humeante en la acera. Cuando salió el sol, fueron apareciendo uno a uno los desamparados. Cerca de cincuenta se reunieron para disfrutar del café y las rosquillas de Robert. Aunque les hablaba con brusquedad a los que servía, recibían con agrado el café caliente y las rosquillas. Leon, quien le había entregado su vida a Cristo dos años atrás, vio que Robert sembraba la buena semilla, y que, obviamente, necesitaba ayuda, por lo que a partir de entonces comenzó a colaborar con él cada sábado por la mañana. En los meses siguientes, la salud de Robert empeoró.

«Robert, ¿qué va a ocurrir cuando ya no puedas seguir haciendo esto?», le preguntó Leon un día mientras recogían los enseres.

«Lo harás tú», le respondió Robert.

«No. Necesitas buscarte a otra persona», insistió Leon.

«Lo harás tú», volvió a decirle Robert.

Robert tenía razón. Leon Birdd se convirtió en el Pastor Birdd, ministro consagrado con una misión en los barrios marginales, respaldada por nueve iglesias locales y otros donantes. Aunque Robert falleció en 2009, las semillas sembradas han germinado y crecido con el trabajo del pastor Birdd y su esposa Jennifer. En la actualidad, aquellas reuniones de esquina para ofrecer café y rosquillas son servicios masivos al aire libre, con música y celebraciones de fe. Cada sábado en la mañana, más de cincuenta voluntarios se unen al pastor Birdd para alimentar los cuerpos y ejercer su ministerio en las almas de cientos de desamparados en un estacionamiento del centro de Dallas.

Cuando me invitaron a dar una charla en uno de esos servicios, me inspiraron los Birdd y toda la atención y comodidad que les proporcionan a los más necesitados. Los líderes y voluntarios de la iglesia SOUL Church del pastor Birdd valoran a cada persona como hija de Dios, y comprenden que todos necesitamos amor y estímulo, aunque sólo sea una palabra amable o una sonrisa acompañando una rosquilla y una taza de café.

Birdd se considera a sí mismo como un siervo del Señor, y afirma que quienes colaboran en esta iglesia al aire libre fueron desamparados o confrontaron problemas en sus vidas. "Y fueron tocados con la gracia y el perdón que se encuentra en Jesús. Por tanto, amamos sin pedir nada a cambio, como nos ha amado nuestro Señor", me aseguró el pastor.

TRABAJAR UNIDOS POR EL BIEN DE TODOS

Tú puedes sembrar buenas semillas, independientemente de la etapa de tu vida por la que transites y de cuáles sean tus circunstancias. Ya seas el fundador o un voluntario a bordo de una enorme operación de beneficencia como la del barco *Africa Mercy*, un líder nacional como la presidenta Sirleaf o el pastor de un ministerio para los desamparados, la obra de Dios que hagas se multiplicará muchas veces gracias a las incontables vidas que tocas.

Todos los siervos líderes que he conocido en mis viajes tienen ciertas características y actitudes comunes entre sí que todos debemos adoptar e imitar. Primeramente, son increíblemente humildes y generosos. Muchos de ellos viven sus vidas para servir a los demás, y no les importa recibir reconocimiento alguno. En vez de estar al frente, prefieren estar en la parte trasera de la habitación, exhortando a sus voluntarios y estimulando a los que sirven, y dan crédito en vez de recibirlo.

En segundo lugar, tienen una gran capacidad para escuchar y de tener afinidad con los demás. Escuchan para entender las necesidades de aquellos a quienes sirven, y observan y se acercan a aquellos para detectar necesidades que no se han expresado. Normalmente no necesitan que alguien recurra a ellos y les pida ayuda, porque ya han detectado lo que hace falta. Los siervos líderes operan con estos pensamientos en mente: Si yo estuviera en la situación de esta persona, ¿qué me consolaría? ¿Qué me estimularía? ¿Qué me ayudaría a vencer mis circunstancias?

En tercer lugar, son sanadores y ofrecen soluciones mientras otros sopesan problemas. Estoy seguro de que otras buenas personas vieron el sufrimiento y las enfermedades que afectan a los pueblos de los países del "Tercer Mundo", y vieron los problemas inmensos. ¿Cómo se podrían construir hospitales suficientes en esas zonas remotas y empobrecidas para atender a todos los necesitados? Don y Deyon Stephens llegaron a la raíz del problema e idearon una ingeniosa solución: convertir barcos de cruceros en hospitales flotantes, y equiparlos con voluntarios que viajan dondequiera que se necesite.

En cuarto lugar, los siervos líderes tampoco se ocupan de soluciones a corto plazo, pues siembran semillas de impacto duradero, a largo plazo y en continua expansión. La presidenta Sirleaf logró que la paz imperara en su patria volátil, y luego se dedicó a construir escuelas y a atraer inversiones extranjeras para crear oportunidades para las generaciones futuras.

Los que siembran buenas semillas siguen trabajando en la obra realizada, ya sea perfeccionándola ellos mismos, o inspirando a otras personas para que se les unan y los superen, como hizo Robert Shumake al transferirle su trabajo con los desamparados a Leon y a Jennifer Birdd.

En quinto lugar, los siervos líderes son constructores de puentes que dejan a un lado los estrechos intereses de beneficio propio para aprovechar el poder de muchas personas y lograr el beneficio colectivo. Creen en la abundancia, en que hay recompensas suficientes para todos cuando los objetivos y los triunfos son comunes. A diferencia de algunos líderes que creen en el "divide y vencerás", ellos cifran sus esperanzas en la creación de una comunidad de hombres y mujeres con un propósito común.

Recientemente, vi ejemplificado el poder de este rasgo "pontificio" cuando asistí a un evento conocido como I Heart Central Oregon, en el cual se congregaron más de dos mil quinientos voluntarios de tres condados y setenta iglesias de diversas denominaciones, para sembrar la buena semilla en sus comunidades. El organizador del evento, Jay Smith, me invitó a hablarles a sus voluntarios y a escolares de la región durante una increíble semana de fe en acción.

Jay y los miembros del grupo Elliot han estado organizando esos eventos durante varios años, y lo mejor es que reúnen a toda esa gente de diversas denominaciones para servir a los residentes de la comunidad. No se limitan a predicar, sino que ponen sus prédicas en práctica, organizándose los sábados en un movimiento voluntario masivo en el que pintan hidrantes, reparan viviendas, recogen hojas secas, cortan césped, hacen mandados, trasladan muebles y hacen lo que sea para marcar una diferencia en las vidas de sus vecinos.

Le confesé a Jay que resulta realmente difícil detectar quiénes son los organizadores en esos eventos, porque todos adoptan un papel de liderazgo en cualquier manera que encuentren de servir y a atender al necesitado. Es interesante cómo Jay logró crear estos días de servicio comunitario de varias denominaciones en un momento difícil de su vida. Había trabajado como misionero en todo el mundo durante quince años y había viajado a veinticuatro naciones para trabajar con innumerables voluntarios jóvenes. Pero en 2006, Jay pasó por una temporada difícil y necesitaba estar más cerca de su casa para poder enfocarse en su familia, incluyendo sus cuatro hijos pequeños. Pasaba por una "época de tribulación", y cayó en cuenta de que sus días de viajes por el mundo como misionero habían terminado, al menos por un tiempo. Había regresado a su ciudad natal, Bend, Oregon, y decidió usar allí la energía que había dedicado a hacer buenas obras en sitios como Uganda o Ucrania.

En aquella temporada de tribulación, este siervo líder no se sumió en su propio dolor, sino que se dispuso a ayudar a los demás. Bend es una ciudad turística y de jubilados relativamente adinerada, pero muchos de los pueblos periféricos confrontan dificultades por la crisis económica, las drogas y la violencia. Por tanto, Jay decidió enfocar sus esfuerzos en las zonas necesitadas.

"No teníamos dinero, pero seguimos adelante e iniciamos nuestro primer proyecto de servicio con ciento cincuenta voluntarios de varias iglesias diferentes, justo en un día que cayó un pie de nieve que echó por tierra lo planificado. Pero preparamos palas, camiones y quitanieves y pasamos el día limpiando entradas de coches y aceras. Y mientras lo hacíamos, descubrimos que muchos ancianos vivían encerrados, y otras personas no podían salir a causa de la nieve", me contó Jay.

Mientras hablaban con un anciano que trataba de quitar la nieve del techo de su casa, se desmayó por la fatiga. Algunos de los voluntarios se hicieron cargo de él y terminaron el trabajo. El día de servicio y esfuerzo de colaboración terminó con una celebración: un concierto a cargo del grupo Elliot, un elemento clave de esos eventos. Aquella noche atrajeron a unos setecientos adolescentes, y más de ciento veinte personas recibieron a Cristo en una convocatoria eucarística.

El éxito de aquel primer evento de servicio, a pesar de la nevada, impulsó la fe en acción de Jay y del grupo musical. En los años siguientes, organizaron quince eventos I Heart similares en once ciudades de Oregon, en ocasiones hasta con dos mil quinientos voluntarios de setenta iglesias haciendo trabajo de servicio en sus comunidades. Lo sé porque di charlas en varios de esos eventos. En 2010 hablé ante más de ocho mil personas en un evento I Heart Central Oregon en el Expo Center.

Además, le añadimos al evento un poco de diversión "I Hug" antes de mi charla, y establecimos el récord mundial de la mayor cantidad de abrazos en sesenta minutos. En una hora abracé a 1,749 personas. Puedes ver el video en YouTube. El comediante Nick Cannon, casado con la cantante Mariah Carey, trató de romper nuestro récord, pero le fue imposible. Me imagino ¡que no tuvo brazos suficientes para derrotarme!

El objetivo más ambicioso de Jay con esos eventos I Heart es demostrar el poder de la fe cristiana en acción, sirviendo a la comunidad, abriendo líneas de comunicación y eliminando divisiones entre iglesias y denominaciones. "A veces las iglesias tienden a considerar 'diferentes' a otras denominaciones, y no interactúan con frecuencia. Pero yo tengo muchos amigos más allá de esas diferencias y aprecio el valor de todas las denominaciones. Jamás podremos encerrar a Cristo en una sola iglesia. Juntos podemos mostrar las diferentes facetas de la fe, ya seamos nazarenos, bautistas, pentecostales, presbiterianos, metodistas y todo lo demás. Creo que a la gente le resulta difícil escuchar a los cristianos si no ven que somos consecuentes con nuestra fe, por lo que nuestro modelo es el amor en acción", me explicó el misionero.

Jay, como yo, cree que nuestras iglesias llevan en sí la esperanza del mundo. Aunque yo puedo visitar un sitio como evangelista y ofrecer inspiración, motivación y esperanza, es la iglesia y su ministerio los que están allí día tras día para servir y amar a los miembros de su comunidad. Por esa razón nos molesta que tantas iglesias no trabajen juntas para multiplicar sus bendiciones.

"Jesús dijo: 'En esto conocerán todos que sois discípulos míos: si os tenéis amor los unos a los otros', y creo que es precisamente en su corazón donde nos unimos. Estamos mejor unidos que separados, y las iglesias se están dando cuenta de que sus diferencias doctrinales son menos importantes. Lo principal es que todos creemos que Jesucristo es el camino a la salvación. Ésa es nuestra similitud más importante. Si somos lo suficientemente humildes, podemos ignorar nuestras diferencias y unificarnos por el bien de todos", prosiguió Jay.

Lo mejor de ser un siervo líder, además de la humildad y un enfoque en el bien común, es escuchar lo que los demás necesitan en vez de imponerles lo que tú quieres. Jay es sensible al hecho de que algunas iglesias tienen menos recursos que otras, por lo que siempre trata de reducir gastos obteniendo subvenciones, para evitar así la presión económica de los participantes.

En una ciudad de Oregon con un alto índice de pobreza, Jay y su equipo recaudaron fondos más que suficientes con subvenciones y donaciones para su proyecto, e incluso les sobraron setecientos dólares del evento. Uno de los pastores participantes sugirió una idea novedosa para usar ese remanente en la temporada navideña: les distribuyeron el dinero a los miembros de la iglesia en incrementos de cinco dólares, y les dieron la misión de aumentar el fondo inicial para lograr propósitos caritativos del modo que se les ocurriera: ya fuese comprando caramelos con descuento y luego vendiéndolos, vendiendo limonada o comprando gasolina para las cortadoras de césped.

Los setecientos dólares se multiplicaron en *diez mil* y se usaron para financiar proyectos como paquetes de ayuda para los desamparados, ayudar a las madres solteras a comprar regalos navideños, entregar animales de peluche a niños abusados y otros actos humanitarios creativos.

"Esto lo hacemos para demostrar nuestro amor mediante el servicio a los demás. Es una manera de que las comunidades sepan que sus iglesias velan por ellas. No estamos predicando solamente, estamos sirviéndolos. Y no nos proponemos que nuestros días de servicio sean eventos únicos. A menudo, después del evento, la relación sigue creciendo entre iglesias y ciudades. Lo hemos visto en casos donde los alcaldes llaman a los pastores para pedirle a una congregación que se ponga la ropa de trabajo y se apreste a echar una mano. Cuando la gente disfruta la alegría del servicio, quiere seguir participando", añadió Jay.

Jay y su ejército de siervos líderes han recibido algunas solicitudes inusuales al ofrecer sus servicios. "Les decimos que tenemos quinientos voluntarios, y preguntamos qué podemos hacer por su ciudad. Un pueblo no podía costear el corte de césped en sus cementerios invadidos por la hierba debido a recortes de presupuesto, así es que las iglesias lo hicieron y ahora han asumido la tarea. [La iniciativa] ha abierto nuevas formas para que las iglesias sirvan a sus comunidades", continuó.

Los funcionarios de la ciudad de Bend dijeron que no podían pagar la pintura de sus hidrantes, algo que se debe hacer periódicamente para que se puedan detectar fácilmente en caso de emergencia. Durante tres eventos I Heart en el curso de dos años, los voluntarios pintaron tres mil seiscientos hidrantes, ahorrándole miles de dólares a la ciudad. La idea es dejar que cada ciudad determine cuáles son sus necesidades, lo cual contribuye a crear entusiasmo y buena voluntad. En algunas ciudades, Jay y su equipo también colaboran con instituciones sin fines de lucro como bancos locales de alimentos, comedores comunitarios, refugios para mujeres, Head Start, o Habitat for Humanity.

"Actuamos como catalizador. En ocasiones, los pastores vacilan al principio, pero luego se derrumban los muros en cuanto oramos, comemos y trabajamos juntos. Es como si se creara un impulso y cuando llegamos a la siguiente ciudad ya conocen lo que ocurrió en la anterior, y muestran más disposición para trabajar unidos", explicó Jay.

Me hace muy feliz decir que Jay se mudó recientemente a California, donde tanto él como yo esperamos trabajar juntos en una serie de eventos en los que haremos justamente eso: poner el amor y la fe en acción para servir a los demás y predicar con el ejemplo.

¿Sabes? Lo realmente grande de sembrar buenas semillas como siervo líder es que no hacen falta proyectos enormes como aquellos que tan bien organiza Jay. Incluso los pequeños actos de humildad pueden marcar una enorme diferencia en alguien. Jay me recordó uno de esos actos ocurridos durante uno de sus eventos en Oregon.

Yo trataba de cubrir la zona lo más rápido posible, con el objetivo de visitar una buena cantidad de escuelas en un día. Después de hablar en una en particular, salimos casi corriendo porque se nos hacía tarde (como de costumbre). No disponía de tiempo para abrazar a ninguna persona del público que quisiera subir al escenario, algo muy inusual en mí (me encanta "la hora de los abrazos").

Cuando salíamos del auditorio, alcancé a ver una cabeza calva, algo que no se ve normalmente en un grupo de adolescentes. Detuve mi silla de ruedas, di la vuelta y vi a una chica que había perdido el cabello a causa de la quimioterapia. Como he visitado a muchos pacientes de cáncer, lo conozco bien.

Maniobré con la silla hasta acercarme adonde la chica, casi al final de un pasillo, y le dije: "Querida, dame un abrazo". No necesito decir que me olvidé al instante de la preocupación de llegar tarde a la próxima charla. La chica me abrazó, y en breve ambos rompimos en llanto, un llanto que se contagió a todos los maestros y alumnos que nos rodeaban.

¿Por qué llorábamos? No puedo decir con certeza lo que les ocurrió a la chica o a los demás que nos rodeaban, pero en mi caso, fue de gratitud por el don de servir a una persona necesitada. Es algo difícil de expresar con palabras, pero este mensaje que me envió una joven a quien llamaré Bailey, resume mucho mejor que yo la experiencia transformadora del liderazgo para servir:

"Hace doce años, mi madre me obligó a servir como voluntaria en un campamento para adultos con discapacidades de desarrollo. En aquel campamento cristiano, cada voluntario acompañaba a un adulto discapacitado durante toda una semana. A mis doce años, no podía existir nada peor que ser obligada a estar una semana con personas discapacitadas.

Mi madre no me ofreció otra opción, y, por supuesto, no me ofreció salida alguna a aquella situación 'terrible'. En la reunión de orientación sentí un nudo en el estómago. Luego, el personal del campamento entregó las solicitudes donde se describía al campista que le tocaba a cada cual. En la mía, debajo de la sección 'Discapacidad', se leía en letras enormes, horripilantes y en negrita: Síndrome de Down.

Me temblaron las manos mientras leía la solicitud que me dieron, mientras trataba de prepararme para conocer al día siguiente a mi campista. Me revolví en la cama toda la noche, preguntándome por qué Dios me había puesto en una situación tan espantosa e incómoda.

A la mañana siguiente, después del desayuno y de otra reunión de orientación, comenzaron a llegar los campistas, lo cual me aterró más de lo que podía imaginar. Pude identificar a cada uno de los campistas que bajaban de los coches, pero no por nombre, sino por su discapacidad: síndrome de Down, autismo, parálisis cerebral. Eso fue lo único visible mientras seguían llegando los campistas.

Finalmente, alguien pronunció mi nombre mientras una niña pequeña salía de una furgoneta en el área de bienvenida. Hacia allí me dirigí tímidamente hasta que el director me presentó a Schanna, la campista a quien acompañaría toda la semana. No se me ocurría que pudiera decir otra cosa más que 'Hola', pero antes de llegar a pronunciar nada, Schanna me echó sus brazos al cuello y comenzó a apretarme en un abrazo abarcador que nunca antes había sentido.

'Ya no puedo esperar más para ser mejores amigas esta semana', me dijo, agarrándome la mano y llevándome a su primera actividad en el campamento.

¿Cómo podía amarme de forma tan incondicional alguien que acababa de conocerme? No sabía mis calificaciones escolares, cuántos amigos tenía o cuán popular era yo. Tampoco conocía ninguna de las cosas que previamente me habían definido como un ser humano. Pero aquella noche, toda muralla de inseguridad, toda barrera de temor se desvaneció total y completamente gracias a una adulta con discapacidad de desarrollo, y sólo bastó que le diera a Schanna la oportunidad de ser mi amiga.

Han transcurrido doce años desde mi primera semana en el campamento. Después de aquella experiencia, mi madre no tuvo que obligarme nuevamente ni gritarme para que participara, pues por iniciativa propia asistí a otras treinta semanas de campamento en esos años, y no sólo regresé como voluntaria, sino en pasantía de verano.

Los dos últimos veranos, he formado parte del personal como directora asistente del campamento, y nada me alegra más que ver a los voluntarios novatos que vienen a pasar su semana en el campamento, con piernas temblorosas y corazones afligidos, y observar cómo caen sus muros gracias a un sector de la población que nuestra sociedad ignora totalmente.

Dios me ha bendecido inmensamente en estos años de campamento. Inculcó en mí el amor y la pasión por las personas a las que sirve nuestro campamento, y estoy segura de que todo el que le dé una oportunidad a un discapacitado, experimentará un cambio sin precedentes en su vida. Nuestros campistas no sólo me enseñaron a orar y a hablarle abiertamente a Dios, sino también cómo amar incondicionalmente y a compartir libremente mi fe con los demás.

En Juan 9 se le pregunta a Jesús: 'Rabbí, ¿quién pecó, él o sus padres, para que haya nacido ciego?'. Y Jesús responde: 'Ni él pecó ni sus padres; es para que se manifiesten en él las obras de Dios'.

Estoy tan agradecida de que nuestro Padre que está en los cielos haya permitido que nazcan personas con lo que nuestra sociedad suele llamar 'discapacidades'. Son ellos los que tienen el poder de ejercer un impacto positivo en nuestro mundo, e influir en última instancia en los demás para que se acerquen a Cristo. Considero que no son discapacitados. Discapacitada es la gente como yo que menosprecia a otros, que duda del plan que tiene Dios para su vida, que teme hablarles a los demás de Dios, y que no sabe ser vulnerable ante los que le rodean. Es esa parte de la población que nuestra sociedad, e incluso nuestras iglesias, ha ignorado tantas veces, es precisamente la que me tomó de la mano y me guió hacia las promesas de Dios, cambiando mi vida innumerables veces de formas inimaginables.

Gracias a mis semanas en el campamento y a las incontables horas en las que he servido a adultos con discapacidades de desarrollo, en otoño iniciaré mis estudios de posgrado para obtener un título de consejera, con el propósito profesional de prestar algún día servicios de asesoría a los padres que tienen hijos con discapacidades, ya sean aquellos que descubren antes del nacimiento que su hijo tendrá un cromosoma de más, o quienes se dan cuenta con el tiempo de que su hijo presenta síntomas de autismo.

Mi pasión y mi sueño es ayudar a empoderar a nuestra sociedad, para que no sólo acepte a los discapacitados, sino también para ejercer el ministerio *con* discapacitados y contribuir a atraer personas a Cristo, ¡una a una!"

Bailey expresa con hermosura en su mensaje las alegrías del liderazgo para servir, ¿verdad? Cuando sirves a los demás, tu propio corazón sana. Una de las alegrías más grandes que he vivido es ver cómo alguien tiene éxito o sirve de tabla de salvación para estimular o inspirar a otra persona. Bailey se resistió al principio, pero aprendió una lección maravillosa en aquel campamento. Considero que es muy bueno que los jóvenes participen en el liderazgo para servir como lo hizo ella, ya sea como voluntarios en un asilo de ancianos, trabajando con discapacitados, o brindando ayuda en un refugio para desamparados.

Te invito a sembrar la buena semilla sirviendo al prójimo. Y verás, como le ocurrió a Bailey, que es tu propia vida la que transformas.

DIEZ

Vivir en armonía

Aunque traté de hacer sonreír al reverendo Billy Graham en nuestro primer encuentro, el famoso evangelista, a sus noventa y dos años, tiene asuntos más serios entre manos: quería hablarle a mi corazón y a mi alma.

Kanae y yo fuimos invitados a conocer al reverendo Graham en su casa de las montañas de Carolina del Norte por intervención de Anne Graham Lotz, hija del religioso, a quien conocí durante una conferencia que se llevó a cabo en Suiza en 2011. La invitación nos llenó de emoción y al mes siguiente emprendimos el viaje. Pero nuestro entusiasmo fue mayor al ver la gran belleza del camino que conducía a la cabaña de la familia. A medida que ascendíamos por la cordillera Blue Ridge, el cielo azul se tornaba más brillante y vívido en cada recodo del camino. Nos pareció que la gloria estaba a nuestro alcance.

Debido quizás a la elevación y a la falta de oxígeno, comencé a sentirme un poco ansioso, algo inusual en mí. La idea de conocer al reverendo Graham, mi modelo de evangelismo, me intimidaba, debido a sus logros y a su lugar en la historia. Graham ha visitado ciento ochenta y siete naciones, ha servido como consejero espiritual a varios líderes del mundo, ha predicado ante miles de millones de personas, tanto directamente como por televisión, y ha guiado a más de tres millones de personas a aceptar a Jesucristo como su Salvador personal. En los últimos cinco años, la Asociación Evangélica Billy Graham creó un programa televisivo transmitido en todo el mundo, gracias al cual a la cifra anterior se han incorporado otros siete millones de almas.

En su última presentación pública, el ministro conocido como "el Pastor de los Estados Unidos" habló ante más de 230,000 personas. Se proyectaba que aquella fuera la última de sus 418 cruzadas, y se llevó a cabo en la Ciudad de Nueva York por espacio de tres días, en el año 2005. Durante toda su vida, el reverendo Graham ha predicado al mundo mediante numerosas plataformas. Yo admiro especialmente la manera en que convocó a las iglesias cristianas de todas las denominaciones para que trabajaran juntas en el servicio a Dios y Sus hijos.

Aunque recientemente los problemas de salud han limitado sus presentaciones en público, el reverendo Graham no ha perdido su dimensión como personalidad internacional. Alguien me recordó que el presidente Obama transitó hacía sólo unos meses la misma carretera montañosa para verlo, algo que aumentó mi nerviosismo.

Cuando el reverendo Graham nos dio la bienvenida en su residencia, traté de "romper el hielo" con una bromita, que no le provocó ni la más mínima sonrisa. Por el contrario, mi nervioso intento de comicidad fue ignorado totalmente.

"Cuando Anne me informó que venían, me entusiasmé porque ya me habían hablado de tu ministerio. El Señor me despertó a las tres de la mañana para orar por nuestro encuentro", me dijo.

Anne, quien también nos acompañaba ese día, nos avisó que su padre había estado enfermo con neumonía y otras aflicciones, y nos explicó que podía cansarse fácilmente. A pesar de su frágil apariencia, cuando nos habló, lo hizo con la voz firme y familiar para quienes lo han oído hablar tan a menudo.

El reverendo Graham me comunicó que me consideraba un integrante de la nueva generación, heredero de su misión evangélica, y que deseaba prepararme con palabras de sabiduría y estímulo. Añadió que vivimos tiempos apasionantes y que no importa qué adversidades enfrentemos en nuestra labor de evangelistas, nuestro trabajo es predicar el evangelio de Jesucristo.

Cuando le hablé de mis viajes por el mundo, incluso a países musulmanes, me advirtió que no predicara en contra de otras religiones, ni que les dijera a los seguidores de otras creencias que estaban equivocados, sino que, por el contrario, debía "obrar siempre con amor y respeto", y que mi única misión era compartir el evangelio.

"Tu labor es predicar la verdad y sólo la verdad del evangelio, sin aludir a pueblos o grupos específicos. La verdad es poderosa, y liberará corazones", me aseguró.

Graham nos felicitó a Kanae y a mí por nuestros planes matrimoniales, y nos exhortó a casarnos pronto. Luego oró por nuestro ministerio y por nosotros. Fue un encuentro maravilloso. Hablar con él fue como hacerlo con un patriarca del Antiguo Testamento como Abraham o Moisés, por la influencia vital que ha ejercido en nuestras vidas espirituales durante tanto tiempo.

El reverendo Graham nos emocionó profundamente por su humanidad. Reflexionó humildemente sobre su vida mientras comía galletas de chocolate. Nos aseguró que echa de menos a Ruth, su esposa, fallecida en 2007, y que su único pesar es no haber memorizado más textos de las Sagradas Escrituras. Y en un testimonio de su fe, afirmó que debía haber estado más tiempo a los pies de Jesús, ¡diciéndole a Él cuánto lo ama!

Estoy seguro de que el reverendo Graham ha olvidado más textos de las Sagradas Escrituras que los que nosotros podremos memorizar en todas nuestras vidas, e igualmente seguro de que él expresa mucho más su amor por nuestro Señor que la mayoría. Pero este legendario evangelista, quien también nos dijo que habría querido haber pasado más tiempo con su familia desea haber hecho más para demostrar su fe y su amor por Dios.

Las reflexiones de uno de mis ejemplos de conducta más importante me inspiraron a hacerle ajustes a mi ministerio, ahora que he dejado de ser un lobo solitario. Me resulta difícil separarme de Kanae por más de un día o dos. Tanto ella como yo esperamos tener al menos cuatro hijos, y quiero estar ahí para verlos crecer.

Como también me gustaría estar mucho tiempo a disposición de mi familia, mi proyecto es reducir mis viajes, transmitiendo mi mensaje en grandes instalaciones y eventos más concurridos, con grupos de iglesias que trabajen juntos, y a través de la prensa y las redes sociales. Ya inicié un programa radial para todas las edades, y también espero transmitir algún día por la Internet.

UN PLAN ARMÓNICO PARA LA VIDA

Escuchar las reflexiones del reverendo Graham sobre su extensa e industriosa carrera como evangelista, me hizo retroceder y pensar en el legado que quiero dejar cuando llegue a un punto similar en mi vida. Es tan fácil quedar atrapados en los retos cotidianos de vivir, en vencer obstáculos, enfrentar circunstancias y sobrevivir básicamente, que corremos el riesgo de descuidar las relaciones amorosas y amistosas, el crecimiento espiritual, una mayor comprensión del mundo y hasta nuestra salud a largo plazo.

Ni tú ni yo debemos vivir con la expectativa de que *algún* día lograremos la felicidad después de alcanzar *algún* objetivo o adquirir *alguna* cosa. Debes tener acceso a la felicidad en todo momento, y la forma de lograrlo es vivir en armonía espiritual, mental, emocional y física.

Una manera de determinar el equilibrio que te funcione a ti es dirigir la mirada hacia el final de tu vida, y luego vivirla de forma que no te arrepientas de nada cuando llegues a ese punto. La idea es tener una imagen clara del tipo de persona que quieres ser cuando envejezcas, y la huella que esperas dejar, para que cada paso de tu viaje te acerque más adonde quieres llegar.

Me parece que si creas la vida que quieres en tu imaginación, es posible crearla en la realidad, minuto a minuto, hora tras hora, y día tras día. En vez de considerar un plan de negocios o un plan de vivienda como tu proyecto de vida, considera lo anterior. Algunos aconsejan que la forma de lograrlo es pensar en tu propio funeral y analizar qué quieres que tu familia y tus amigos digan de ti, de tu carácter, de tus logros y del impacto que ejerciste en sus vidas. Tal vez eso te funcione, pero a mí no me gusta pensar en dejar atrás a mis seres queridos, aunque sepa que voy a estar con Dios en la gloria.

Yo prefiero colocarme en la posición del reverendo Graham el día que nos reunimos en su cabaña de las montañas. En ese gran hombre acercándose al fin de una vida notable en la que ha hecho tanta obra de Dios, a quien aún le quedaban unos pocos pesares. Puede ser inevitable. Pocos pueden lograr una vida perfectamente armónica, pero creo que vale la pena intentarlo. Espero que tú también lo intentes.

No quiero tener pesar alguno, pero es imposible. Voy a tratar de hacer las cosas lo mejor que pueda, y he reajustado el "medidor de vida" de Nick con la aguja puesta en la Armonía. Deberías dedicar un momento a hacer lo mismo si sientes, como yo, que todos necesitamos una pausa de vez en cuando, para examinar dónde hemos estado, dónde estamos, adónde queremos ir y cómo convertirnos en una persona que será recordada por marcar una experiencia positiva en el mundo.

Aunque no disfruto del beneficio de tener piernas, he pasado la segunda década de mi vida corriendo a toda velocidad, lo cual se espera probablemente de un soltero con un ministerio global y además un negocio. He intentado llevar el peso del mundo en mis hombros. Con mi institución sin fines de lucro y mi negocio, he adquirido mucha responsabilidad. El reverendo Graham me aconsejó compartir más carga y disfrutar una vida más armónica, creada en torno a mi fe y mi familia.

Creo que Dios me habló por boca de Su fiel siervo Billy Graham, porque también escuché ese mensaje en la conferencia de Suiza donde conocí a su hija.

Perspectiva global

Anne Graham Lotz y yo asistimos al Foro Económico Mundial (WEF, por sus siglas en inglés) en Davos en 2011. Participé en un panel del último evento del foro, en una sesión titulada "Inspiración para toda la vida". Mis compañeros de panel eran gente en extremo inspiradora: el economista alemán Klaus Schwab, fundador y presidente de la junta directiva del Foro Económico Mundial; y Cristine Lagarde, entonces ministra de asuntos económicos, finanzas e industria de Francia, y luego elegida presidenta del Fondo Monetario Internacional. En el panel había también dos jóvenes vibrantes de la organización Global Changemaker, comunidad global de jóvenes activistas, innovadores y empresarios: el neozelandés Daniel Joshua Cullum, y la brasileña Raquel Helen Silva.

Al Foro Económico Internacional se le caracteriza a veces, e injustamente, como una reunión estéril en la que "hombres grises con trajes grises e imaginaciones grises se reúnen para chismear". En realidad, es una reunión en la que participan más de dos mil hombres y mujeres diversos, la mayoría líderes en sus campos, y sus temas abarcan una gama amplia y fascinante. Nuestra sección estuvo bien lejos de ser estéril, pues en ciertos momentos, tanto a los panelistas como al público que llenaba la sala se les salieron las lágrimas.

Es notable que ese día ¡recibí al menos dos abrazos de Cristine Lagarde! Fue muy amable conmigo y me confesó que la inspiraba con mi trabajo. Estoy seguro de que mis antiguos maestros de planificación financiera y contabilidad se habrían sentido orgullosos de ver cómo la futura directora del Fondo Monetario Internacional trataba a su alumno. (Puedes ver mi presentación en YouTube buscando mi nombre y la palabra clave "World Economic Forum". El video de nuestra sesión es uno de los más vistos del Foro 2011.)

Nuestra conferencia en Suiza se centró en buscar formas para que el mundo sea un lugar mejor y además profundizamos en temas espirituales. Anne Graham Lotz recordó que todo el Foro tuvo un elemento muy espiritual, lo cual resulta inusual. Por su parte, el propio profesor Schwab dijo durante el evento, que las respuestas a los problemas políticos y económicos que enfrenta el mundo las tiene la comunidad religiosa, que incluye cristianos, musulmanes, hindúes y budistas.

Posteriormente, Anne Graham Lotz escribió en su sitio Web (www. annegrahamlotz.com) que en aquel foro "vi a Jesús en su virtud y justicia, conmoviendo a los líderes económicos y de negocios mundiales al mostrar la codicia y los intereses de beneficio propio que han dominado la política durante décadas. Como resultado, muchos líderes parecen abrirse a la necesidad de valores compartidos, y buscan respuestas más allá de los bastiones tradicionales de poder y sabiduría convencional. ¿Estará permitiendo Dios que el mundo enfrente problemas sin aparente solución humana para llamar la atención de sus líderes? Si recurren a Él, Dios les dará sabiduría, entendimiento y soluciones que trascienden sus considerables conocimientos intelectuales y experiencia".

Al igual que a Anne, me conmovieron las reflexiones abiertas sobre el poder de la fe en acción en aquella reunión de líderes globales. Por supuesto, no se me escapó la revelación de que iba a fungir como orador invitado en el Foro Económico Internacional poco después de haber enfrentado mi propia crisis económica personal. Dios realmente tiene sentido del humor, ¿no es cierto?

Como mencioné con anterioridad, también creo que Dios estaba tratando de transmitir en el foro el mensaje de llevar una vida más armónica, como manifestara meses antes el reverendo Graham en su cabaña. De hecho, el mensaje en Davos lo dio el propio fundador del WEF. El profesor Schwab, líder de nuestro panel, habló de la creación de un estado de cuentas personal, que, a diferencia del que se usa en los negocios, debe mostrar que al fin de nuestra vida dimos más de lo que recibimos. Cristine Lagarde, experta en cuestiones de estados de cuenta, añadió que incluso si nuestras vidas no están en perfecta armonía, podemos contribuir a las vidas ajenas, aunque lo único que podamos ofrecer sea una sonrisa o una palabra amable.

COMPROMISO PLENO

Cuando gente tan sabia habla de vivir en armonía, debemos sentirnos estimulados a encontrar la plenitud en todos los aspectos de la vida —mente, cuerpo, corazón y espíritu— para seguir creciendo y prosperando en nuestra agilidad mental, en la salud física, en el bienestar emocional y en la fortaleza de la fe.

Tal vez el mantenimiento de una armonía absolutamente perfecta en esos cuatro aspectos no sea un objetivo realista por las presiones a las que están sometidas nuestras vidas. Después de todo, puede que nuestros pobres cerebros se abrumen y nuestros cuerpos se agoten, las relaciones humanas van y vienen, y la vida de acuerdo a la fe exije constante vigilancia y ajustes. Aún así, estar conscientes de cada elemento y esforzarse por lograr la armonía es un objetivo que vale la pena. Mi esperanza es llegar al fin de mi vida, y saber que he dado lo mejor de mí, por imperfecto que pueda haber sido.

Ahora que Kanae llegó a mi vida, y como nos proponemos fundar algún día una familia, quiero cuidarme en aras de los que amo. No puedo seguir estresando mi cuerpo trabajando demasiado, sin comer alimentos sanos y dejando de hacer ejercicios. Tengo que seguir manteniendo el control de mis emociones, para poner a mi esposa como prioridad y atender, estimular y respaldar sus necesidades emocionales. En el ámbito mental, quiero seguir incrementando mis conocimientos para estar a su altura, y ser una fuente de sabiduría para nuestros hijos. Espiritualmente... bueno... es un campo especialmente vital para ambos, pues esperamos trabajar juntos como evangelistas cristianos que inspiren y guíen a otras personas hacia Jesucristo, nuestro Señor y Salvador.

Todos tenemos que decidir lo que más nos conviene, nos da plenitud y nos proporciona el mayor sentido de control y satisfacción en nuestras vidas internas y externas. Si te sientes desfasado, empantanado, falto de motivación o malquerido, es posible que tengas que 'recalibrarte'.

Reflexiona sobre cada aspecto de tu vida y considera si le prestas suficiente la atención a cada uno de ellos. Luego crea un plan para atender todo lo desatendido en los ámbitos físico, emocional, mental y espiritual.

Estos son algunos aspectos que debes tener en cuenta cuando busques armonía:

1. Como eres único, debes determinar qué significado tiene para ti la palabra 'armonía' basándote en tus circunstancias, relaciones humanas y necesidades. Seguramente un soltero tiene criterios diferentes a los de una persona casada o que tiene hijos. Como tu situación y circunstancias son cambiantes, la armonía variará. Lo importante es estar consciente de la necesidad de mantener la armonía en todos los aspectos de tu vida, y estar preparado para hacer ajustes cuando sea necesario.

2. Mantener la armonía no implica tener el control de las cosas. No se pueden controlar todos los aspectos de la vida, como tampoco puedes controlar a cada conductor y a cada coche que transita por la carretera en la que manejas. Lo mejor que puedes hacer es mantenerte alerta ante todas las posibilidades, y ser flexible y juicioso en tus respuestas.

3. No creas que debes afrontarlo todo solo. Los australianos y los estadounidenses en especial sufren del complejo de Llanero Solitario. A mis padres les gustará este consejo, porque su hijo Nick no fue muy bueno que digamos a la hora de comunicar sus sentimientos y escuchar consejos con sus jóvenes oídos. A menudo tuve que hacer las cosas a mi modo, lo que provocó que aprendiera las lecciones a partir de mis equivocaciones. Probablemente cometerás los mismos errores, pero al menos ten en cuenta la posibilidad de que los que más se preocupan por ti pueden darte un consejo útil. Considera que tal vez no estén tratando de controlarte, sino de ayudarte. Escucharlos no es una señal de debilidad o dependencia. Es una señal de fortaleza y madurez.

4. Manifiesta tus dones y pasiones. La gente más armónica, estable y realizada que conozco es aquella que construye su vida en torno al desarrollo continuo y la expresión plena de su talento e intereses. No tienen empleos ni profesiones. Tienen pasión y propósito. Están comprometidos plenamente con la vida. Si haces lo que te gusta y vives de eso, nunca tendrás que "trabajar" un día en tu vida, y la jubilación será lo que hacen otras personas.

5. Si no obtienes lo que deseas, trata de ofrecerlo. Si no tienes un instante de suerte, ¿por qué no ofrecerle uno a alguien? Si nadie te ayuda, ofrécele tu apoyo a una persona que tenga necesidades más grandes que las tuyas. Desenfócate de tus problemas y ayuda a alguien con los suyos. No tienes nada que perder más que tu autoconmiseración. En ocasiones la mejor forma de curar tu propio cuerpo, mente y espíritu es servirle como fuente de consuelo y apoyo al prójimo. Colmar la vida de otra persona podría reabastecer la tuya.

6. Vive en estado constante de gratitud, y ríe lo más posible. Tendrás días en los que la vida parece volcar una carga de ladrillos tras otra sobre ti. La mejor manera de escapar de ese montón de ladrillos es elevarte sobre ellos. La gratitud y el buen humor son los grandes ascensores de la vida. En vez de maldecir los ladrillos que te lastiman, agradece la oportunidad de enfrentar desafíos y crecer con ellos. Si no puedes hacer otra cosa, al menos dale gracias a Dios por otro día de vida y la oportunidad de marcar una diferencia, de dar otro paso adelante, de reír con aquellos a quienes amas.

TODO TIENE SU RAZÓN DE SER

Todos estamos conectados. Todos tenemos las mismas necesidades humanas básicas de amar y ser amados. Todos queremos servir a un propósito y saber que nuestras vidas tienen valor. Vivir en armonía también equivale a coexistir armónicamente con los demás, lo cual exige renunciar a uno mismo para compartir algo más grande: una vida plena.

Fui soltero durante tanto tiempo, que cuando encontré finalmente un amor, tuve que hacer algunos ajustes rápidos. Siempre quise compartir mi vida con alguien, pero no estaba preparado en algunos aspectos para el amplio significado de esas palabras. Perdí el balance porque mi vida dejó de ser sólo mía. Es como si alguien salta de repente a la canoa en la que navegas. Tienes que ajustar tu posición. La carga aumenta, pero también aumenta tu poder de remar. Ahora es cuestión de trabajar juntos para llegar adonde ambos quieren llegar, manteniendo la canoa a flote.

De repente, entran en consideración los deseos, necesidades y sentimientos de Kanae, y lo que es importante para ella es importante también para mí. Todas nuestras relaciones están entrelazadas. Ahora, mis prioridades son Dios, Kanae, nuestros familiares, amigos y todo lo demás, en ese orden.

Mi objetivo, el cual espero que compartas conmigo, es poner siempre mi invencible fe en acción, para que el amor de Dios en mi corazón sea obvio en la forma en que trato y sirvo a mi esposa y a todos los demás presentes en mi vida. No basta tener fe. Hay que ponerla en práctica, actuar con ella y compartirla para que los demás se inspiren como tú a amar a Dios.

Algunos conocen la Palabra de Dios y van a la iglesia, pero ignoran el poder del Espíritu Santo. No tienen una relación personal con el Señor, la cual se hace realidad sólo cuando sales a poner tu fe en acción. He aprendido que cada vez que me dispongo a honrar a Dios y servir a los demás, Él multiplica las bendiciones.

He sido bendecido enormemente por tener una junta directiva y un equipo maravilloso en Life Without Limbs. Ellos me estimulan, rezan por mí, y son utilizados por Dios para mantenerme con los pies en la tierra. Cuento con mi tío Batta Vujicic, cuya influencia en la creencia de que el Señor me convocaba para ser su instrumento fue vital. Él tuvo esa premonición hace diez años, y fue usado por el Señor para crear una base y las oficinas centrales en los Estados Unidos, conjuntamente con los demás miembros de la junta: David Price, Don McMaster y el reverendo Dan'l Markham. Tengo la bendición de contar con personas que creen en el ministerio de Life Without Limbs, quienes no sólo rezan por nosotros, sino que además nos apoyan en el aspecto financiero, para que podamos servir e inspirar a millones de personas en todo el mundo.

Muchos me apoyan con sus oraciones, que han sido una gran fuente de fortaleza y estímulo. Tío Batta tuvo una visión que me estimuló. La describe así:

"Hace varios años, Nick vino a casa para cenar y compartir con nuestro círculo familiar. Al término de la cena pasamos buena parte de la noche elaborando estrategias y planificando nuevas visiones y actividades del ministerio. Fue esa misma noche, después de que Nick se marchara, que tuve un sueño muy real y vívido.

Cuando desperté, le conté mi experiencia a mi esposa Rita: Estaba en una gran congregación cuando un desconocido se puso de pie, y en voz alta me preguntó con agresividad: '¿Quién es Nick Vujicic?'. Sin pensarlo dos veces, le respondí a esa persona: 'Lee *Hechos* 9:15'.

La situación volvió a repetirse, pero con otra persona del mismo grupo que me hizo la misma pregunta con voz intensa e insistente; '¿Quién es Nick Vujicic?'.

Y le repetí 'Lee *Hechos* 9:15'.

Después de contarle el sueño a mi esposa, le pregunté si sabía sobre qué trataba ese pasaje en *Hechos* 9:15. Como en ese momento ninguno de nosotros conocía su contenido, tomamos la Biblia, la abrimos en *Hechos* 9:15, donde dice: 'Vete, pues éste me es un instrumento de elección que lleve mi nombre ante los gentiles, los reyes y los hijos de Israel'.

Al domingo siguiente, le hablé de mi sueño a nuestra congregación de La Puente Church, como testimonio del ministerio de Nick y su compromiso de predicar el evangelio de Jesucristo y Su reino. He declarado mi testimonio de esa visión, y seguiré haciéndolo, con la firme creencia de que Nick es un instrumento de elección del Señor. Es evidente que el cumplimiento del Gran Encargo por parte de Nick está en el corazón del ministerio Life Without Limbs y corresponde perfectamente con el mandamiento de Señor que aparece en Marcos 16:15: 'Id por todo el mundo y proclamad la Buena Nueva a toda la creación'.

Otra narración paralela aparece en *Apocalipsis* 14:6-7: 'Luego vi a otro Ángel que volaba por lo alto del cielo y tenía una buena nueva eterna que anunciar a los que están en la tierra, a toda nación, raza, lengua y pueblo. Decía con fuerte voz: Temed a Dios y dadle gloria, porque ha llegado la hora de su Juicio; adorad al que hizo el cielo y la tierra, el mar y los manantiales de agua'. Y también en Marcos 13:10: 'Y es preciso que antes se proclame la Buena Nueva a todos los gentiles'.

La visión que tuve hace años, y la abrumadora evidencia de que el Señor le ha abierto incontables puertas al ministerio para que Nick proclame la Buena Nueva siguen sirviéndome de estímulo. Con la guía del Señor, seguiré ayudando a Nick y al ministerio Life Without Limbs, como hermano y director de esa organización sin fines de lucro, siempre y cuando confíe en que Nick no ha puesto en peligro las verdades doctrinales, ni la posición de ser un instrumento de elección de Dios, y mientras siga siendo fiel, transparente, sincero, humilde y manso."

Como podrás apreciar, Tío Batta me ayuda a mantener la concentración en mi propósito, y garantiza que ponga mi fe en acción. En mi tránsito por las puertas de la oportunidad para compartir el amor y la esperanza que he descubierto, mi vida se hace más rica, alegre y plena. Independientemente de que esté dando charlas en escuelas, corporaciones, seminarios, conferencias, asambleas de naciones o a huérfanos, personas que fueron sometidas a esclavitud sexual o jefes de estado, siempre me preguntan: "Pero, ¿cómo lo lograste? ¿Cómo saliste de tu depresión, y cuál es el cimiento de esperanza que encontraste?".

Mi vida está edificada en mi fe y en las enseñanzas de las Sagradas Escrituras. Ellas son la fuente de mi confianza, de mis convicciones, de mi firmeza, mi persistencia y tesón. Como la fe guía mis acciones, puedo encontrar armonía mental, corporal, espiritual y de corazón.

Cuando necesito inspiración para obrar con fe, pienso en mis abuelos serbios, quienes fueron perseguidos por ser cristianos. El gobierno comunista no les permitía rendir culto libremente. Para vivir su fe, tuvieron que escapar de su patria, razón por la cual nací en Australia. Aunque ambos ya están en la gloria (de eso estoy seguro), cuando vivían tuve la oportunidad de solicitar sus consejos.

El padre de mi padre siempre me decía que "creyera y que fuera disciplinado" en mi fe, y hacía referencia al *Salmo* 1:3, que dice: "Es como un árbol plantado junto a corrientes de agua, que da a su tiempo el fruto, y jamás se amustia su follaje; todo lo que hace le sale bien". Cuando tienes profundas raíces en la fe, eres invencible.

El padre de mi madre me estimuló enormemente, tal y como me inspiró el reverendo Graham. Me decía: "Predica el evangelio, pero no le añadas ni le quites". Él también creía que la verdad de Dios nos hace libres.

Me siento bendecido por formar parte de una familia tan sabia y espiritual. Gracias a su apoyo continuo quiero ser invencible en la inspiración de los demás, hablándoles del amor y la esperanza que he encontrado en mi fe y los maravillosos resultados que he obtenido al ponerla en acción. Espero que este libro te infunda fuerza e inspiración. Jesús es la fuente de mi fortaleza. Él me usa para servir a Su propósito. Mi misión es estimular a los demás para que encuentren su propio propósito y plenitud, y si es posible, ayudarlos a encontrar el camino a la felicidad imperecedera. Sé que Dios ama al mundo. Él te ama tanto, ¡que se las ha arreglado para que leas este libro, y encuentres inspiración en él! Yo también te amo y rezo por ti. Gracias por el amor y las oraciones que me des a cambio.

Agradecimientos

Agradezco, sobre todas las cosas, a Dios: Padre, Hijo y Espíritu Santo.

No tengo palabras para expresar mi alegría al poder agradecerle a mi esposa, Kanae, todo el amor, atención, apoyo y oraciones que me proporciona en abundancia. ¡Te amo, *my love*!

También quiero agradecer a mis padres, Boris y Dushka Vujicic, por ser sólidos pilares de apoyo de mi vida. Gracias Mamá y Papá. A mi hermano Aaron, padrino de mi boda: gracias a ti y a tu esposa Michelle, por amarme y velar por mi concentración constante. A mi hermana Michelle, gracias por creer en mí y en mis sueños. A mi nueva familia, los Miyahara y los Osuna; a mi suegra Esmeralda; a mis nuevos hermanos Keisuke, Kenzi y Abraham; y a mi nueva hermana Yoshie: gracias por amarme y aceptarme como otro miembro más de su familia.

Gracias nuevamente a mis familiares y amigos, quienes me han apoyado y estimulado en cada trecho del camino durante todos estos años. Ustedes han desempeñado un papel vital y se lo agradezco. A George Miksa: le pido al Señor que siga a tu lado, que te guíe y te bendiga por ayudarme a crear las oficinas centrales de Life Without Limbs en los Estados Unidos.

Gracias a la junta directiva de Life Without Limbs y a sus familias: Batta Vujicic, David Price, Dan'l Markham, Don McMaster, Terry Moore, y Jon Phelps. Gracias también a la junta asesora de Life Without Limbs. Un enorme agradecimiento al equipo fiel, diligente y lleno de fe de Life Without Limbs. Sigan haciendo ese buen trabajo. Gracias a Ignatius Ho, quien colabora en la dirección de nuestra filial Life Without Limbs en Hong Kong. Gracias a la Iglesia Apostólica Cristiana del Nazareno, especialmente la de Pasadena, por su apoyo. Gracias también al equipo y al personal de Attitude Is Altitude por respaldarme y creer en mí.

Quiero expresar un agradecimiento especial a Wes Smith y a su esposa Sarah, por todo su apoyo. Wes, no podría haber pedido un mejor colaborador en la redacción. Estoy muy orgulloso de los dos libros que hemos escrito juntos hasta ahora.

Gracias una vez más a mis agentes literarios, Jan Miller Rich y Nena Madonia de Dupree Miller & Associates, quienes desde el principio tuvieron fe en mí y en mi propósito. También mi más profundo agradecimiento a mi casa editorial, WaterBrook Multnomah, división de Random House, y a su equipo de primera línea, incluyendo a Michael Palgon, Gary Jansen, Steve Cobb y Bruce Nygren, quienes tanto me estimularon y apoyaron.

Por último, pero igual de importante: gracias a todos los que oran por mí, por mi esposa, por nuestro ministerio; y a aquellos que nos brindan su valiosa ayuda financiera. Además, mi profundo agradecimiento a todos los que contribuyen a lograr los objetivos de Life Without Limbs.

Dios bendiga a todo el que lea este libro. Rezo para que mis palabras abran sus mentes y sus corazones de una forma nueva y dinámica, estimulándolos a poner su fe en acción y a inspirar a otras personas para que hagan lo mismo.

ACERCA DEL AUTOR

NICK VUJICIC ES ORADOR DE MOTIVACIÓN, EVANGELISTA, ESCRITOR y director de la organización sin fines de lucro Life Without Limbs. Nick ha sido y es una gran inspiración en todo el mundo. Habla habitualmente ante grandes multitudes acerca de cómo superar los obstáculos y hacer realidad nuestros sueños.

Vivió muchos años en Australia, pero actualmente reside en el sur de California con su esposa Kanae.

La editorial Santillana publicó en 2010 *Una vida sin límites,* versión en español de su libro *A Life Without Limits,* y también tuvo a su cargo la edición de este libro, *Un espíritu invencible* (*Unstoppable*) en 2012.

Visite sus sitios Web www.LifeWithoutLimbs.org y www.AttitudeIsAltitude.com.